SABINE
Kuegler

L'ENFANT DE LA JUNGLE

RÉCIT

Traduit de l'allemand par
Barbara Fontaine

J'AI LU

Titre original :
Dschungelkind

En souvenir affectueux d'Ohri,
mon frère fayou.

Je dédie aussi ce livre à mes enfants : Sophia, Lawrence,
Julian et Vanessa, qui sont toute ma joie et ma fierté.

Philippines
Manila
Vietnam
Mer de Chine Sud
Brunei
Malaisie
Bornéo
Célèbes
Ujung Pandang
Mer de Java
Jakarta
Indonésie
Java
Bali
Timor-Oriental
Océan Indien

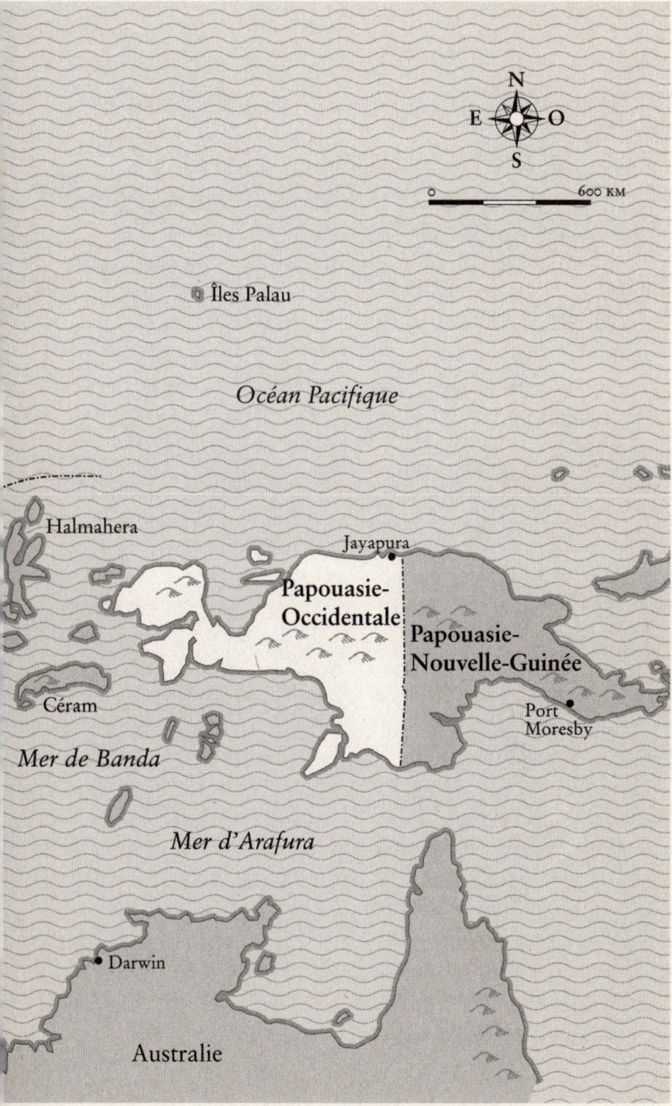

N
E
O
S
0
600 KM
Îles Palau
Océan Pacifique
Halmahera
Jayapura
Papouasie-
Occidentale
Papouasie-
Nouvelle-Guinée
Céram
Port
Moresby
Mer de Banda
Mer d'Arafura
Darwin
Australie

Waigeo
Sorong
Manokwari
Salawati
Ransiki
Misoöl
Babo
Fak Fak
Céram
Kaimana
Nabire
Kai
Mer de Banda
Aru
Yamdena
Mer d'Arafura
0
300 KM

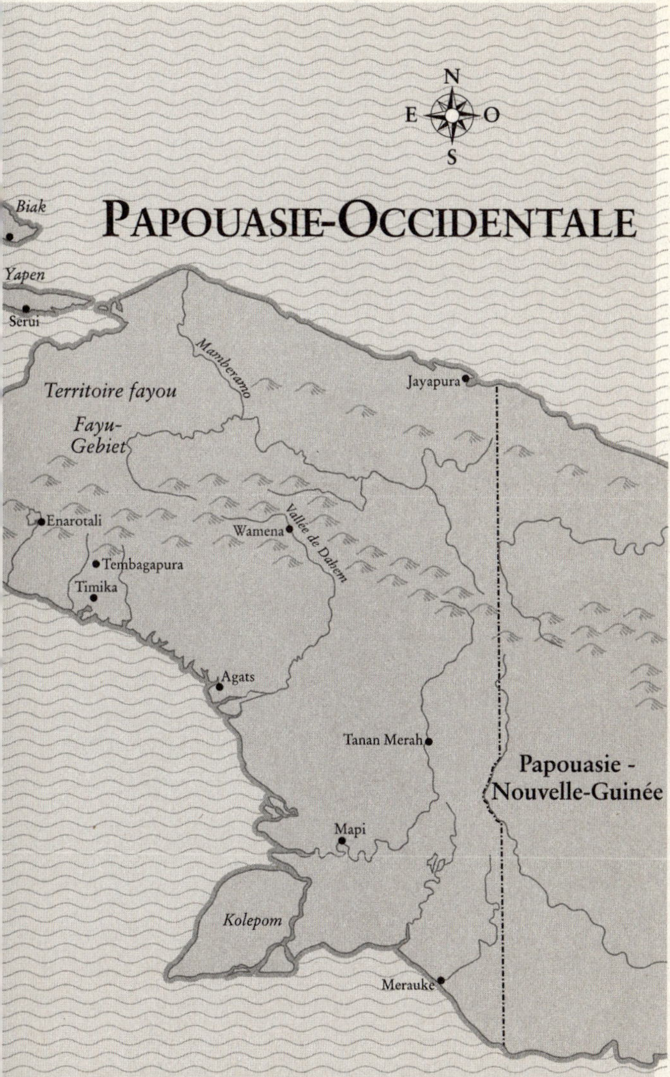
N
E
O
S
PAPOUASIE-OCCIDENTALE
Biak
Yapen
Serui
Mamberamo
Territoire fayou
Fayu-
Gebiet
Jayapura
Enarotali
Wamena
Vallée de Dahem
Tembagapura
Timika
Agats
Tanan Merah
Papouasie -
Nouvelle-Guinée
Mapi
Kolepom
Merauke

Première partie

Introduction

Il y a quelques années, une amie m'a demandé si je n'avais pas envie d'écrire un livre sur ma vie. À cette époque, je ne comprenais pas bien ce que ma vie pouvait avoir d'intéressant au point que les gens veuillent en lire le récit.

J'avais rarement parlé de mon enfance ou de mes véritables origines. Pendant des années, j'avais au contraire essayé de m'adapter et de devenir une personne aussi normale que possible, d'accepter une culture et une existence qui dans le fond m'étaient étrangères.

Et même si aujourd'hui, en apparence, j'y arrive bien, je ne trouve pas la paix intérieure à laquelle j'aspire tant.

Je suis malheureuse, je me sens souvent complètement perdue, comme un esprit qui ne trouve jamais le repos. Je mène une vie de vagabonde, changeant constamment de lieu en espérant à chaque fois trouver enfin le bonheur et la paix. Mais je suis toujours déçue.

Ma vie passe, je vieillis et je m'interroge : où est ma véritable place ? Je repense de plus en plus souvent à mon enfance. Après quinze années passées dans le monde moderne, je devrais m'être parfaitement adaptée. L'enfance peut-elle à ce point nous marquer ? Il m'arrive de me demander ce qui se passerait si l'on envoyait une jeune fille allemande de dix-sept ans dans le monde où j'ai grandi. Le vivrait-elle différemment ?

Toutes ces questions me traversent l'esprit. J'ai le sentiment de ne pas vivre vraiment, mais seulement d'exister. Je porte en moi une sorte de nostalgie que je n'arrive pas à décrire, la nostalgie de quelque chose qui semble perdu. J'ai l'impression de m'être arrêtée quelque part, d'avoir une part de moi inachevée.

Je me suis donc décidée à écrire mon histoire, dans l'espoir de me retrouver et d'accepter le fait que je suis et serai toujours différente. Et peut-être pour découvrir où est ma vraie place dans ce monde.

1

Premier choc culturel

Je voudrais raconter l'histoire d'une jeune fille qui a grandi à une autre époque... Une histoire d'amour, de haine, de pardon, de brutalité. Une histoire sur la beauté de la vie. Une histoire vraie... Mon histoire.

On doit être au début du mois d'octobre. J'ai dix-sept ans, je porte un pantalon sombre qui est trop grand pour moi, un pull rayé, des mocassins qui me serrent et m'écrasent complètement les pieds. Ils me font mal car je n'ai pratiquement jamais porté de chaussures jusqu'à ce jour. Ma veste semble dater du siècle dernier (ce qui est sans doute le cas), elle est bleu marine, avec une capuche qui me tombe sur les yeux. Tous ces vêtements m'ont été donnés.

Je suis frigorifiée, je tremble, c'est à peine si je sens mes mains et mes oreilles. Je ne porte ni chemise, ni gants, ni écharpe, ni bonnet. Je ne sais pas comment on s'habille en hiver. Je ne connais pratiquement pas l'hiver.

Je me trouve à la gare de Hambourg. Un vent glacial souffle sur le quai. Il est neuf ou dix heures, je ne sais plus exactement. On m'a déposée à la gare et, en m'indiquant les différentes voies, on m'a expliqué comment trouver mon train. Il m'a fallu un certain temps pour arriver sur le bon quai, le numéro 14.

Je transporte un sac que je serre très fort contre moi et une valise qui contient le peu d'affaires que j'ai pu emmener. Pour la centième fois, je vérifie le numéro de mon wagon sur le billet que je tiens à la main.

Je suis nerveuse, mes sens tournent à plein régime. J'observe avec méfiance les gens qui m'entourent, prête à me défendre si quelqu'un m'agresse. Mais personne ne semble me prêter attention.

Tout est si nouveau pour moi, si étranger, sombre et menaçant. Je parcours le quai du regard, puis j'entends une annonce, mais il y a tellement de bruit autour de moi que je ne comprends pas tout. Je regarde s'approcher le train qui doit me conduire vers ma nouvelle vie. Mes yeux s'écarquillent car c'est le premier train que je vois.

Il se dirige vers moi à une vitesse qui m'effraie ; je recule de quelques pas. Ce train ne ressemble pas à ceux que j'ai vus dans les livres. Il n'est pas décoré de petites fleurs, il n'a aucune cheminée qui fume et sa couleur est différente. Ce train est aussi grand et inquiétant qu'un long ver de terre blanc qui sortirait d'un trou noir en rampant.

Lorsqu'il s'arrête enfin, les gens se mettent à monter dedans frénétiquement. Oubliant momentanément le froid, je reste plusieurs secondes sans bouger à observer cette machine gigantesque. Je suis saisie à la fois par la peur et par la curiosité. Soudain, je repère un numéro sur le côté du wagon qui est devant moi ; je le compare à celui de mon billet et je constate qu'ils ne coïncident pas. Je me tourne vers la droite puis vers la gauche, le train semble d'une longueur infinie. Affolée, je me mets à courir vers la queue du train. Les numéros des wagons n'ont rien à voir avec celui de mon billet. J'entends brusquement un sifflet. Je sursaute et regarde autour de moi. Un homme en uniforme brandit un étrange bâton. Je suis prise de panique en comprenant que ce geste a un lien avec le départ du train, et je bondis à l'intérieur par la première portière. Il était temps puisque le train se met aussitôt en branle.

Je reste immobile un moment, sans savoir quoi faire. Mon cœur bat fort, j'ai l'impression qu'il va exploser. Je me rends compte qu'il y a des portes qui permettent de traverser les wagons et me mets en marche vers l'avant du train. Je suis en sueur. Je m'efforce de ne pas croiser le regard d'un étranger. Les wagons se succèdent sans fin. Soudain, je me retrouve dans un compartiment plus beau que ceux que j'ai traversés – c'est la première classe. On ne peut pas aller plus loin. Je reste debout, désemparée, les larmes aux yeux.

Un homme surgit d'un compartiment et me voit. Je me détourne aussitôt mais il se dirige vers moi et m'offre son aide. Je le regarde : il a entre trente et quarante ans, il porte un costume sombre, a les cheveux bruns et des yeux bleu clair. Je lui montre mon billet afin de savoir dans quelle voiture je dois aller. Un homme en uniforme passe à ce moment-là dans le couloir. Ayant jeté un coup d'œil sur mon billet, il m'annonce avec indifférence que je ne suis pas dans le bon train. Mon cœur se fige, mon visage blêmit. Le contrôleur a sans doute remarqué mon état et me rassure en m'expliquant qu'il y a exceptionnellement deux trains pour la même destination. Je lui demande ce que je dois faire, tout en luttant contre une panique croissante. Il m'explique que nous allons bientôt nous arrêter et que je pourrai monter dans le train suivant, sur le même quai.

Après avoir contrôlé le billet de l'homme qui est resté à côté de nous, le contrôleur nous dit au revoir et continue. En le regardant partir, je sens ma gorge se nouer, je me trouve à nouveau complètement désemparée, sans défense : je suis toute seule avec un étranger, un Blanc, dans un wagon à moitié obscur, dans un pays inconnu. Il pourrait m'agresser ou même me tuer pour me voler. Toutes les histoires que j'ai entendues sur les dangers du monde moderne semblent devenir réalité. Comment puis-je me défendre ? Je n'ai avec moi ni arc, ni flèches, ni couteau.

L'étranger me propose avec un sourire compatissant de venir dans son compartiment pour y attendre le prochain arrêt. Je fais non de la tête et lui dis que je préfère rester dans le couloir. Mais il insiste en m'expliquant que c'est beaucoup plus confortable dans le compartiment. Je suis maintenant certaine qu'il en veut après moi. Je dis non, prends ma valise et m'enfuis dans le petit espace qui sépare deux wagons. Il me suit en me demandant d'où je viens. Je lui réponds d'une voix tremblante : « De Hambourg. »

À mon grand soulagement, le train se met à ralentir. Je suis devant la porte et l'homme se tient toujours derrière moi. Je prie pour qu'il parte. Lorsque le train s'arrête, je veux descendre mais la porte ne s'ouvre pas. Dois-je appuyer ou pousser quelque part ? Je ne vois pas d'indications, je secoue la poignée, mais cela ne fait rien. L'étranger passe devant moi, tourne un levier rouge et la porte s'ouvre.

Quel soulagement de voir enfin le quai ! Encore un pas et je serai hors de danger. Je lui dis rapidement merci et descends du train.

Les portes se referment derrière moi. Je distingue encore la silhouette sombre de l'étranger à la fenêtre du train qui démarre. Puis je regarde autour de moi : je suis toute seule. Personne sur le quai. Il fait sombre hormis quelques lumières au-dessus de ma tête. Le froid me saisit à nouveau. Je commence à trembler – une sensation douloureuse qui m'était jusqu'alors inconnue. Je claque des dents, je regrette la chaleur humide de la forêt tropicale et son soleil brûlant. Je ne sais pas où je suis, ni ce que je dois faire si le prochain train n'arrive pas. Vais-je geler sur place ?

J'ai l'impression qu'il s'est écoulé une éternité avant l'arrivée du train. Cette fois, à mon grand soulagement, je trouve le bon wagon. Je monte, j'aperçois une place libre et suppose que je dois mettre ma valise dans le grand casier situé sur le côté du couloir, avec toutes les autres. Je laisse là tout mon bien, certaine qu'on va me le voler puisque je ne peux pas le surveiller depuis ma place. Mais cela m'est égal, mes jambes sont faibles, j'ai mal aux pieds, je suis fatiguée et désespérée.

Enfin assise, je cherche la ceinture pour m'attacher. Je ne la trouve pas et cherche sur le siège d'à côté, mais il n'y a rien non plus. Je me rends compte alors qu'aucun des voyageurs n'est attaché. Cela me paraît dangereux, mais apparemment c'est comme ça. C'est un pays étranger... un pays dont je ne fais partie que sur le papier.

Le mouvement du train a sur moi un effet apaisant. Je retire mes chaussures et m'assieds sur mes pieds pour les réchauffer. Bien emmitouflée dans ma veste, je regarde par la fenêtre et contemple la lune qui semble si sombre, si petite, misérable, comme si elle allait s'éteindre. Des larmes coulent sur mes joues froides. Je voudrais voir la lune que je connais, une lune fière, pleine de force et de vie, qui brille tellement qu'elle me permet de distinguer mon ombre la nuit. Je renverse ma tête en arrière et ferme les yeux.

Le train roule de plus en plus vite et mes pensées défilent au même rythme. Mon esprit quitte ce lieu sombre et froid. Je m'envole dans le passé. Des couleurs bleues, blanches et vertes passent devant mes yeux. Je m'envole dans la chaleur, le soleil rit, ses rayons volent avec moi, m'attrapent, dansent autour de moi et enveloppent mon corps de leur bienfaisance. Je vois des champs, des villes pleines de gens et de couleurs, de profondes vallées sombres traversées par des fleuves étroits, et d'immenses forêts épaisses.

Puis la vaste mer, qui dans son infinité s'étend jusqu'à l'horizon. Je vois ensuite ce que j'aime par-dessus tout, ma jungle : de grands arbres forts, à perte de vue ; un magnifique tapis couleur émeraude, doux et puissant, vert et multicolore à la fois – un paysage qui s'est offert à moi des centaines de fois, mais qui m'emplit toujours d'admiration et de surprise. L'imposante jungle d'Irian Jaya… mon chez-moi, la Vallée perdue.

2

Ma Vallée perdue

Enfant, j'avais toujours rêvé de voler comme un oiseau qui glisse au-dessus des arbres et se laisse porter par le vent. Et un beau jour, j'ai vraiment volé. C'était en janvier 1980, au commencement d'un voyage qui devait changer ma vie pour toujours.

Cela faisait près d'un an que notre famille vivait dans une petite base de la jungle en Papouasie occidentale, c'est-à-dire dans la partie ouest de la Nouvelle-Guinée. La base principale se trouvait dans la capitale, Jayapura, sur la côte, mais les liaisons aériennes qui la reliaient à l'intérieur de l'île étaient longues et coûteuses, c'est pourquoi plusieurs familles s'étaient rassemblées pour construire au milieu de la jungle un petit village qu'ils baptisèrent Danau Bira.

Ce groupe d'hommes et de femmes était composé de chercheurs, d'anthropologues, de pilotes, de missionnaires qui préparaient toutes sortes de projets dans la jungle. Nous, les enfants, ne nous préoccupions pas de cela ; pour nous, Danau Bira était tout simplement le paradis. Sur trois kilomètres de clairière défrichée avaient été construits quelques maisons, un minuscule aérodrome, un petit bureau de poste, un lieu de réunion, un autre où l'on pouvait venir manger et une toute petite école. Nous avions même un générateur qui nous alimentait en électricité quelques heures par jour. Un simple sentier de gravier traversait le village.

Notre maison en bois trônait sur une colline, offrant une vue magnifique sur le lac de Danau Bira. Nous vivions là, coupés de la civilisation, et nous nous fabriquions un monde presque parfait. J'avais alors tout juste sept ans, les cheveux blonds et courts, les yeux bleus, et j'étais maigre comme un coucou. J'étais considérée comme la plus « sauvage » de notre fratrie, je passais tout mon temps dehors, jamais à court d'imagination. Ma sœur Judith, de deux ans mon aînée, était au contraire une enfant calme. Plutôt que de s'amuser avec les autres, elle préférait s'installer sous un arbre pour dessiner. Christian, de deux ans mon cadet, était mon plus fidèle allié, toujours prêt à me suivre dans mes plus folles aventures et cobaye consentant pour la mise en pratique de mes idées. Il avait pour atout son excellente mémoire, qui me jouait d'ailleurs parfois des tours, car, lors de nos disputes, ma mère avait tendance à le croire lui plutôt que moi.

Et mes parents, qui étaient-ils pour mener cette vie hors du commun ? Linguistes et missionnaires, ils se préparaient à une expérience inédite : partager la vie d'une tribu indigène qu'on venait juste de découvrir.

Deux tribus vivaient dans les environs de Danau Bira, les Dani et les Bauzi, elles entretenaient des contacts avec le « monde extérieur » depuis longtemps. Mais mon père avait réussi, l'année précédente, à rencontrer lors d'une expédition une tribu que l'on ne connaissait que par des légendes et des rumeurs : les Fayou. Je raconterai plus loin l'histoire passionnante de cette découverte. En tout cas, mon père séjournait régulièrement chez les Fayou, dans une région qui porte bien son nom : la « Vallée perdue ».

Donc, pour revenir à ce matin de janvier 1980, le jour était enfin venu pour nous, ma mère et les enfants, de faire la connaissance de cette nouvelle tribu.

Dès le matin, au réveil, il faisait une chaleur lourde et étouffante. Le soleil dardait sans pitié ses rayons sur nous. Il n'y avait pas un nuage à l'horizon, rien qu'un ciel bleu, infini, qui s'étendait à perte de vue. Les oiseaux s'étaient repliés dans les broussailles pour échapper à la chaleur diurne. Seuls quelques insectes courageux chantaient depuis leur cachette.

Tout excitée, j'avais déjà entassé mes affaires dans un sac à dos. La veille au soir, ma mère nous avait donné une longue liste divisée en deux colonnes ; l'une était intitulée « à emporter », l'autre « interdit d'emporter ». Je ne connais personne qui ait l'esprit aussi pratique que ma mère. Elle s'est donc mise à vérifier le contenu de nos sacs.

— Sabine, est-ce que tu as fait ton sac comme on a dit ?

Je l'ai regardée avec de grands yeux innocents :

— Mais bien sûr, maman !

— Bon, eh bien, montre-moi.

Je savais déjà ce qui m'attendait. J'ai ouvert mon sac à dos en soupirant et maman en a retiré avec un air réprobateur deux bocaux qui contenaient mes araignées préférées.

— Mais maman ! me suis-je écriée, désespérée, elles ont besoin de moi, je suis leur mère !

— Alors elles n'auront qu'à se chercher une nouvelle maman.

J'étais furieuse :

— Mais Judith aussi a pris des choses qu'elle n'a pas le droit d'emporter !

Judith m'a jeté un regard offusqué. Son sac a été allégé de quelques livres d'art et même de sa nouvelle robe.

Minius, un jeune homme de la tribu des Dani que nous avions accueilli, a aidé ma mère à sortir les bagages. Plusieurs Dani attendaient pour les installer à bord du bateau qui devait nous conduire au petit aérodrome de la jungle. À pied, le voyage aurait été trop difficile.

Je portais un pantalon, une chemise à manches courtes et une veste que m'avait imposée maman – je ne comprenais pas pourquoi : il faisait une telle chaleur ! Je ne pouvais absolument pas imaginer que j'aurais froid.

« Tu veux partir avec le premier ou le deuxième bateau ? » m'a demandé maman. J'ai choisi de monter dans le premier et je suis sortie rejoindre Christian. Judith préférait prendre le deuxième avec maman.

Nous avons descendu le sentier de gravier jusqu'à un petit pont de bois sous lequel j'ai aperçu une salamandre joliment colorée. J'ai aussitôt laissé tomber mon sac à dos et le jerrycan pour l'attraper. Christian, qui courait devant, m'a crié : « Dépêche-toi, Sabine, le bateau va partir sans nous ! De toute façon, t'auras pas le droit de garder la salamandre ! »

Je me suis tournée vers la maison et j'ai aperçu le regard menaçant de maman. Je n'ai jamais compris comment elle faisait pour deviner nos projets. Déçue de ne pas avoir trouvé de substitut à mes araignées, je me suis finalement remise en route, j'ai grimpé sur le pont, pris mes affaires et retrouvé Christian à vive allure.

Au bout de quelques mètres, le sentier descendait vers l'embarcadère. Le ponton formait une sorte de plate-forme en bois qui allait jusqu'à l'eau. Nous avons sauté dans la barque et nous nous sommes assis sur de petites planches qui servaient de siège. Un des Dani a mis le moteur en marche et nous sommes partis sur le lac. Le vent était délicieux, j'ai trempé ma main dans l'eau et me suis mouillé le visage et les cheveux pour me rafraîchir. Nous avons longé quelques cabanes, des pontons, puis une longue forêt vierge impénétrable, et enfin nous sommes tombés sur une trouée qui donnait sur une large et longue étendue d'herbe : c'était la piste de décollage… Elle commençait au sommet d'une colline et se terminait dans l'eau. Donc, si le pilote ne faisait pas décoller l'avion assez vite, on finissait tous dans le lac.

Nous avons accosté, sauté à terre en emportant ce que nous pouvions et nous nous sommes dirigés vers l'« aérodrome ». Les préparatifs du vol étaient déjà bien avancés. Le pilote a fait le tour de l'hélicoptère en examinant une dernière fois les rotors. Les Dani étaient à l'affût de sangliers ou de poules en liberté qui auraient pu gêner le décollage.

Nos bagages attendaient dans l'herbe sous la surveillance de mon frère, assis sur une caisse. Je contemplais l'hélicoptère, au comble de l'excitation, et n'arrivais pas à croire que nous allions bientôt voler à bord de cet engin. C'était un modèle Bell 47, avec un pare-brise en forme de demi-sphère transparente. Nos bagages étaient fixés de chaque côté, sur les surfaces portantes. L'hélicoptère ressemblait à une libellule chargée de paquets.

Le pilote s'est tourné vers moi et m'a posé cette question en anglais :

— Alors, Sabine, tu es prête à découvrir ta nouvelle maison ?

Je lui ai répondu avec un sourire rayonnant que j'étais tout à fait prête et folle de joie.

— Est-ce que tu as ta veste ?

Encore ! Je lui ai demandé à quoi elle me servirait et il m'a expliqué qu'il pouvait faire très froid en altitude pendant le vol.

Christian a soudain poussé un cri. J'ai couru jusqu'à lui et je n'ai pas pu m'empêcher d'éclater de rire en le voyant. Il avait voulu aider les Dani à chasser un sanglier de la piste, mais il était tombé dans un énorme tas de fumier et criait :

— Au secours, je m'enfonce !

— Ah ! Christian, qu'est-ce que tu pues ! lui ai-je dit en riant.

— Non, c'est pas vrai !

— Si, c'est vrai. Et tu pues même tellement que pour pouvoir t'emmener on va être obligés de t'attacher à un câble sous l'hélicoptère.

— Non ! c'est pas vrai !

Il a pris une poignée de fumier et me l'a lancée. Je me suis jetée sur lui en hurlant et on a continué à se bagarrer dans le purin, au milieu de la piste, sous le regard amusé des hommes. Maman est alors arrivée, suivie de Judith. Elle avait entendu nos cris de loin. Le pilote ricanait, sachant qu'elle était la seule à pouvoir rétablir l'ordre.

Judith, qui nous regardait avec pitié, a déclamé d'une voix mélodramatique : « J'ai toujours dit que je ne faisais pas partie de cette famille ! »

Maman hochait la tête d'un air mécontent. Nous étions couverts de fumier de la tête aux pieds et les mouches commençaient déjà à nous tourner autour. Elle nous a emmenés au lac et nous a obligés à nous déshabiller et à nous laver. Tandis qu'elle emballait nos vêtements sales dans un sac vide, Minius est allé chercher dans nos bagages de quoi nous changer.

Judith, restée sur la piste, distrayait beaucoup le pilote en lui racontant comment elle, une princesse, avait pu naître dans cette famille.

Le moment crucial est enfin arrivé : le pilote nous a invités à monter. À l'intérieur, un long banc tenait lieu de siège. Christian a eu le droit de s'asseoir à côté du pilote qui effectuait les dernières vérifications, puis maman et Judith sont montées, et enfin moi. J'avais supplié maman de m'autoriser à m'asseoir au bord, ce qu'elle m'a accordé après de longs pourparlers avec le pilote. Pour alléger l'appareil, on avait enlevé les portes, de sorte que j'étais assise juste à côté de l'ouverture et pouvais voir tout ce qui se passait en dessous.

Un mécanicien américain est venu nous attacher, puis s'est assuré que nos ceintures étaient bien fixées. J'avais déjà mis ma veste, j'étais au bord de l'étouffement.

Le mécanicien nous a dit au revoir et a fait signe au pilote. On a entendu alors un bruit assourdissant et la grande hélice s'est mise à tourner. Elle produisait un tel souffle que tout s'envolait autour d'elle. J'étais de plus en plus excitée ; je regardais dehors et j'ai senti le moment où nous avons lentement quitté le sol.

Nous nous sommes élevés jusqu'à ce que l'hélicoptère bascule un peu en avant, et nous avons poursuivi notre vol tout droit, au-dessus du lac, avant d'atteindre finalement la lisière de la forêt vierge. Soudain, d'une secousse, l'appareil a pivoté et survolé de près les arbres. Quel spectacle ! À perte de vue s'étendait l'une des plus vastes jungles du monde !

Et je volais. L'adrénaline emplissait tout mon corps d'une sensation délicieuse. Les arbres semblaient tellement proches ; j'avais l'impression qu'en tendant la main j'aurais pu les toucher. Leurs couleurs verte, brune et orange se mélangeaient sous nos pieds, formant une magnifique palette.

J'ai retenu ma respiration, fermé les yeux et humé la fraîcheur de la brise. Je n'aurais jamais pu imaginer un tel écart de température. J'ai rouvert les yeux, regardé en bas et j'ai vu deux oiseaux passer juste en dessous. Ils ne semblaient pas le moins du monde gênés par le bruit de l'hélicoptère. Quelle expérience ! J'aurais tellement aimé qu'il me suffise d'étendre les bras pour pouvoir voler dans le vaste monde comme ces oiseaux ! Le vent nous fouettait avec une telle violence que je m'accrochais à ma ceinture en pensant que, si je la lâchais, il m'emporterait.

Atterrissage de l'hélicoptère à Foida

Le vol a duré environ une heure, mais j'avais l'impression qu'il s'était à peine écoulé quelques minutes quand nous sommes arrivés au-dessus du village de Kordesi. Nous l'avons survolé et j'ai aperçu les indigènes de la tribu des Dou qui nous attendaient en faisant des signes de la main. L'hélicoptère a viré à gauche et longé le cours impétueux d'un fleuve dont les reflets chatoyants étaient mêlés de brun mat et de bleu scintillant. Nous l'avons suivi quelque temps jusqu'à ce qu'il décrive un coude, puis nous avons atteint une clairière.

Notre piste d'atterrissage était une simple étendue d'herbe. J'ai aperçu à gauche quelques cabanes couvertes de feuilles de palmier qui pointaient ici et là sous les arbres. À droite de l'étendue herbeuse, j'ai découvert une maison de bois clair en partie couverte d'aluminium. Elle était entourée de grands arbres. J'ai vu aussi quantité de silhouettes noires courir dans la forêt, puis plus personne. Il n'en restait qu'une : celle de mon père qui nous faisait signe, au bord de la piste. L'hélicoptère a ralenti et piqué du nez.

Il s'est fait un vide autour de nous, tout le reste était emporté par le souffle, les buissons et l'herbe tourbillonnaient. J'ai senti une secousse. Nous avions atterri.

3

Notre arrivée dans la jungle

Le pilote a coupé le moteur. L'hélice a mis un certain temps à ralentir, puis s'est arrêtée. Il y a eu soudain un grand silence... On n'entendait pas un chant d'oiseau, pas une voix, pas un bruit de moteur. Quelques secondes plus tard, la chaleur nous a frappé le visage de plein fouet. J'ai pris une grande inspiration et j'ai défait la ceinture pour retirer ma veste. J'ai regardé autour de moi – ni homme ni bête à l'horizon, cela semblait complètement désolé.

Papa est arrivé alors en faisant le tour de l'hélicoptère, il m'en a fait sortir, m'a embrassée et m'a dit d'attendre sur le côté. Mes jambes flageolaient. Puis maman est descendue à son tour. Avec son élégance naturelle, Judith a tendu la main vers papa, qui l'a embrassée et aidée à descendre.

— Papa, tu pues ! Il faut que tu prennes un bain ! s'est-elle écriée.

Papa a ri et a soulevé Christian.

— Non, papa, tu sens très bon et je suis très content d'être avec toi, lui a dit mon frère.

— Ah ! enfin quelqu'un qui se réjouit de me voir !

Maman a ajouté avec diplomatie qu'elle aussi était heureuse de le voir mais qu'un bain, en effet, ne lui ferait pas de mal. Papa était méconnaissable. Je ne l'avais jamais vu avec la barbe, et les boucles hirsutes de ses cheveux lui tombaient sur le visage. Il portait un foulard trempé de sueur et un grand chapeau de paille. Pour rire, nous l'appelions « Moïse » quand il était resté longtemps dans la jungle. Mais nous avons compris à ce moment-là qu'il s'y sentait vraiment bien, il était là dans son élément.

J'ai avancé en titubant derrière Judith. Christian nous a rejointes peu après. Nous attendions là, debout, ne sachant que faire. Puis j'ai entendu papa crier dans une langue inconnue en direction de la jungle. On se demandait ce qui allait se passer.

Peu de temps après, nous avons vu des hommes sortir lentement de la forêt. Ils se rapprochaient à pas de loup, en silence. La peur nous a fait nous resserrer tous les trois. Nous n'avions jamais vu d'hommes aussi sauvages. Ils étaient plus grands que les indigènes des autres tribus que nous connaissions jusqu'alors, la peau foncée, les cheveux noirs frisés, complètement nus. Leur tête était partiellement recouverte de plumes d'autruche et de longs os minces étaient fichés dans leur nez ; deux de ces os pointaient vers le haut tandis que le troisième était perpendiculaire au nez. Avec de l'écorce, ils avaient attaché deux os plats au-dessus de leurs sourcils. Ils tenaient un arc et des flèches dans une main et une hache en pierre dans l'autre. Ces inconnus nous encerclaient en nous dévisageant de leurs yeux sombres et impénétrables, quelque chose de spectral et de ténébreux se dégageait d'eux.

Judith a serré ma main très fort et Christian s'est caché derrière nous. J'ai senti que ma grande sœur était en train de paniquer, sa respiration s'accélérait. Avec ses longs cheveux blonds, elle attirait toute l'attention des guerriers. Elle a fait un bond en arrière quand l'un d'eux a voulu lui toucher les cheveux.

Les Fayou du clan des Iyarike
viennent nous rendre visite

J'ai appelé papa d'un ton angoissé. Lorsque les indigènes ont entendu ma voix, ils ont reculé tous ensemble. Papa, notre « sauveur », a parlé de nouveau aux hommes dans cette langue que je n'avais jamais entendue. Puis il s'est tourné vers nous et nous a expliqué qu'ils s'appelaient les Fayou, qu'ils appartenaient au clan des Iyarike et qu'il ne fallait pas avoir peur. Ils étaient simplement curieux parce que c'était la première fois de leur vie qu'ils voyaient des enfants blancs. Papa m'a ensuite prise par la main et m'a emmenée vers un Fayou âgé. Il a posé ma main dans celle de l'homme et m'a dit : « Voici le chef Baou, qui nous a autorisés à venir habiter ici. »

Le chef Baou s'est penché vers moi, a pris mon visage entre ses mains et en a rapproché peu à peu le sien. J'étais terrifiée, je pensais qu'il voulait m'embrasser sur la bouche. Mais il a juste appuyé son front en sueur contre le mien et l'a frotté plusieurs fois. Papa riait en voyant mon expression sidérée. Il nous a expliqué que les Fayou se frottaient ainsi le front pour se saluer, à peu près comme les Européens se serrent la main.

Les Fayou ont alors fait la même chose avec mon frère et ma sœur. Nous avons gardé pour le reste de la journée sur notre front une marque de sueur et de saleté.

Les hommes se sont mis ensuite à toucher nos cheveux, puis notre peau et notre visage. Ils ont commencé à parler et leurs voix sont devenues de plus en plus fortes avec l'excitation. Notre peur a cédé peu à peu la place à notre curiosité d'enfants.

Nous nous sommes débrouillés pour nous extraire de la foule. J'ai remarqué à ce moment-là quelques femmes nues postées en lisière de la jungle. Elles portaient de jeunes enfants dans leurs bras et n'avaient pas l'air aussi sauvages que les hommes. Je me suis dirigée vers elles à pas lents. Mais à mon approche les enfants se sont mis à crier et les femmes sont reparties dans la forêt en courant. Je les ai regardées partir un instant avant de retourner jusqu'à l'hélicoptère, où papa et le pilote déchargeaient nos bagages. Les guerriers les ont aidés à les porter jusqu'à notre cabane.

Ma nouvelle maison était située dans une petite clairière, bordée à droite par le fleuve Klihi et à gauche par la jungle. Comme ce terrain était régulièrement inondé, la maison était posée sur de hauts rondins. Le bâtiment était entièrement entouré d'un fil métallique vert censé tenir les insectes et autres bestioles à l'écart. L'idée semblait bonne mais elle s'est avérée inefficace : nous avons eu régulièrement des visiteurs nocturnes. Durant toutes ces années, maman s'est souvent levée en pleine nuit pour partir à la chasse aux rats et aux insectes, pour la plus grande joie des Fayou qui dégustaient nos proies au petit déjeuner du lendemain.

Parure d'un guerrier fayou

L'intérieur de la maison était divisé en deux grandes pièces, l'une pour faire la cuisine, manger et vivre, l'autre pour dormir. Une petite salle de bains était installée contre la chambre. Il n'y avait pas de portes mais seulement des rideaux fixés au plafond. Lorsqu'un rideau était relevé, cela voulait dire que l'on pouvait entrer dans la pièce, sinon on savait qu'elle était occupée.

Parmi les rares « articles de luxe » que papa avait installés figuraient deux lavabos, l'un dans la salle de bains, l'autre dans la cuisine. L'eau de pluie recueillie par plusieurs tonneaux métalliques était acheminée jusqu'à la maison et nous l'utilisions pour boire et faire la cuisine. Mais c'était un problème durant la saison sèche, il nous fallait aller chercher l'eau dans le fleuve et la faire bouillir.

Nous préparions à manger sur une petite cuisinière à kérosène avec deux feux. Sur le mur d'en face, papa avait fixé de simples planches qui servaient d'étagères pour les poêles, les casseroles, les tasses, etc. Tout au fond, derrière la salle de séjour, se trouvait une autre petite pièce avec une table et d'autres étagères, qui nous tenait lieu de garde-manger. Sur la petite table était posée une radio à ondes courtes qui nous permettait, tous les matins, à huit heures précises, d'entrer en contact avec la base de Danau Bira. Comme nous n'avions pas d'électricité, mais juste une pile, et que Danau Bira ne disposait que d'une alimentation limitée, ce créneau horaire avait été fixé afin que tous ceux qui vivaient dans la jungle, pour des raisons de sécurité, se manifestent quotidiennement. Quand une base ne donnait aucun signe de vie pendant trois jours, on lui envoyait un hélicoptère pour voir ce qui s'y passait.

La chambre était séparée en deux par un long rideau ; ma sœur et moi dormions dans l'une des moitiés, mes parents et mon frère dans l'autre. Les lits étaient construits avec de longues planches clouées recouvertes de minces matelas en mousse. Des moustiquaires étaient fixées au-dessus des lits, et nous les coincions sous le lit la nuit pour nous protéger.

Papa avait installé mon lit et celui de ma sœur juste sous la fenêtre. Il s'était sans doute dit que nous aurions ainsi un peu de fraîcheur, puisque l'ouverture de la fenêtre n'était recouverte que de fil de fer. Il faisait plus frais en effet... surtout quand il pleuvait. Il faut savoir que lorsqu'il pleut sous les tropiques, il pleut à torrents ; il nous arrivait alors souvent de nous réveiller la nuit, trempées jusqu'aux os. Nous nous levions, enlevions nos vêtements mouillés et rejoignions nos parents dans l'autre moitié de la chambre. Le lendemain, ils se réveillaient avec non pas un, mais trois enfants dans leur lit.

À gauche le bureau de papa,
à droite la « chambre d'amis »

La « salle de bains » comportait seulement un petit lavabo et une surface en ciment où nous nous lavions les pieds avant de nous coucher. Nous avions aussi des toilettes, mais nous n'avions pas le droit de tirer la chasse trop souvent, afin d'économiser l'eau. À la place, nous utilisions un seau rempli de l'eau du fleuve que papa avait posé à côté des toilettes.

Alors que nous inspections notre nouvelle maison, Christian a aperçu sur le mur quelque chose qui nous a glacés : une énorme araignée noire ! Elle était grosse comme un bifteck. Nous étions fascinés. Papa nous a ordonné de ne pas bouger et a couru chercher un parang – une longue machette.

« Non, papa, me suis-je écriée scandalisée, je veux garder l'araignée ! » Mais c'était trop tard ; il l'a atteinte du premier coup et l'a écrasée contre le mur.

« Super ! s'est exclamé Christian. Regarde, ses pattes bougent encore ! »

Les autres affichaient des mines dégoûtées ; moi, j'ai versé quelques larmes en pensant que je venais de perdre un beau spécimen pour ma collection. Maman nous a emmenés dehors afin qu'on puisse assister au départ de l'hélicoptère pendant que papa était resté à l'intérieur pour nettoyer le mur.

J'ai vite oublié cette histoire d'araignée tant il y avait de choses nouvelles à découvrir dans le monde où j'allais désormais vivre. L'hélicoptère est reparti en direction de Danau Bira. Je suis restée sur place, immobile, jusqu'à ce que le bruit du moteur disparaisse. Puis j'ai regardé tout autour de moi, j'ai vu le large fleuve qui coulait à mes pieds, les huttes des Fayou, la jungle épaisse et sombre, et enfin notre nouvelle maison. J'ai jeté un regard aux hommes qui continuaient à m'observer avec la même curiosité que j'éprouvais à leur égard.

Je ne sais plus quelles étaient mes pensées à ce moment-là, mais c'était assurément des pensées agréables. Comment, dans un environnement aussi merveilleux, une vie qui s'annonçait palpitante, à la fois libre et protégée, aurait-elle pu être mauvaise ? Je m'y sentais bien, c'était mon nouveau chez-moi.

Ce sentiment de bonheur a duré des années, même dans les temps difficiles où j'ai lutté contre la mort. C'était la vie pour laquelle j'étais née, une vie qui me convenait, une vie sans règles ni stress, dont je continue à rêver aujourd'hui.

Auprès de cette tribu, découverte depuis peu, soi-disant cannibale et d'une inimaginable brutalité, qui vivait encore à l'âge de pierre et qui apprendrait un jour à aimer au lieu de haïr, à pardonner au lieu de tuer, auprès de cette tribu qui est devenue une partie de moi comme je suis devenue une partie d'elle-même, ma vie a changé. J'ai cessé d'être une petite Blanche européenne. Je suis devenue une indigène, une fille fayou du clan des Iyarike.

Ce soir-là, alors que j'étais couchée, papa est venu me voir et nous avons récité ensemble une prière que je continue aujourd'hui de dire tous les soirs avec mes enfants. Une prière qui m'a accompagnée durant toutes ces années et qui me donne encore un incroyable sentiment de sécurité :

Celui qui se place à l'abri auprès du Dieu Très-Haut et se met sous la protection du Tout-Puissant, celui-là doit dire au Seigneur : Tu es la forteresse où je trouve refuge, Tu es mon Dieu, j'ai confiance en Toi. C'est le Seigneur qui te délivrera des pièges que l'on tend devant toi et de la peste meurtrière. Il te protégera, tu trouveras chez Lui un refuge, comme un poussin sous les ailes de sa mère. Sa fidélité est un bouclier protecteur. Tu n'auras rien à redouter : ni les dangers terrifiants de la nuit, ni la flèche qui vole pendant le jour, ni la peste qui rôde dans l'obscurité, ni l'insolation qui frappe en plein midi. Oui, même si ces fléaux font mille victimes près de toi et dix mille encore à ta droite, il ne t'arrivera rien.
Aucun mal ne t'atteindra, aucun malheur n'approchera de chez toi. Car le Seigneur donnera l'ordre à Ses anges de te garder où que tu ailles.

Psaume 91.

4

La tribu des Fayou

La première nuit s'est déroulée calmement. En me réveillant le lendemain matin dans mon lit, j'ai aperçu par la fenêtre les arbres qui bordaient la jungle. Ils étaient énormes et dépassaient largement notre maison en hauteur. J'ai écouté le joli chant matinal des oiseaux dont les tonalités mystérieuses donnaient des ailes à mon imagination.

Judith dormait encore. La maison était silencieuse. Au bout d'un moment, j'ai commencé à m'ennuyer et je suis allée voir si mes parents étaient réveillés. J'étais évidemment excitée et je brûlais d'envie d'aller dehors explorer le voisinage. Comme rien ne bougeait de leur côté, je suis sortie sous la petite véranda qui séparait notre porte d'entrée de l'escalier, et je me suis laissé imprégner, pour la première fois, par notre nouvel environnement.

En voyant le fleuve Klihi, à gauche, j'ai eu envie d'y plonger. La chaleur battait déjà son plein et le soleil prendrait bientôt le pouvoir, obligeant même ses plus fidèles amis à rejoindre l'ombre. Quelques arbres isolés avaient poussé juste devant nous, dans le sol d'argile brun. À environ dix mètres sur ma droite, à la lisière de la jungle, se trouvait une deuxième maison en bois qui, comme je l'ai appris ensuite, était destinée aux invités. Mais comme nous n'avions presque jamais d'invités, elle restait tout le temps vide. Quelques mètres plus loin se dressait une petite cabane qui servait de bureau à mon père. Il allait y passer beaucoup de temps dans les années à venir, pour apprendre et analyser la langue des Fayou.

Entre-temps, j'avais remarqué que le village s'animait peu à peu. On m'avait vue et les indigènes semblaient aussi avides de m'examiner qu'inversement. Ils se sont rapprochés pour observer chacun de mes mouvements.

Des femmes et des enfants les accompagnaient pour la première fois et se sont réunis en petits groupes. Les enfants étaient tout nus, certains avaient un énorme ventre – c'était dû à la trichocéphalose, m'a-t-on appris plus tard. D'autres avaient les cheveux roux, une maladie provoquée par le manque de vitamines. Mais c'étaient les femmes qui m'intéressaient le plus. Elles étaient plus petites que les hommes et certaines avaient l'air très masculines. Elles aussi étaient nues à l'exception d'un morceau d'écorce tissée entre les jambes. Ce « vêtement » ressemble aux strings modernes. Leurs seins cependant me surprenaient encore plus. Ils pendaient extrêmement bas, parfois jusqu'au nombril. Je n'avais jamais vu ça et j'espérais que je n'en aurais jamais de pareils une fois adulte.

Je ne comprenais évidemment pas ce que disaient les Fayou. Mais une chose était certaine : ce matin-là, j'étais leur principal sujet de conversation. Leur langue était très inhabituelle, elle ne ressemblait en rien à la façon de parler des Européens, elle s'apparentait plus à un chant mystérieux. Ces sons m'enthousiasmaient car je n'avais jamais rien entendu de tel. Je suis donc restée là à les regarder en souriant, mais personne ne m'a rendu mon sourire et j'ai fini par rentrer dans la maison.

Le bruit causé par les Fayou avait enfin réveillé ma famille. Maman était en train de préparer le café tandis que papa s'énervait contre la radio qui était en panne pour la centième fois. Papa n'avait jamais été un grand bricoleur ; il tentait sa chance en tapotant ici et là avec un marteau et le poste s'est finalement mis à fonctionner. Papa s'est tourné fièrement vers nous : « J'ai réparé la radio ! »

Maman lui a tendu une assiette en souriant : « Après tous ces efforts, tu as sûrement envie de manger quelque chose... » Ainsi a débuté notre premier petit déjeuner dans la nouvelle maison.

Je ne sais plus exactement comment s'est déroulé le reste de la journée. Je ne me souviens que de quelques bribes. Ce qui m'est resté en mémoire, c'est que nous avons beaucoup joué dans le fleuve et que nous ne comprenions pas pourquoi les enfants fayou restaient assis contre un arbre ou collés à leurs parents et sans jamais rire. Ils semblaient avoir peur, mais nous ne savions pas de qui ni de quoi.

Nous avons essayé par des signes de la main de les persuader de nous rejoindre, mais personne ne réagissait. Finalement, nous avons renoncé et nous sommes restés entre nous.

Femmes fayou

Les premiers jours sont passés comme un éclair. Nous nous levions avec le soleil et nous couchions à la tombée de la nuit. Nous prenions le petit déjeuner ensemble, généralement des flocons d'avoine mélangés avec du lait en poudre et de l'eau, ou des crêpes. Très souvent, nous trouvions dans notre assiette des petits cafards ou d'autres insectes qui s'étaient introduits dans les paquets. Cela a fini par ne plus nous déranger – de toute façon, il n'y avait rien d'autre à manger. Maman appelait ça notre « portion supplémentaire de protéines ».

Un matin, peu après notre arrivée, les Fayou nous ont apporté quelques œufs géants. C'étaient des œufs de pigeon couronné. Papa avait introduit un système d'échange : quand les villageois nous offraient de la nourriture ou des objets intéressants, nous les échangions contre des couteaux, des hameçons ou de la corde. Ce jour-là, nous avions donc droit à six œufs gigantesques et apparemment délicieux que papa avait marchandés. Nous étions ravis de cette variante apportée à notre petit déjeuner, car nous commencions à nous lasser un peu des crêpes et des flocons d'avoine.

Le lendemain matin, alors que nous étions tous attablés, maman a donc fait chauffer un peu d'huile et a pris un des œufs. Il était tellement gros qu'elle devait le tenir à deux mains. Puis elle l'a cassé au-dessus de la poêle, mais, au lieu du blanc et du jaune tant attendus, il en est tombé un petit poussin qui a commencé à rissoler dans l'huile. Ce spectacle nous a fait mal au cœur ; notre appétit a disparu aussitôt. J'ai eu du chagrin en voyant le poussin dans la poêle : ç'aurait été tellement merveilleux de le voir éclore et de l'élever !

Depuis ce jour, maman a pris soin d'ouvrir chaque œuf dehors, et s'il contenait un poussin elle le donnait aux Fayou qui le dégustaient avec plaisir, sans comprendre pourquoi on s'en débarrassait. Mais il nous a fallu un moment avant de pouvoir savourer ces œufs de pigeon couronné.

Quelques jours plus tard, j'étais en train de jouer avec Christian devant la maison quand j'ai remarqué un petit garçon qui, depuis un certain temps, nous observait à distance en suivant tous nos faits et gestes. Il semblait avoir moins peur de nous que les autres enfants et me paraissait avoir le même âge que moi. Mais ce qui m'intéressait le plus, c'était ce qu'il possédait : un petit arc et des flèches. Je me suis avancée lentement vers lui et, miracle, il n'est pas parti en courant et ne s'est pas mis à pleurer comme l'auraient fait la plupart des autres enfants. Une fois en face de lui, j'ai tendu ma main vers l'arc. Il me l'a aussitôt donné.

Au bout de quelques minutes, j'ai voulu rendre l'arc et les flèches au garçon, mais il a fait non de la tête et m'a remis le tout entre les mains. Christian a été le premier à comprendre qu'il voulait me l'offrir, et j'étais folle de joie. Par des gestes, j'ai demandé au garçon de m'attendre un instant, j'ai couru dans la maison et vidé mon sac à dos sur le lit à la recherche d'un cadeau en échange. J'ai trouvé un petit miroir rouge que l'on m'avait offert à Jayapura et, satisfaite, j'ai filé dehors pour l'offrir au petit Fayou.

Il a eu une réaction à laquelle nous ne nous attendions pas du tout : lorsqu'il s'est vu dans le miroir, il a poussé un cri et l'a laissé tomber. Cela nous a fait rire. Puis Christian a ramassé le miroir et lui a montré sa propre image avant de le lui tendre à nouveau. Entretemps, d'autres Fayou s'étaient approchés pour voir ce qui se passait.

Le garçon a repris prudemment le miroir. Les yeux écarquillés, il a bougé la tête dans tous les sens en faisant des grimaces et touché son propre reflet avec les doigts. Une grande excitation a bientôt gagné les Fayou attroupés, qui voulaient tous voir leur visage. Ce spectacle nous amusait énormément. Nous n'étions pas encore à l'âge de comprendre ce que cela pouvait faire de se voir dans un miroir pour la première fois. Nous avons donc quitté leur groupe pour nous consacrer à quelque chose de plus intéressant : le nouvel arc et les flèches.

Le petit Fayou est revenu peu après vers nous en tenant le miroir comme un trophée. Il a pointé son doigt vers lui-même en disant : « Tuare. » J'ai fait de même en articulant : « Sabine. » Il a répété mon nom sans difficulté. Christian s'est alors désigné en énonçant : « Christian. » Tuare a essayé de prononcer son nom mais il avait du mal, parce que les mots de la langue fayou se terminent toujours par une voyelle. Mon frère s'est nommé à nouveau en disant : « Babou. » C'est ainsi que nous l'appelions auparavant, quand nous vivions au Népal. Tuare n'a eu aucun mal à répéter ce nom et mon frère est devenu Babou pour tout le monde.

Sabine avec des enfants fayou

Tuare est devenu mon plus proche camarade de jeu, mon meilleur ami, le confident de mon enfance ; il continue aujourd'hui à m'appeler sa sœur Sabine. Grâce à Tuare, les autres enfants ont cessé d'avoir peur de nous. Ils sont venus les uns après les autres : Bebe, Abusai, Atara, Ohri, Ailakokeri, Dihida et Esori.

Nous nous sommes vite rendu compte que les enfants fayou n'étaient pas seulement peureux mais qu'ils ne connaissaient absolument aucun jeu. À cette époque, nous ne nous soucions pas de savoir pourquoi et nous leur avons simplement montré les nôtres. Tous les jours, nous allions nager avec eux, jouions à la chasse au crocodile, leur apprenions à jouer au football ou à cache-cache. En contrepartie, ils nous ont appris à tirer à l'arc et à le fabriquer. Ils nous ont expliqué quels animaux on pouvait manger, quelles plantes étaient toxiques. Ils nous ont enseigné comment faire un feu sans allumettes et fabriquer un couteau avec des bambous – un savoir-faire dont nous étions très fiers.

L'arc et les flèches étaient notre jeu préféré. Nous nous imaginions que nous nous étions perdus dans la jungle et que nous devions nous en sortir tout seuls, ce qui n'était pas si insensé. Tuare et les autres nous avaient aussi révélé l'art de construire des cabanes pour nous protéger de la pluie. Pour survivre, nous devions tuer des animaux, allumer un feu et faire rôtir notre proie. Si maman avait su tout ce que nous mangions à cette époque, elle en aurait sûrement fait une crise cardiaque, d'autant plus qu'elle était infirmière de formation. Araignées, cafards, vers de terre, minuscules poissons : nous avons tout avalé.

Bien plus tard, j'ai fait cette remarque qui me semble assez pertinente : si l'on m'avait abandonnée toute seule en pleine jungle quand j'avais dix ans, j'aurais pu survivre. Mais si on m'avait abandonnée au milieu d'une grande ville, je serais sûrement morte.

J'ai appris à survivre dans la jungle, à reconnaître ses dangers, à apprécier la protection qu'elle peut offrir. J'ai appris à respecter la jungle et à la maîtriser, dans la mesure où un être humain le peut. Dans les semaines et les mois qui ont suivi notre arrivée, je suis devenue comme Tuare : un enfant de la jungle.

Un Fayou se regarde dans le miroir

5

Une tout autre vie

Ainsi nous sommes-nous peu à peu habitués à notre nouvelle vie, ou plutôt à la survie de tous les jours, à une existence qui diffère fondamentalement de la vie en Europe. Bien sûr, dans les deux endroits, il y a des gens qui vivent, qui doivent manger, boire et dormir. Tous, nous voyons, sentons, touchons, goûtons, aimons et haïssons, faisons des enfants et mourons. Mais ce sont bien les seuls points communs. J'espère réussir, en racontant ce qui m'a marquée, à faire partager au lecteur mon expérience de ces deux mondes ; j'espère aiguiser sa sensibilité en mettant le doigt sur ce qui me paraît essentiel dans les deux univers.

La vie en Europe est pour moi synonyme de tornade, elle arrive et m'aspire, m'entraîne avec elle, m'emporte dans un tourbillon de hâte et de frénésie. J'ai l'impression que le temps passe trop vite pour que je puisse me retourner.

La foule nous cerne en permanence sans qu'on puisse lui échapper. Le bruit de la rue ou d'un chantier arrive jusque sous nos fenêtres. On entre en conflit avec la famille pour des raisons d'argent, d'infidélité ou d'indifférence, avec les voisins pour des broutilles... Et surtout, on n'a pas assez de temps, jamais assez de temps.

J'ai conscience du fait que mes jugements sont un peu rapides et pas très originaux, mais j'ai de plus en plus le sentiment que les Occidentaux ne vivent que pour eux-mêmes, pour leur propre bien-être, sans pourtant parvenir à l'atteindre. (Quand je parle aujourd'hui des « Occidentaux », je ne peux évidemment plus m'en exclure.)

On part travailler le matin, on rentre fatigué le soir. À la fin du mois, on paie toutes les factures et on met le peu qui reste sur un compte d'épargne. Avec cet argent, on s'offre des vacances pour être à nouveau en mesure de supporter le stress de la vie quotidienne, et ainsi de suite. Pour rompre cette monotonie, on aspire au luxe. On s'endette pour acheter une plus grosse voiture, une plus grande maison ou des vêtements à la mode que l'on a vus dans les magazines et les vitrines. On possède finalement cette nouvelle voiture, on a éventuellement un peu d'argent sur son compte, mais l'insatisfaction est toujours là et on continue. C'est un cercle vicieux auquel je ne vois pas d'issue.

Je ne veux pas condamner en bloc notre « société d'abondance », mais j'ai le sentiment que quelque chose ne va pas dans ma vie, qu'il y a un manque. Et en observant mon entourage, je constate que les autres ne vont pas mieux.

Bien sûr, nous avons beaucoup d'agréments qui m'ont aussi transformée au fil des ans en une « enfant gâtée » : de l'eau courante et de l'eau chaude à volonté, des supermarchés où je peux acheter tout ce que je souhaite, l'électricité, le téléphone, la télévision, Internet, le courrier électronique et bien d'autres choses – sans oublier les soins médicaux.

Et pourtant, il m'arrive souvent le soir, dans mon lit, de rêver à ma jungle et d'en regretter le silence et la paix. J'aimerais pouvoir marcher pieds nus, ne pas me maquiller, ne pas avoir de rendez-vous où il faut arriver à l'heure. Me réveiller le matin et respirer le doux parfum de la forêt tropicale. Sentir un soleil qui rayonne en permanence, voir des arbres toujours verdoyants et de magnifiques nuages blancs qui évoluent lentement dans le bleu infini du ciel.

Soudain, une voix me tire du sommeil. La radio, il est six heures du matin. Je descends dans la cuisine, mets la machine à café en route et me dis pour la centième fois que quand j'aurai un peu d'argent il faudra absolument que j'achète une cafetière programmable la veille pour que le café soit déjà prêt quand on se lève. Comme si c'était vital...

Je remonte les escaliers, prends ma douche, m'habille et réveille les enfants pour les préparer avant la crèche ou l'école. Comme toujours, nous devons nous dépêcher, le bus va arriver. Il faut vite faire les cartables, mettre les chaussures, et c'est l'heure. Ouf !

Le calme revient un peu, tout le monde est parti, une nouvelle journée a commencé. Je descends dans mon bureau et m'installe devant l'ordinateur. Je consulte mes e-mails et regarde les informations : de nouveaux troubles au Proche-Orient, des problèmes politiques, et tout en bas de la page la femme idéale du jour. J'allume une cigarette, inspire profondément pour sentir la nicotine pénétrer mes poumons. Je songe avec mauvaise conscience aux patchs à la nicotine qui sont là depuis une éternité, intacts. Je me déteste de fumer.

Je cours d'un rendez-vous à l'autre, d'un embouteillage à l'autre, et je me demande de plus en plus ce que je fais là.

Plus tard, je me rassieds à mon bureau, mon regard effleure l'arc et les flèches posés dans un coin. Je me lève pour glisser ma main le long du bois sculpté, si merveilleusement lisse. Les flèches se dressent fièrement à côté de l'arc. Leurs pointes sont taillées avec art, la plus grande pour chasser les sangliers et les autruches, une autre pour les petits animaux et les oiseaux.

C'est un travail magnifique ; l'artisan a amoureusement gravé ses signes dans le bois pour se perpétuer dans l'instrument.

Une nostalgie profonde s'empare de moi, mais quand je lève la tête je ne vois que l'écran de mon ordinateur qui scintille et m'appelle au travail. Je me cale dans mon fauteuil rouge.

Oui, la vie dans la jungle est différente. Je ne veux pas dire que j'ai grandi dans un monde meilleur, mais dans un monde radicalement opposé. Et pour moi, rétrospectivement, il est beaucoup plus beau. Est-ce que j'idéalise mon enfance ? Nous étions heureux, nous étions libres, nous apprenions à penser d'une autre manière, et je crois que c'est là le point essentiel.

On m'a demandé récemment si mes parents n'avaient pas été irresponsables de nous exposer aux dangers de la jungle. J'étais tellement surprise que je n'ai d'abord pas su quoi répondre. Irresponsables ? De quels périls aurait-il pu s'agir ? Les menaces ne sont pas dans la jungle, elles sont ici. Je peux me faire écraser par une voiture demain ou mourir dans un accident. Mon enfant peut se faire enlever, agresser ou même assassiner. Je peux perdre mon travail, ma maison, ma voiture. Tout cela n'est-il pas dangereux ?

Cette civilisation renferme à mon avis plus de risques que la vie dans la jungle. On est tellement dépendant en Occident, dépendant de circonstances telles que le marché du travail, les revenus, le soin aux personnes âgées – pour n'en nommer que quelques-unes. Il est si commun de vivre sous les contraintes qu'on ne s'en rend généralement même pas compte.

Dans la jungle, en revanche, tout est blanc ou noir ; les différentes nuances de gris de la soi-disant civilisation n'existent pas là-bas. Dans la jungle, on est ami ou ennemi. Soit il pleut, soit le soleil brille. On protège ses amis et sa famille en même temps que sa propre vie et on les défend contre les ennemis. Tout semble plus facile, plus clair, et on sait toujours ce qui nous attend.

Dans la société des Fayou, chacun a une place déterminée, chacun sait ce qu'il a à faire. Ma famille et les membres de ma tribu sont là pour moi, de même que je suis là pour eux. On partage tout. Si j'ai deux hameçons, par exemple, je vais en donner un. Si mon mari meurt, son frère m'épouse et subvient à mes besoins ainsi qu'à ceux de mes enfants, il construit une maison pour moi, chasse pour moi. Si mes parents meurent, je suis recueillie par un autre membre de la famille ou de la tribu qui me traite bien.

Quand je mange un morceau de viande, je n'en prends qu'une ou deux bouchées et je tends le reste à celui qui est assis à mes côtés ; celui-ci fait la même chose et offre le reste à son voisin. De cette façon, chacun a droit à une même portion du repas. On partage pour survivre, on noue des amitiés jusqu'à la mort, on se protège et on s'aide mutuellement. Les hommes vont chasser ensemble, les femmes récoltent le sagou ou vont pêcher. Et quand on a couvert les besoins alimentaires de la journée, on s'assied autour du feu pour se raconter des histoires de chasse. Le jour, par exemple, où on a tué un sanglier aussi gros qu'une maison ! Ou un crocodile aussi long que la largeur du fleuve ! Tout le monde sait, bien sûr, qu'on exagère, mais on est captivé et c'est la seule chose qui compte.

Parfois, aussi, nous restions assis des heures à ne rien faire, à regarder autour de nous, à observer les oiseaux qui passaient au-dessus de nos têtes, et nous mangions simplement un morceau sans dire un mot.

La différence entre « mes » deux mondes, pour en venir au fait, c'est que la vie dans la jungle est plus éprouvante physiquement, mais psychologiquement beaucoup plus facile à supporter pour moi. Inversement, la vie en Occident est plus facile physiquement, mais beaucoup, beaucoup plus compliquée moralement.

Il m'a fallu longtemps pour arriver à ce constat ; je n'y vois clair que depuis quelques années. Après mon arrivée en Europe, j'ai subi un choc culturel qui m'a d'abord abasourdie, puis paniquée et finalement écrasée. J'ai dû soudain, sans être prévenue, courir un marathon psychologique alors que j'avais à peine fait quelques pas auparavant. J'ai dû tout réapprendre car, même si rien ne me distinguait extérieurement des autres Européens, je venais d'une autre planète, je ne connaissais que le noir et le blanc ; j'avais grandi à une époque censée être révolue pour la plupart des gens. J'avais été élevée avec l'un des derniers peuples primitifs intacts, dont la culture était restée à l'âge de pierre ; j'avais vécu une vie dans laquelle le temps s'était arrêté, une vie coupée et oubliée du monde. Dans ma Vallée perdue j'étais heureuse, dans le reste du monde je me sentais perdue.

6

Les origines d'une vocation

Vous vous demandez certainement comment une fillette allemande, de parents allemands, a pu arriver dans cette région tellement coupée du monde, chez un peuple totalement inconnu. Je me propose donc de remonter un peu dans le temps.

L'avenir de ma mère Doris s'est décidé le jour où, à l'âge de douze ans, elle a assisté à la conférence d'un ami d'Albert Schweitzer, le célèbre médecin et missionnaire, et où elle a entendu parler de son travail en Afrique. Durant cette conférence, elle a eu une révélation : cela serait aussi le but de sa vie, elle partirait pour travailler dans l'humanitaire dans des pays en voie de développement. Elle s'y est préparée en suivant des études d'infirmière.

Seize ans après cette conférence, elle a fait la connaissance de mon père, Klaus-Peter Kuegler, qui travaillait alors à la Lufthansa. Il avait le même objectif qu'elle : aider les pays du tiers-monde. Il a donc démissionné puis ils se sont mariés et ont suivi ensemble une formation linguistique. Ils ont commencé à travailler comme linguistes et missionnaires un an après la naissance de ma sœur Judith.

Le Népal a été leur première étape. Ils ont vécu là-bas avec l'ethnie des Danuwar Rai, dans le but d'étudier non seulement leur langue mais aussi différents dialectes, et d'apporter aux habitants du village une aide concrète.

Je suis née en 1972 à Patan, une banlieue de Katmandou, où mon frère est également venu au monde deux ans plus tard. Nous sommes retournés chez les Danuwar Rai peu après ma naissance.

Sabine avec ses amies de la tribu des Danuwar Rai

Nous vivions dans une cabane en torchis jaune en bordure du village ; même le sol de la maison était en terre battue. Comme il n'y avait que deux petites fenêtres, nous dormions généralement sur un balconnet en bois pour échapper à la chaleur qui s'engouffrait à l'intérieur. Le climat était subtropical, le paysage, un mélange de forêts vertes et de plaines sèches et rocailleuses. Tout près du village coulait un large fleuve dans lequel nous nous baignions le soir.

Nous n'avions ni douche ni meubles dans notre minuscule maison. Nous mangions par terre, sur une natte en paille, nous dormions sur des matelas pneumatiques et préparions les repas sur une petite cuisinière à kérosène. Je passais la plupart de mon temps avec ma sœur Judith, qui gardait les chèvres, comme c'était la coutume pour les filles de son âge. Nous n'avions aucun jouet et jouions donc, comme les autres enfants, avec ce qu'offrait la nature.

J'ai assez peu de souvenirs de cette époque. Mais je me rappelle les nuits que je passais avec ma sœur, enroulées dans une couverture pour deux. Au-dessus de moi, je voyais le ciel et ses innombrables lumières. Elles brillaient jusqu'à nous, d'une beauté indescriptible. Elles me semblaient tellement proches que je tendais parfois la main, certaine de pouvoir les toucher. Je la faisais glisser sur les étoiles qui clignotaient entre mes doigts. C'est ainsi que nous nous endormions, dans une satisfaction absolue, au milieu d'une nature intacte.

Ma mère m'a raconté récemment une histoire. Un jour, en fin d'après-midi, je suis arrivée en courant, tout essoufflée, et je me suis exclamée : « Maman, maman, j'ai vu Dieu ! » Très surprise, elle voulait en avoir le cœur net. Je l'ai prise par la main et l'ai tirée derrière moi sur notre balcon pour lui montrer les montagnes qui se dressaient majestueusement non loin de là. Maman, qui comprenait ce que je voulais dire, souriait. Un spectacle incroyable s'offrait à nous : le soleil était en train de se coucher et ses rayons se reflétaient sur les sommets enneigés, les transformant en un paysage doré. Maman en avait rarement vu d'aussi beau. Debout sur le balcon, nous avons admiré cette splendeur ensemble. Lorsque les derniers rayons ont disparu, j'ai dit, toute déçue : « Et maintenant Dieu est parti. »

Nous avons vécu de belles années au Népal, jusqu'au jour où l'on nous a informés que nous ne pouvions rester plus longtemps. Pour des raisons politiques, nous devions partir dans les trois mois. Ce fut un choc pour mes parents qui s'étaient mentalement préparés à un long séjour. Il leur fallait rentrer dans un pays qu'ils avaient volontairement quitté des années plus tôt, un pays que nous, les enfants, n'avions jamais vu.

Nous avons donc fait nos bagages à contrecœur et pris tristement congé des Danuwar Rai, qui étaient devenus une partie de notre famille. Maman m'a raconté plus tard que ses cheveux étaient devenus gris de chagrin en une semaine.

Pendant notre voyage de retour en Allemagne, nous sommes passés par Katmandou, une grande ville chaotique, pleine de maisons, de voitures et de gens. Je semblais déjà savoir que ce n'était pas mon univers : je pleurais, je voulais retourner dans notre maison en torchis, chez mes amis, auprès des chèvres et des étoiles. Je ne comprenais pas pourquoi nous ne pouvions pas. J'avais trois ans.

Nous avons poursuivi notre route jusqu'en Allemagne, pour rejoindre une civilisation à laquelle rien ne nous reliait, nous, les enfants. Maman m'a raconté qu'à l'aéroport de Francfort j'avais demandé, toute désorientée :

— Et où est Allemagne ?

— Mais Sabine, nous *sommes* en Allemagne !

J'étais tellement déçue que j'ai fondu à nouveau en larmes. Nous avions reçu quelques colis d'Allemagne et je me réjouissais à l'idée de rencontrer enfin cette personne nommée Allemagne, qui nous envoyait de si belles choses… Mes parents ne m'avaient jamais expliqué qui, ou plutôt ce qu'était en réalité l'Allemagne.

Durant notre séjour dans ce pays étranger, mes parents se sont préparés à une nouvelle mission. Après mûre réflexion, ils ont opté pour l'Indonésie et ont dû attendre leur visa. Deux ans plus tard, nous étions prêts à repartir : après le point culminant du monde, nous allions découvrir cette fois l'endroit le plus encaissé de la Terre. Nous sommes passés de l'Himalaya à la région marécageuse d'Irian Jaya, en Papouasie occidentale, en Indonésie.

Nous avons quitté l'Allemagne le 23 avril 1978 et atterri quelques jours plus tard à l'aéroport de Jayapura, la capitale de la Papouasie occidentale. Après une brève période d'adaptation, nous avons poursuivi notre route jusqu'à la base de Danau Bira, dans la jungle, où nous voulions nous familiariser avec notre future vie parmi les tribus indigènes.

Peu après notre arrivée à Jayapura, je suis entrée à l'école et j'ai dû porter un petit uniforme bleu et blanc. Nous n'avons eu aucun mal à nouer des liens, même s'il y avait très peu d'étrangers en Irian Jaya dans les années 1970. Nous nous sommes très vite adaptés et nous avons bientôt commencé à nous comporter comme de petits Indonésiens. Au bout de quelques semaines, nous parlions mieux l'indonésien que nos parents qui suivaient des cours tous les jours.

La nourriture aussi nous plaisait. Durant les récréations, un homme venait souvent avec un pousse-pousse devant la barrière de l'école pour nous vendre des snacks. J'avais une préférence pour les petites chips de patates douces très épicées. Maman s'étonnait toujours de me voir rapporter mon goûter à la maison. Encore aujourd'hui, j'ai l'eau à la bouche en pensant à ces chips...

Le paysage que nous avons découvert lors de nos excursions dans les environs était splendide : des collines vert clair, qui se déployaient dans le pays comme de grandes vagues, un lac bleu scintillant qui s'étendait jusqu'à l'horizon, les vêtements colorés des gens que nous croisions sur notre route. Je baignais dans cette atmosphère sensuelle et vivante avec un sentiment grisant que j'associe toujours à l'Asie. En tant qu'enfants, nous absorbions littéralement cette nouvelle vie avec le plaisir naturel de la découverte, sans faire de comparaisons, sans nous demander où nous étions.

7

La découverte des Fayou

Hasard ou prédestination, le jour même où nous quittions l'Allemagne pour nous envoler vers l'Indonésie, le 23 avril 1978, un ingénieur américain nommé John faisait au fin fond de la jungle d'Irian Jaya une incroyable découverte.

John était chargé de construire une piste d'atterrissage sur le territoire de la tribu des Dou. Il s'y était déjà rendu plusieurs fois pour vérifier la qualité du sol, c'était une zone marécageuse. Il avait finalement opté pour le village reculé de Kordesi et s'était mis à poser des marquages pour la piste.

Soudain, quatre hommes ont surgi de l'épaisseur de la jungle, les hommes les plus sauvages qu'il ait jamais vus. Ils étaient nus, avaient des os en travers du nez et d'autres fixés sur le front. Ils portaient des plumes noires sur la tête, tenaient un arc et des flèches ; des têtes d'animaux morts se balançaient autour de leur corps, et différentes espèces d'os leur tenaient lieu d'apparat. Ils inspiraient la terreur, leurs regards étaient figés et eux-mêmes tremblaient des pieds à la tête car ils n'avaient jamais vu de Blanc.

Les Dou étaient dans tous leurs états ; ils ont expliqué à John que ces hommes faisaient partie d'une tribu contre laquelle ils étaient en guerre depuis des années. Après que les choses se sont calmées, l'Américain est parvenu à entendre quelques mots prononcés par ces étrangers et à les retranscrire en phonétique. Par la suite, il a donné ses notes à un linguiste de Jayapura qui les a comparées avec toutes les langues connues de l'île. Il s'est avéré que les étrangers voulaient savoir ce qui se trouvait au-delà de leur territoire et qu'ils avaient donc été envoyés en éclaireurs. Il est apparu que l'on venait de découvrir une nouvelle langue et une tribu jusque-là inconnues – les Fayou.

Je continue à considérer comme un hasard providentiel le fait que les guerriers aient surgi le jour même où l'Américain John faisait une de ses rares expéditions dans la jungle.

Quelques mois plus tard, fin 1978, mon père a été convoqué à un entretien. On lui a proposé de diriger une expédition dans le but de retrouver cette tribu inconnue qui vivait au milieu d'une jungle impraticable. Papa a demandé de quelles informations on disposait et on lui a remis le document du linguiste où figuraient seulement quelques mots en phonétique, ainsi que cette phrase : « Deux ou trois jours de marche à l'ouest de la tribu des Dou. » C'était maigre en matière d'information. Pourtant, après en avoir brièvement discuté avec ma mère, il a décidé de se lancer dans cette expédition vers l'inconnu.

Papa a commencé les préparatifs peu de temps après. Il était accompagné d'un chercheur américain et d'un homme de la tribu des Dani, qui maîtrisait à la fois l'indonésien et la langue dou, ce qui allait avoir son importance.

Ils se sont donc rendus en hélicoptère jusqu'à un village dou appelé Polita, non loin de Kordesi. De là, ils ont parcouru en pirogue plusieurs rivières en direction de l'ouest, comme c'était indiqué sur le document. Mais ils sont revenus bredouilles au bout de quelques jours. Les Dou et les Kirikiri, dont ils avaient traversé les territoires, ne leur avaient été d'aucune aide, ils ne savaient pas non plus où séjournaient exactement les Fayou.

Il faut bien comprendre que les différentes tribus ne quittaient pratiquement jamais leur territoire. Il y avait toujours une guerre quelque part, et un danger mortel les guettait donc en dehors de leurs frontières. Les Dou avaient longtemps mené un combat acharné contre les tribus voisines, notamment les Fayou. Ces derniers étaient réputés pour leur brutalité et leurs qualités guerrières. On en avait tellement peur qu'on n'osait même pas les évoquer !

Puis, de façon inespérée, la situation a commencé à se débloquer : un homme dou a parlé à mon père d'une femme fayou qui avait épousé un Kirikiri. Ils se sont donc remis en route vers le territoire des Kirikiri, à la recherche de cette femme, et ils l'ont trouvée. Elle-même avait déjà entendu dire que quelqu'un cherchait les Fayou et elle était curieuse de voir qui pouvait être aussi fou ! Papa l'a finalement rencontrée dans une clairière, au bord du fleuve ; c'était le premier membre de cette tribu légendaire qu'il voyait.

La femme était aimable et disposée à l'aider. Papa a sorti une carte dessinée à la main pour lui montrer où ils avaient déjà exploré. Elle l'a regardée attentivement et a expliqué à papa qu'il n'avait pas remonté la bonne rivière ; il devait reprendre le fleuve Rouffaer, puis tourner dans le fleuve Klihi en direction de l'ouest, ensuite il trouverait facilement.

Mais papa n'était pas préparé à une si longue expédition au fin fond de la jungle et il a décidé de retourner d'abord dans la capitale pour rassembler un meilleur équipement.

Papa lors de sa deuxième expédition

Cependant, comme cela arrive souvent, les choses ne se sont pas déroulées comme prévu. À peine de retour à Jayapura, papa a eu sa première crise de paludisme. C'était tellement grave qu'il a dû rester longtemps alité à l'hôpital et que les médecins n'étaient pas sûrs, au début, qu'il survive. Il a mis plusieurs mois à se rétablir et a enfin pu entreprendre sa seconde expédition en février 1979.

Cette fois-ci, tout avait été bien préparé. On avait transporté en hélicoptère, jusqu'à Polita, un moteur de hors-bord, une radio à ondes courtes, des hamacs de jungle et des vivres pour une semaine. Mon père se faisait à nouveau accompagner par l'Américain et deux Dani. Mais ils étaient conscients du problème de la langue : même s'ils trouvaient les Fayou, ils ne pourraient pas communiquer avec eux. Papa parlait anglais, Herb traduisait en indonésien et le Dani d'indonésien dans la langue des Dou. Il leur manquait donc quelqu'un qui comprenne le dou et le fayou.

Ils ont consulté les Dani ; ceux-ci avaient entendu parler d'un jeune Fayou qui avait été enlevé à sa mère quand il était enfant, lors d'une guerre, et fait prisonnier. Il avait grandi chez les Dou, mais plus tard, quand il avait voulu prendre femme, les Dou lui avaient révélé qu'il n'avait pas le droit d'épouser une des leurs puisqu'il était originaire d'une tribu ennemie. Le jeune homme avait alors quitté la tribu des Dou et n'était jamais revenu. Selon la rumeur, il vivait actuellement sur le territoire frontalier des Kirikiri. Il s'appelait Nakire.

Papa et son équipe ont échangé quelques objets avec les Dou pour obtenir une pirogue sur laquelle ils ont fixé le moteur de hors-bord. Ils y ont entassé le reste de leurs affaires et se sont mis en route, bien décidés à retrouver la trace de Nakire. Ils ont mis le cap sur le territoire des Kirikiri, ils ont cherché la clairière où Nakire était censé vivre et ont effectivement trouvé leur homme. Nous n'avons jamais cessé de nous étonner de la vitesse avec laquelle les informations circulent dans la jungle : Nakire savait déjà qu'on le cherchait. Il a chaleureusement salué toute l'équipe et offert l'hospitalité pour la nuit, car il faisait déjà sombre. Sa hutte était petite, assez sale et délabrée, mais elle avait un toit en feuilles de palmier tressées qui les protégerait un tant soit peu.

Le soir même, devant le feu de camp, papa a demandé à Nakire s'il serait d'accord pour les conduire dans le territoire des Fayou et leur servir d'interprète. Nakire a acquiescé. La chaîne linguistique était ainsi complète, on arriverait à se comprendre en passant par trois langues. Le groupe de cinq personnes s'est donc mis en route dès le lendemain matin.

Avant d'entreprendre sa deuxième expédition, papa avait élaboré une carte qui contenait toutes les informations recueillies durant la première expédition, plus tout ce qu'il avait réussi à savoir au sujet des indigènes.

La femme fayou (avec son mari kirikiri) qui avait indiqué son chemin à papa lors de sa première expédition

Il l'avait divisée en petites cases numérotées, avec au centre le village de Polita. Par précaution, il en avait laissé une copie à la centrale radiophonique de Danau Bira, d'où l'on pourrait suivre son parcours et entrer en contact avec lui. L'hélicoptère se tenait prêt à aller les chercher dans la jungle en cas d'urgence. Grâce au quadrillage numéroté, le pilote pourrait à peu près calculer leur position.

Alors qu'ils remontaient le fleuve depuis plusieurs heures, Nakire a commencé à s'agiter. Il scrutait nerveusement les berges. Le fleuve se rétrécissait, les berges semblaient se rapprocher, des arbres et des plantes touffus étaient penchés au-dessus de l'eau. Tout à coup, Nakire a montré quelque chose du doigt, mais papa ne voyait rien hormis quelques troncs d'arbres abattus.

LE TERRITOIRE DES FAYOU

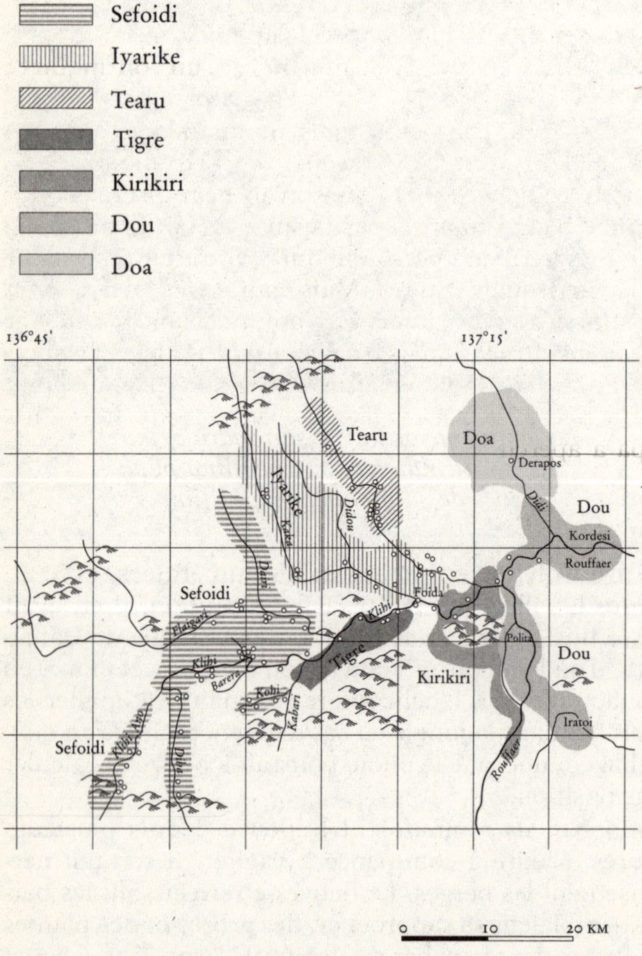

Le territoire des Fayou (les Sefoidi, les Iyarike, les Tearu, les Tigre, les Kirikiri, les Dou, les Doa)

— Qu'est-ce que c'est ? a demandé papa.

— Ce sont des signaux de danger... Nous sommes arrivés sur le territoire des Fayou, a répondu Nakire.

Le silence régnait dans la pirogue, on n'entendait que le grondement du moteur et le clapotis de l'eau. Nakire a tressailli de nouveau et murmuré d'un ton inquiet : « Là-bas, vous voyez ? »

Papa scrutait la berge mais ne distinguait rien du tout. Nakire avait vu des yeux, des yeux noirs, et de sombres silhouettes. On les suivait déjà discrètement. Comme papa l'a appris par la suite, c'était la première embuscade. Toute personne qui arrivait en remontant le fleuve risquait la mort. Mais comme les guerriers en question n'avaient jamais vu d'homme blanc, ils étaient tellement effrayés qu'ils n'avaient pas tiré leurs flèches.

Personne ne se montrait à l'horizon, et les quelques huttes devant lesquelles ils passaient étaient vides. Puis papa a aperçu plusieurs pirogues amarrées au rivage. « S'il y a des pirogues, il y a forcément des hommes », s'est-il dit, et il a décidé d'accoster pour explorer les environs.

Le premier à mettre pied à terre a été un des Dani, qui a attaché la pirogue à un tronc d'arbre. Papa a dit à Nakire qu'il devait descendre avant lui, mais Nakire restait assis.

« Non, disait-il, toi d'abord. »

Papa, surpris, a objecté que Nakire était un Fayou, qu'il parlait leur langue et pourrait leur faire tout de suite comprendre qu'ils venaient avec des intentions pacifiques. Mais Nakire ne bougeait pas et n'a prononcé qu'une seule phrase : « J'ai peur. »

Papa ne savait pas encore que la tribu des Fayou comprenait quatre clans qui se faisaient perpétuellement la guerre. Or la pirogue était arrivée en zone frontalière, entre le territoire des Iyarike, dont faisait partie Nakire, et celui des Tigre.

Nakire

Papa est finalement descendu, suivi de l'Américain et de l'autre Dani. Mais à peine avaient-ils mis un pied à terre qu'ils ont entendu un bruit derrière eux. Ils se sont retournés et… sont restés figés devant la créature la plus terrifiante que papa ait jamais vue. Le visage de l'homme n'exprimait qu'hostilité. Il portait un arc et des flèches, était décoré d'os et de plumes d'animaux. Sa peau était entièrement enduite d'une substance indéfinissable qui dégageait une odeur tellement désagréable que papa en avait presque la nausée ; c'était une puanteur inconnue pour lui, qu'il n'arrivait absolument pas à identifier.

Un autre homme a surgi derrière le premier ; il avait tendu son arc et visait Nakire. Sans hésiter, Nakire a pris son arc et visé l'homme en retour, de sorte qu'ils se faisaient face sans dire un mot. L'agressivité était palpable, on sentait dans l'air une tension énorme.

Papa savait qu'il devait réagir vite, il se tenait entre les deux hommes. Il a tendu ses bras en direction des flèches comme pour les repousser et s'est placé dans la ligne de mire en criant : « Stop ! Stop ! Ne tirez pas, nos intentions sont pacifiques ! Jetez vos armes, je vous en prie. »

En un éclair, cette phrase a été traduite en trois langues tandis que papa attendait entre les pointes des deux flèches. Il n'osait pas bouger, ses bras toujours tendus. Nakire a fini par dire quelque chose et baisser sa flèche, la tension s'est relâchée, et l'autre Fayou a imité Nakire.

Nous avons appris plus tard que le premier à avoir surgi de la brousse était le guerrier Ziau. Une fois l'atmosphère un peu détendue, papa lui a répété qu'il venait dans une intention pacifique, pour faire la connaissance des Fayou. Le chef leur a fait signe de s'approcher et de le suivre ; les cinq membres de l'expédition ont avancé dans la jungle à la suite des deux Fayou. Nakire restait toujours à proximité de papa, une flèche dans la main, l'arc dans l'autre. Au moment où papa allait enjamber un tronc d'arbre, Nakire l'a tiré brusquement en arrière et lui a indiqué le sol derrière le tronc : bien cachés derrière des feuillages, un tas d'os pointus étaient disposés par terre – un piège destiné à blesser les ennemis. Ils ont soigneusement enjambé les piques et ont continué.

Ils sont arrivés enfin dans une petite clairière avec au milieu une espèce de plate-forme recouverte de feuilles de palmier. La puanteur était de plus en plus forte, papa avait l'impression qu'il allait étouffer. Il s'est malgré cela approché de la plate-forme et n'en croyait pas ses yeux : à cet endroit gisait un cadavre humain à moitié décomposé. Il était gonflé et assailli par des milliers de mouches et autres insectes. L'Américain restait figé, sous le choc.

Ziau leur a expliqué que cet homme avait été tué par un Iyarike, un homme du clan de Nakire, et qu'ils devaient se venger. Mais il a promis de ne pas toucher à Nakire tant qu'il était sous la protection de papa. Puis il a invité papa à passer la nuit chez lui, le crépuscule était tombé.

Papa lui a fait comprendre le plus poliment possible qu'il préférait continuer sa route. Il arrivait à peine à respirer et a enfin pu inspirer de l'air frais quand ils ont atteint le rivage. L'équipe s'est embarquée et allait lever l'ancre au moment où Ziau a ressurgi. Il a fait venir papa et lui a donné une information qui leur a sans doute sauvé la vie à tous : « Homme blanc, ne continue pas, ils t'attendent en haut du fleuve, ils veulent te tuer, toi et tes hommes. »

Papa a eu froid dans le dos en entendant ces mots. Il a remercié le guerrier et il est remonté dans le bateau, mais seulement pour retourner en arrière et trouver un lieu sûr pour passer la nuit. Il faisait de plus en plus sombre, les moustiques les attaquaient par milliers et, pour couronner le tout, de gros nuages de pluie se formaient.

En amont du fleuve Klihi, ils ont trouvé une hutte abandonnée. Avant d'y installer leur campement, ils ont envoyé un message radio pour communiquer leur position. Ils avaient tous peur et se demandaient si on n'était pas encore en train de les suivre. Ils pensaient aux silhouettes que Nakire avait aperçues le matin dans les environs.

La hutte était délabrée et les Dani ont fait tout ce qu'ils pouvaient pour la rendre étanche. Ils ont laissé l'essentiel de leurs bagages dans la pirogue, au cas où ils seraient obligés de fuir précipitamment. Ils ont entassé dans la hutte ce dont ils avaient besoin pour la nuit et ont allumé un feu de camp. L'ambiance générale était morose, on ne parlait pas beaucoup. Ils ont organisé des tours de garde pour la nuit, et papa a enfin réuni Nakire et ses interprètes autour du feu. Ils étaient cernés par des essaims de moustiques.

Papa avait plein de questions à leur poser, à commencer par celle-ci : pourquoi ce cadavre dans la hutte ?

Nakire a donné une explication : « Nous gardons nos morts dans nos huttes, dormons à côté d'eux, mangeons et vivons à côté des cadavres. Quand ils commencent à se décomposer, nous les pressons pour en faire sortir un liquide et nous en enduisons notre corps. Quand la décomposition est terminée et qu'il ne reste plus que les os, nous accrochons le crâne et la mâchoire dans notre hutte. Nous les emportons quand nous déménageons. »

Papa ayant réitéré sa question du pourquoi, Nakire a répondu en deux phrases : « Parce que nous n'avons pas l'espoir de revoir ceux que nous aimons. C'est pour ça que nous sommes tellement attachés à eux et que nous conservons leurs restes en souvenir. »

Il ne comprendrait que beaucoup plus tard tout le sens de ces paroles.

Il faisait sombre, il n'y avait ni lune ni la moindre étoile. Les endroits qui n'étaient pas éclairés par la lueur du feu étaient plongés dans le noir absolu. Puis ils ont entendu le tonnerre, vu un éclair, et il s'est mis à pleuvoir. Il pleuvait à torrents, tous se sont réfugiés dans la hutte, qui malgré tous leurs efforts n'était pas étanche. Personne n'a fermé l'œil de la nuit. Papa était mort de fatigue, complètement découragé ; il ne savait pas quoi faire. Devait-il interrompre l'expédition ou la poursuivre ? Il a quand même fini par s'endormir d'épuisement.

Le lendemain matin, il s'est malgré tout réveillé de bonne humeur. Le soleil brillait à nouveau et annonçait une journée plus agréable. Malheureusement, les apparences étaient trompeuses. Herb est venu chercher mon père dans la hutte, le visage défait. Il l'a emmené jusqu'au rivage : la pirogue était pleine d'eau, les bagages avaient disparu ainsi que les réserves d'essence.

Papa était effondré. C'était la fin, l'expédition était vraisemblablement un échec. Heureusement, ils avaient au moins gardé la radio avec eux !

Lorsque le groupe s'est réuni autour du feu de camp, un Dani a raconté qu'il avait fait un rêve étrange. Il avait vu dix anges qui entouraient le camp, les bras écartés. Une merveilleuse lumière rayonnait autour d'eux, illuminant tous les environs. Cette lumière protégeait tous ceux qui se trouvaient dans le camp.

Mon père a toujours cru aux signes, et, comme par miracle, il s'est senti gagné par la confiance et le courage. Il a pris sa Bible, l'a ouverte et a lu un passage au hasard. Il en a eu la chair de poule : il s'agissait d'un verset qui coïncidait étrangement avec leur situation. C'était le psaume 91, qui allait devenir plus tard notre prière quotidienne. Papa a fermé les yeux et exprimé sa gratitude. Lorsqu'il les a rouverts, il a remarqué que tous les membres de l'expédition le regardaient dans l'attente de sa décision. Il s'est contenté de dire : « Nous continuons. »

Ensuite, ils ont pu joindre par radio le pilote de l'hélicoptère pour lui demander des vivres et de l'essence. Ils ont indiqué leur position exacte et se sont mis au travail : il s'agissait de dégager une surface sur laquelle l'hélicoptère puisse atterrir. Ils ont travaillé toute la journée. En fin d'après-midi, ils ont allumé un énorme feu qui dégageait le plus de fumée possible, de façon à ce que l'hélicoptère puisse les trouver.

L'heure avançait et personne n'arrivait. Le soleil déclinait. Nakire a tendu l'oreille ; il s'est levé d'un coup et est allé jusqu'à la berge pour scruter le ciel. Le pilote avait vu la fumée. Il a atterri et les hommes ont rapidement déchargé l'appareil afin qu'il puisse repartir avant la nuit.

Ce soir-là, l'ambiance était joyeuse. Tout le monde était impatient et se réjouissait à l'idée de poursuivre l'expédition. Les hommes ont pu manger à leur faim, ils ont chanté et discuté longtemps. Ils ont à nouveau organisé des tours de garde pour la nuit, mais il n'y a eu aucun incident et tous se sont réveillés le lendemain reposés et disposés à repartir.

Ils ont remonté le fleuve, traversé le confluent avec le fleuve Klihi et dépassé l'endroit où ils avaient rencontré Ziau. Mais, quelques heures plus tard, en fin d'après-midi, Nakire a tout à coup refusé d'avancer. Il regardait en direction de la rive, papa a vu ce qu'il voyait : de nouveaux troncs d'arbres abattus. Ils étaient donc arrivés sur un nouveau territoire. Comme Nakire était paniqué, ils ont accosté sur un banc de sable, allumé un feu et mangé un morceau.

Nakire tremblait et guettait continuellement la jungle obscure. Papa ne le comprenait pas puisque Ziau les avait assurés qu'il n'arriverait rien à Nakire tant qu'il serait avec le groupe. N'étaient-ils donc plus sur le territoire des Tigre ? Papa a demandé à Nakire ce qui se passait et n'en a pas cru ses oreilles quand celui-ci lui a expliqué qu'il existait un autre clan fayou, dont personne ne parlait. Papa n'en connaissait que trois : les Iyarike, les Tigre et les Tearu.

« Non, a murmuré Nakire, il y en a d'autres qui s'appellent les Sefoidi. Nous sommes actuellement sur leur territoire. Rebroussons chemin, je t'en supplie. Ils sont dangereux ; non seulement ils tuent tous ceux qui pénètrent sur leur territoire, mais ils mangent les morts. Il ne faut pas continuer. »

Des cannibales... Papa en a eu à nouveau froid dans le dos. Que faire ? Il s'est alors souvenu du rêve et du verset biblique qu'il avait lu le matin, et après en avoir discuté avec les autres il a décidé de persévérer. Ils ont conjugué leurs efforts pour convaincre Nakire de les accompagner plus loin, ils sont remontés à bord et ils ont poursuivi leur voyage sans rencontrer personne avant longtemps.

Après un virage, ils ont aperçu un homme qui courait le long de la berge en essayant désespérément de leur échapper. Mais le bateau était plus rapide que lui et les hommes sont descendus après l'avoir rattrapé. L'homme s'est immobilisé, tremblant de tous ses membres ; il a essayé en vain de tendre une flèche, mais ses mains bougeaient trop. Papa s'est approché de lui. L'homme était paniqué, manifestement il n'avait jamais vu de Blanc. Papa a essayé de lui parler par l'intermédiaire de Nakire, mais sans succès. L'homme ne disait pas un mot. Papa lui a demandé de faire savoir aux siens que leurs intentions étaient pacifiques et qu'il voulait seulement faire la connaissance de sa tribu. L'homme se contentait de hocher la tête. Papa lui a dit qu'ils patienteraient ici. Le guerrier sefoidi est parti en courant et ils n'ont plus jamais vu aucune trace de lui ni de son clan.

Après quelques heures d'attente, papa et son équipe se sont demandé ce qu'il fallait faire. La communication avait échoué ; papa savait que les Sefoidi étaient à proximité et les observaient, mais personne ne se montrait. Le groupe a donc décidé de repartir jusqu'à une clairière qu'ils avaient aperçue en arrivant. Ils y ont laissé quelques présents en espérant que le guerrier sefoidi les accepterait plus tard comme un geste amical.

Puis l'équipe a entamé son voyage de retour. Mais lorsqu'elle est arrivée dans la clairière, que l'on a par la suite baptisée Foida – un territoire neutre entre les différentes tribus –, une nouvelle surprise l'attendait : papa et ses hommes ont été accueillis comme des héros par une foule de gens. C'étaient des Dou et des Kirikiri qui s'étaient rassemblés là. Nakire avait les yeux écarquillés, il n'avait jamais vu autant de gens à la fois. Comme papa ne comprenait pas cette excitation, un des Dani lui a expliqué fièrement que personne ne pensait les revoir vivants. Lorsqu'ils sont descendus de la pirogue, la foule les a encerclés, chacun voulait les toucher, palper ce miracle.

Les hommes de l'expédition ont tout de même fini par installer leur camp et décidé de changer de tactique. Papa était très confiant : « Puisque nous n'avons pas réussi à les trouver, nous n'avons qu'à attendre qu'ils *nous* trouvent. »

Et il s'est essayé à la patience.

8

Une invitation dans l'âge de pierre

Leur attente a été récompensée au bout de trois jours. Ce matin-là, alors qu'ils étaient en train de prendre leur petit déjeuner, dix guerriers ont surgi de la jungle. Ils étaient largement décorés et armés. À leur tête se trouvait un homme nommé Teau, l'un des chefs les plus dangereux des Iyarike. Il semblait méfiant, hostile, et il a commencé à fouiller les affaires de papa sans autre forme de procès.

Durant les trois jours suivants, les hommes ont exploré les moindres recoins de chaque caisse, ils ont regardé sous chaque feuille, dans chaque poche, sans dire un mot. Papa m'a raconté plus tard qu'il s'était cru dans les services d'immigration d'un aéroport. Mais il sentait en même temps que quelque chose d'important était en train de se passer, quelque chose de décisif, et il les a laissés faire.

Le troisième jour, enfin, la perquisition était terminée, papa a réuni ses interprètes et invité Teau à les rejoindre. Il a demandé à l'homme ce qu'il cherchait. On lui a expliqué que, deux semaines auparavant, deux chasseurs de crocodiles indonésiens avaient surgi sur le territoire des Iyarike et qu'ils avaient tué trois guerriers avec leurs fusils. Le clan des Iyarike menait actuellement campagne pour se venger. Quand l'expédition de papa s'était approchée à son tour dans un bateau équipé d'un moteur de hors-bord, ils l'avaient pris pour un chasseur de crocodiles et voulaient le tuer. Mais les guerriers n'avaient trouvé dans leurs bagages ni fusils ni peaux de crocodile. Au moindre indice, papa et toute son équipe auraient été assassinés sur-le-champ.

Teau a demandé pour finir :

— Qu'est-ce que tu cherches ici, homme blanc, pourquoi es-tu venu ?

— Je suis ici parce que je songe à venir m'y installer avec ma famille, a répondu papa. Je voudrais vivre avec vous, apprendre votre langue, car j'ai un message important pour vous : un message d'amour et de paix.

Teau s'est tu un moment, puis il a regardé papa et lui a dit :

— Homme blanc, depuis que tu es là mon cœur s'est empli d'espoir. Je ne veux plus faire la guerre et tuer des hommes. Viens, s'il te plaît.

Papa était ému aux larmes en entendant ces paroles. Il a demandé à Teau quand il pourrait les rejoindre. On lui a répondu qu'il devait revenir dans cette clairière dans trois lunes, c'est-à-dire trois mois. « Entre-temps, je vais expliquer aux miens que tu viens en paix et qu'ils ne doivent rien te faire. »

Le guerrier a ainsi pris congé et disparu avec ses hommes dans la jungle. Papa est reparti à Danau Bira plein de joie, et nous avons vécu ces trois mois dans l'impatience.

Cependant, il s'est passé dans l'intervalle quelque chose que nous avons appris bien plus tard. Teau avait certes décidé de ne pas faire la guerre durant ces trois mois, mais la majorité des Iyarike n'étaient pas de cet avis. Deux groupes s'étaient formés. Le plus petit, dont faisaient partie Nakire et Teau, pensait que l'homme blanc reviendrait. L'autre groupe ne lui faisait pas confiance et croyait que son message d'amour et de paix était un mensonge. Personne ne s'était jamais inté-

Papa avec Teau (à gauche) et l'un des Dani (à l'extrême gauche) qui l'ont accompagné dans ses expéditions

ressé aux Fayou – pourquoi cela devait-il brusquement changer ?

« Non, disaient-ils, continuons à faire la guerre et à vivre comme nous avons toujours vécu. N'avons-nous pas toujours cru que nous étions seuls au monde ? Nous apprenons tout à coup qu'un monde existe en dehors de notre territoire, un monde dans lequel vivent d'autres gens. Aucun d'entre eux n'était jamais venu jusqu'à nous. Oublions cet homme blanc – nous n'avons pas besoin de lui. »

Ainsi s'exprimait le parti « adverse ». Mais Nakire et Teau ont au moins réussi à convaincre les autres d'attendre les trois mois pour voir si l'homme blanc tiendrait parole.

Trois lunes jour pour jour après l'événement, les Fayou se sont donc rassemblés dans la clairière de Foida et ont guetté. Ils n'ont pas eu à patienter longtemps. Ils ont entendu un bruit, d'abord très faible, puis de plus en plus fort, et, comme ils se précipitaient, curieux, vers le rivage, la pirogue a passé le tournant, le moteur de hors-bord derrière, l'homme blanc devant.

Nakire a raconté plus tard à papa qu'il avait pleuré de joie en l'apercevant : l'homme blanc avait tenu sa promesse.

Lorsque papa est descendu, il a rencontré des regards curieux et amicaux, ils étaient tous étonnés. Les Fayou étaient venus de leurs différents territoires pour voir de leurs propres yeux celui qui devait être pour eux un personnage légendaire. Aucun des membres de leur tribu ne savait que des hommes blancs avaient déjà croisé leur chemin. Mon père lui-même l'a appris il y a quelques années seulement, grâce au coup de téléphone d'un journaliste ; celui-ci avait lu le récit d'une expédition hollandaise en Irian Jaya, qui était tombée sur la tribu des Fayou dans les années 1940. Mais cette rencontre n'était pas restée dans la mémoire des Fayou – un phénomène alarmant, typique d'une civilisation en voie d'extinction.

Peu après son arrivée à Foida, papa a reçu une visite « officielle », celle du chef Baou. C'était le chef le plus âgé, il appartenait aux Tigre. Comme il était connu pour être le plus dangereux et le plus impitoyable des guerriers fayou, tous se sont écartés avec respect pour lui faire place lorsqu'il est sorti de la jungle. Il n'était pas grand de taille, portait peu d'ornements et n'était équipé que d'un arc avec des flèches. C'était un homme calme, qui parlait peu et souriait rarement. Nous aussi, les enfants, nous allions prendre l'habitude de l'éviter, non pas tant parce que nous avions peur, mais parce que tout le monde le faisait. Il dégageait une autorité que l'on sentait physiquement.

Le cœur de papa s'est mis à battre la chamade quand il a réalisé qui il avait en face de lui. Il a salué le chef avec respect, s'est assis avec lui et tous ses interprètes autour du feu et lui a offert à manger. Puis ils ont entamé une discussion.

Papa a commencé en disant qu'il n'était pas venu en tant que chef, mais serviteur. Il ne voulait absolument pas menacer l'autorité du chef Baou, au contraire, il voulait se soumettre à lui. Puis il a exprimé le souhait de vivre avec sa famille chez les Fayou, d'apprendre leur langue et de faire partie de leur tribu. Mais seulement si lui, Baou, lui donnait l'autorisation.

Papa a reposé directement la question :

— Chef Baou, ai-je ton accord pour m'installer ici avec ma famille ?

Baou a baissé la tête et réfléchi en silence. Toute l'assistance se taisait en le regardant. Il a redressé la tête au bout de quelques instants et répondu :

— Oui, homme blanc, j'accepte. Je veux bien que tu viennes vivre chez nous.

Il paraît qu'on a véritablement entendu le soulagement général. Le visage de Nakire rayonnait, et papa m'a raconté plus tard que ce moment avait été un des plus beaux de sa vie (« … excepté, bien sûr, la naissance de ma fille Sabine », a-t-il ajouté avec un clin d'œil).

Papa a demandé alors où il pourrait construire sa maison. « À cet endroit précis », a répondu le chef Baou en désignant le sol. Et c'est là que papa a bâti notre première cabane.

Le chef Baou n'était pas devenu un leader par hasard. Il était particulièrement intelligent, possédait logique et raison. Papa ne savait pas encore que la clairière dans laquelle il allait vivre était une zone neutre entre les différents clans. La décision de Baou nous garantissait une neutralité absolue, puisque aucun clan ne pouvait revendiquer papa comme sa propriété et se l'arroger. C'était la seule façon d'empêcher qu'un conflit n'éclate au sujet de l'homme blanc.

Avant de venir nous chercher, papa a fait plusieurs allers et retours en hélicoptère entre Danau Bira et la jungle, d'une part pour consolider la confiance des Fayou et se familiariser avec leur langue et leur culture, d'autre part pour construire notre maison.

Il avait demandé pour cela l'aide de quelques Dani de Danau Bira. Peu avant que l'hélicoptère ne vienne les prendre pour les ramener chez eux, un Dani avait laissé traîner sa machette dehors. L'un des guerriers fayou s'en est aussitôt emparé et s'est pavané joyeusement devant notre logis. Papa entendait déjà l'hélicoptère quand le Dani est venu vers lui en se plaignant que le guerrier refusait de lui rendre sa machette. Papa a essayé de négocier avec le Fayou, mais sa réponse a été *hau* – « non ». Papa commençait à s'énerver et tentait de lui expliquer que cette machette n'était pas la sienne, mais celle du Dani qui allait partir dans un instant et qui voulait emporter son bien avec lui. Mais le Fayou dansait autour de papa en disant que s'il voulait absolument la machette il n'avait qu'à la lui prendre. Papa était vraiment en colère et il l'a obligé à rendre l'objet sans faire d'histoires.

Mais une fois l'hélicoptère parti, le Fayou s'est précipité vers papa pour réclamer une nouvelle machette. Papa, désemparé, est allé chercher Nakire, son « conseiller linguistique et culturel ».

— Est-il vrai que je suis obligé de donner une machette à cet homme ?

Nakire l'a regardé d'un air surpris :

— Comment ça, il n'en a pas déjà eu une ?

— Mais non, ce n'était pas la sienne, pourquoi devrais-je lui en donner une nouvelle ?

Nakire lui a alors expliqué la chose suivante : dans la culture des Fayou, quand on laisse traîner un objet sans le surveiller, cela veut dire qu'on lui accorde peu ou pas de valeur et que celui qui le trouve devient son propriétaire. Et comme papa avait obligé l'homme à renoncer à son nouveau bien, il était maintenant obligé de le remplacer.

C'était assez compliqué, en tout cas pour nous. Papa s'est montré conciliant et a donné une nouvelle machette au Fayou. C'était le début d'un long processus d'apprentissage. Nous allions tous devoir accepter et intégrer beaucoup de nouveautés de ce genre car le grand jour était enfin venu : en janvier 1980, ma famille s'est installée chez les Fayou.

Deuxième partie

1

Une journée dans la jungle

Cela peut sembler surprenant, mais nous nous sommes assez vite habitués à la vie dans la jungle. Nous avons rapidement instauré un rythme de vie dans lequel toute famille se reconnaîtra sans doute n'importe où dans le monde.

Quand je me réveillais le matin, il faisait généralement déjà jour. Je choisissais vite de quoi m'habiller, puis on prenait le petit déjeuner tous ensemble et nous commencions par notre travail scolaire. C'était pour moi un véritable supplice. Je regardais continuellement par la fenêtre, je prêtais l'oreille au parler mélodieux des Fayou et au murmure du fleuve qui coulait devant notre maison. Les oiseaux et le soleil m'attiraient, ils semblaient m'appeler à les rejoindre dehors. De temps à autre, mes amis fayou regardaient aussi par la fenêtre et me faisaient des signes de la main pour me signifier qu'ils voulaient jouer avec moi. Mais maman était très stricte sur ce point et j'étais obligée de rester assise jusqu'à ce que mes devoirs soient finis.

J'essayais souvent de l'amadouer :

— Regarde, il y a Bebe dehors, il a l'air très triste... Je crois qu'il a besoin de moi !

— Mais tes devoirs d'anglais ont aussi besoin de toi. Bebe peut bien attendre une heure de plus.

Nous suivions un programme américain de cours par correspondance, destiné à aider les enfants occidentaux vivant hors de la civilisation à maintenir un niveau scolaire correct. Toutes les semaines, un enseignant de Danau Bira corrigeait nos devoirs écrits. Quand il n'y avait pas d'enseignant compétent sur place, on trouvait toujours un étranger qui voulait bien s'acquitter de cette tâche. Le nombre de matières était évidemment limité par rapport au système scolaire européen ou américain. Nous avions des mathématiques, de la géographie, de la grammaire anglaise et de l'histoire.

Quand j'ai eu neuf ans, nous avons eu pour la première fois de vrais professeurs américains. Ils sont restés deux ans à Danau Bira pour nous aider à progresser. J'admire aujourd'hui leur courage et leur discipline, alors qu'au début notre petit groupe d'enfants ensauvagés leur a quand même donné du fil à retordre. Mais ils sont assez vite arrivés à instaurer un système qui fonctionnait bien. À chaque fois que nous séjournions à Danau Bira pour acheter de la nourriture ou d'autres denrées vitales comme le savon et le kérosène, ils corrigeaient nos travaux et nous donnaient d'autres devoirs à faire pour la prochaine visite.

Cependant, le sens de l'école restait pour moi un mystère, et je détestais tout particulièrement les mathématiques.

— Je n'y comprends rien ! bougonnais-je un jour où j'étais en colère.

Christian, qui avait tout juste cinq ans et s'amusait à poursuivre une araignée sous la table, a relevé la tête.

— Sabine, a-t-il dit de sa petite voix, nous sommes trois enfants, et si maman donne trois bonbons à chacun, ça fait trois fois trois, c'est-à-dire neuf.

Sa tête a replongé sous la table.

— Et comment veux-tu que maman ait tous ces bonbons ? ai-je interrogé, toujours d'aussi mauvaise humeur.

Maman avait tout entendu et, ravie des performances mathématiques de Christian, lui a demandé :

— Christian, il y a cinq oiseaux sur un arbre et le chasseur en tue un. Combien en reste-t-il ?

— Aucun.

— Et pourquoi ça ?

— Ils se sont tous envolés parce que le chasseur a fait trop de bruit avec son fusil.

Puis il a replongé sa tête sous la table tandis que maman se tordait de rire.

Christian était vraiment capable de donner des réponses marrantes et cela me rendait un peu jalouse ; il était à la fois logique et pratique. Moi, quand j'essayais d'esquiver des questions difficiles, ça ne marchait jamais. Le jour où maman m'a demandé quelle était la capitale de l'Angleterre, j'ai été prise tout à coup d'un vertige que je voulais très convaincant et je suis tombée par terre. Maman, pas le moins du monde impressionnée par mon talent de comédienne, m'a versé un verre d'eau sur la tête.

— Si tu ne te concentres pas un peu plus, Sabine, tu vas devoir redoubler ta deuxième année, m'a-t-elle dit en colère tout en me tendant une serviette.

Cela m'ouvrait de nouvelles perspectives. J'ai oublié instantanément mon vertige et me suis écriée avec enthousiasme :

— Bonne idée, comme ça je n'aurai pas besoin de travailler autant l'an prochain !

Maman en est restée sans voix.

Qu'est-ce que l'école pouvait m'apprendre de plus ? Je savais mieux grimper et tirer à l'arc que la plupart des enfants, à l'exception bien sûr de mes amis fayou. Je maîtrisais parfaitement l'art de survivre dans la jungle, je savais quels animaux et plantes je pouvais manger et lesquels étaient toxiques. Pourquoi diable fallait-il que j'apprenne quel général avait fait telle guerre à telle époque et combien font douze fois six ? De toute façon, les Fayou savaient très mal compter : un doigt signifiait un, deux doigts deux et trois doigts trois. Ensuite, une main faisait cinq, deux mains dix, un pied en plus quinze, les deux mains et les deux pieds vingt. On n'avait vraiment pas besoin d'en savoir plus...

Quand je devais écrire une rédaction et que je n'en avais pas envie, je mettais simplement des lettres les unes à la suite des autres. Mon institutrice américaine a cru pendant un certain temps que j'écrivais en allemand et elle m'encourageait gentiment à essayer une fois en anglais. Malheureusement, maman a découvert mon truc le jour où l'institutrice s'est adressée à elle, désespérée. Elle lui a appris que j'étais loin de savoir écrire des phrases en allemand et m'a fait passer un mauvais quart d'heure.

Sabine faisant ses devoirs à Foida

Je pense que mes parents se sont fait pas mal de souci pour moi durant ces années-là. « Ce n'est pas un manque d'intelligence, écrivait régulièrement mon institutrice dans mes bulletins, Sabine est simplement paresseuse et ne se concentre pas. » On m'a donc tenue sous haute surveillance ; je devais faire mon travail scolaire toute seule sur notre table de cuisine, pendant que maman préparait le déjeuner. Elle pouvait ainsi me surveiller.

Mais cela n'a pas servi à grand-chose. Tandis que je travaillais vaguement, j'étais déjà dehors en pensée, en train d'allumer joyeusement un feu ou de nager dans l'eau fraîche du fleuve. Et dès que j'avais inscrit le dernier mot dans mon cahier, je bondissais, prenais l'arc et les flèches et me précipitais dehors. Quelle merveille de sentir la terre fraîche sous mes pieds nus, le soleil qui envoyait ses rayons chauds à travers les arbres et les feuilles ! De voir le fleuve qui clapotait gaiement et la joie de nos amis qui nous avaient attendus toute la matinée… Nous partions en courant et laissions libre cours à notre imagination enfantine.

Nous passions le reste de la journée à jouer et à explorer la région, oubliant qu'il existait un autre monde en dehors du nôtre. La beauté de la jungle, l'harmonie avec la nature qui était pour moi une sorte de seconde mère, tout cela me suffisait. Je portais rarement des chaussures, jamais de veste ni d'imperméable, car la pluie était mon alliée, le soleil mon ami, le vent mon camarade de jeux, qui courait avec moi et m'attrapait. Et le soir, le coucher du soleil était mon amoureux.

Tous les soirs, je regardais le ciel et j'admirais la splendeur de ses couleurs : rouge, jaune, bleu, violet, vert, blanc, comme un gigantesque feu d'artifice qui embrasait l'horizon. Le plus beau de tout était le soleil couchant qui se reflétait dans le fleuve comme un tableau.

La nuit, notre famille s'asseyait autour de la grande table, à la lumière intime de la lampe à kérosène. À mille kilomètres de la civilisation, en pleine forêt vierge, nous jouions aux petits chevaux, au Scrabble ou au Uno, ou bien papa nous racontait l'histoire du lièvre Zigzag qui désobéissait à ses parents ; il se trouvait donc en danger et se faisait pourchasser par un méchant aigle. La morale de ces histoires était très claire.

Enfin, après une journée bien remplie, je grimpais dans mon lit, l'arc et les flèches à côté de moi, brûlée par le soleil, avec les couleurs du couchant qui continuaient à luire en moi. Je disais ma prière du soir, coinçais la moustiquaire sous le lit et m'endormais, bercée par le concert des insectes et des oiseaux nocturnes. Je rêvais de nouvelles aventures palpitantes et des splendeurs de la jungle.

2

Visiteurs nocturnes

Au bout de quelques mois seulement, il me semblait que nous avions toujours vécu dans la jungle. Le temps filait et j'oubliais quel mois ou quel jour on était. Mes activités s'orientaient par rapport au soleil : quand il se levait, à six heures, je me levais, quand il était bien haut, à midi, je déjeunais, et quand il se couchait, à six heures du soir, il était temps d'aller dormir.

Pour les enfants, les nuits se passaient calmement, mais pas toujours pour maman qui devait souvent faire la chasse aux rats. Parfois, elle réveillait Christian, qui avait parfaitement appris à manier l'arc et les flèches. Moi, en revanche, on me laissait dormir, on prenait même bien garde à ne pas me réveiller, car j'étais – comme ma sœur aimait à le souligner – un véritable centre d'accueil pour animaux. Je collectionnais tout ce qui rampait, nageait ou volait.

Une nuit, cependant, j'ai été réveillée : le plus gros rat que j'aie vu de toute ma vie avait jeté son dévolu sur nos provisions. Il s'attaquait au faisceau de la lampe de poche avec une telle méchanceté que même moi, qui aimais les bêtes les plus répugnantes, ne souhaitais pas l'ajouter à ma collection. Christian le visait, s'apprêtant à tirer une flèche, quand le rat s'est jeté de toute sa force sur le projectile mortel. Nous avons été tellement effrayés que nous sommes partis en hurlant dans toutes les directions.

Le bruit a fini par réveiller papa, qui a aussitôt pris le commandement des opérations. Je l'ai prié de laisser le rat en vie et il a essayé de bonne grâce de le chasser hors de la maison, mais en vain. La nuit a été longue et agitée, et nous avons fêté notre victoire finale autour d'un thé et de biscuits. Le jeune fils du chef Kologwoi était ravi d'avoir pour son petit déjeuner du lendemain un si délicieux rôti...

Mais les rats n'étaient pas les seuls à nous rendre visite. Blattes, araignées et toutes sortes de bestioles profitaient de notre toit et de nos provisions pour mener une vie confortable. Maman s'étonnait d'ailleurs de ce qu'il y avait de plus en plus de bêtes alors qu'elle se donnait beaucoup de mal pour éliminer tous les restes des repas. On balayait le sol trois fois par jour, mais cela ne servait à rien – jusqu'au jour où elle a compris pourquoi la situation empirait au lieu de s'améliorer.

Alors que j'étais en train de balayer, je me suis souvenue tout à coup que papa, dernièrement, au lieu de mettre les miettes et autres déchets dehors, avait tout poussé entre les lattes du plancher. Cela me semblait pratique et, quand j'ai eu fini de balayer, j'ai cherché dans le bois une grande fente dans laquelle j'ai fait disparaître mon tas de saletés.

Maman m'a prise sur le fait. Elle était scandalisée : « Sabine, qu'est-ce que tu fais ? Ce n'est pas étonnant qu'on ait tellement de bestioles dans la maison ! Tu devrais quand même être assez grande... Comment peux-tu avoir une idée pareille ! » Elle avait vraiment l'air très énervé. J'aurais dû me rendre compte qu'il y avait aussi une moustiquaire sous les lattes et que les restes de nourriture qui s'y accumulaient constituaient un magnifique garde-manger pour nos charmants petits visiteurs.

J'avais pourtant une excuse en or :

— Mais maman, papa aussi fait toujours comme ça !

Maman s'est tournée vers papa, qui était en train de se faire une tasse de café, et qui s'est mis à siffloter.

— Enfin, Klaus-Peter, qu'est-ce qui t'est passé par la tête ? s'est écriée maman.

Papa s'est hâté de calmer le jeu, à sa façon :

— Oh, quelques animaux de plus ou de moins, qu'est-ce que ça fait ? Nous n'avons jamais de visite, alors...

En même temps, il nous a fait un clin d'œil et nous avons ri tous les trois. Maman le regardait sévèrement. Je crois qu'il n'avait pas fini d'en entendre parler... À partir de ce jour, nous nous sommes tous appliqués à balayer en jetant les détritus devant la porte.

Une nuit, papa s'est réveillé avec le sentiment que quelque chose n'allait pas. Il s'est levé, a pris une lampe de poche pour d'abord vérifier si tout était en ordre de notre côté. Il est resté un moment devant nos lits en essayant de trouver ce qui était différent des autres nuits, ce qui l'avait réveillé. Il s'est soudain rendu compte qu'il régnait un silence absolu. Aucun insecte ne chantait et le croassement nocturne des grenouilles n'était pas non plus perceptible. En revanche, il entendait une sorte de gargouillis qui revenait régulièrement. Il est allé dans la cuisine et a regardé par la fenêtre. La lune était particulièrement claire. Papa s'est rendu compte que le fleuve était exceptionnellement haut et débordait presque sur les berges, bien qu'il ne soit pas tombé une seule goutte de pluie. Il s'est avéré qu'un violent orage avait éclaté dans la montagne, aux sources du fleuve, et qu'il avait dangereusement fait monter le niveau de l'eau.

La première chose à laquelle papa a pensé était le bateau, qui était amarré à un piquet sur la berge. Le piquet n'était plus droit ; il était sur le point de se renverser et le bruit qui avait intrigué papa était dû au courant rapide qui faisait fortement tanguer l'embarcation.

Notre unique moyen de transport, notre bouée de sauvetage ! Il s'agissait de sauver à tout prix la barque et le moteur, d'autant plus qu'on nous avait informés par radio que l'hélicoptère était en panne. Dans le cas où nous aurions voulu rentrer rapidement à la base de Danau Bira, nous aurions dû naviguer d'abord jusqu'à la tribu des Dou où un Cessna serait venu nous chercher. En traversant la jungle à pied, nous ne serions jamais arrivés nulle part.

Papa s'est précipité dehors avec une lampe de poche et, devant notre porte, il est tombé nez à nez avec un serpent qui le fixait de ses yeux étincelants. Papa est resté figé sur place. Le serpent lui sifflait à la figure et s'est dressé en position d'attaque. Papa a regardé désespérément autour de lui : que faire ? La machette était posée sur une étagère près de la porte, derrière le serpent. Il a réfléchi un instant et a décidé de ramper sur la table pour l'atteindre. Sans quitter le reptile des yeux, il a grimpé sur la table et glissé lentement pour ne pas l'inciter à attaquer. Le serpent suivait exactement tous ses mouvements. Papa a enfin atteint l'étagère, il a pris l'arme et s'est posté entre le serpent et la porte. Mais comment s'en approcher assez prêt pour le tuer ? Il a éteint la lampe de poche et attendu un instant. Puis il l'a rallumée soudain en braquant la lumière droit dans les yeux du serpent. La lumière l'a aveuglé quelques secondes et papa en a profité pour lui donner un bon coup sur la tête. Il n'est pas mort tout de suite, il a même continué à lutter un moment, puis, quand il a cessé de bouger, papa l'a emmené jusqu'au fleuve sur sa machette et l'a jeté dans l'eau. En se retournant, il a vu tomber le piquet où était fixé le bateau, il a alors plongé dans le fleuve et a réussi *in extremis* à rattraper le bateau.

Encore aujourd'hui, maman aime bien raconter en détail la scène où papa rampe sur la table : brandissant la lampe de poche, les cheveux ébouriffés, la barbe non rasée, le short à moitié baissé. Elle avait tout observé depuis la porte de la chambre.

Le lendemain, au petit déjeuner, papa nous a tous captivés en nous racontant sa nuit agitée. Il a joué la scène en utilisant comme accessoires la vaisselle du petit déjeuner ; la cuiller à café représentait le serpent.

— Papa, me suis-je écriée à la fin de son récit, tout de même déçue, pourquoi tu ne m'as pas réveillée ? J'aurais pu t'aider !

— Moi aussi, moi aussi ! s'est exclamé Christian.

— C'est gentil à vous, a répondu papa, et je sais que Christian est un bon tireur à l'arc, et que toi, Sabine, tu sais attraper les animaux, mais vous savez, je suis quand même plus rassuré quand vous êtes en sécurité sous vos moustiquaires. J'ai le sentiment d'être mieux à même de vous protéger. Vous comprenez ?

Nous avons tous les deux hoché la tête en signe d'acquiescement. Mais il pourrait bien arriver, me disais-je, que papa ne soit pas à la maison. Et s'il fallait se débarrasser d'un serpent, nous en serions sûrement capables sans lui. Je suis sortie en courant pour prendre mon bain matinal dans le fleuve.

3

La première guerre

Cela s'est passé environ trois mois après notre arrivée chez les Fayou. Nous avions remarqué que les enfants avaient parfois peur de quelque chose, mais nous ne savions pas de quoi au juste. Or, depuis un certain temps – et cela nous faisait de plus en plus plaisir –, ils participaient plus volontiers à nos jeux, même s'il leur arrivait encore de scruter les alentours avec angoisse, surtout quand d'autres Fayou arrivaient au village, soit en pirogue, soit directement par la jungle. Mais ce jour-là, c'était redevenu comme au début : les enfants ne jouaient plus et restaient près de leurs parents, ou adossés à un arbre.

Et soudain, j'ai remarqué un groupe de Fayou que je n'avais encore jamais vus. Curieusement, ils étaient venus entre hommes, répartis en deux pirogues. Je me trouvais justement dehors, assise autour du feu avec Christian, Tuare et Bebe. Nous mangions du *kwa*, le fruit de l'arbre à pain. Cet arbre poussait devant notre maison, et les plus agiles des jeunes Fayou y grimpaient souvent pour nous cueillir ses fruits ronds. Le *kwa* a environ la taille d'un melon, il est vert foncé, sa peau est couverte de petites boules et il a un goût intermédiaire entre le pain et la pomme de terre. Nous mettions les *kwa* sur le feu et attendions patiemment qu'ils deviennent tout noirs, alors nous pouvions les manger. Tuare en retirait un du feu, posait son pied nu sur l'écorce fumante et l'écrasait jusqu'à ce qu'il éclate. Le fruit à pain contient une substance tendre, beige et filandreuse, qui renferme des boules brunes de la forme d'une noix. Nous en extrayions ces boules, les décortiquions et les dégustions avec délices.

Ce jour-là, donc, nous venions de manger notre deuxième *kwa* lorsque les pirogues sont apparues. Les amis qui m'entouraient commençaient à s'agiter. Effrayés, Tuare et Bebe se sont enfoncés dans la jungle avec les femmes et les autres enfants, mais Christian et moi sommes restés devant le feu. Nous n'avions pas tous les jours droit à ce genre d'animation…

Les hommes de notre village, qui avaient toujours leur arc sur eux ou à proximité, se sont réunis. Les bateaux ont accosté et les inconnus sont descendus. Nous les observions avec curiosité. Ils avaient l'air sauvage et sombre et ils étaient décorés de la tête aux pieds. Leurs regards fixes nous ont croisés, personne n'a souri ni frotté son front contre le nôtre pour nous saluer, comme le faisaient les autres. Je commençais à me sentir mal, c'était tout nouveau pour moi.

Papa est alors sorti de la maison pour saluer les nouveaux venus. Il leur a offert des hameçons et quelques cordes en guise d'accueil, puis a essayé d'engager la conversation grâce aux quelques mots qu'il avait appris.

La première heure s'est passée calmement. Christian et moi sommes partis nager. Mais alors que nous étions dans l'eau, nous avons entendu leurs voix devenir de plus en plus fortes. J'ai grimpé sur la berge pour voir ce qui se passait. Deux groupes de Fayou se faisaient face, les hommes de notre village d'un côté, les inconnus de l'autre. Il était évident qu'ils se disputaient, leur mine hostile témoignait de la gravité de la situation. Tous tenaient leur arc dans une main, une flèche dans l'autre.

Une autre heure a passé dans cette atmosphère tendue. Les paroles se sont transformées en cris agressifs. Maman nous a ordonné de rentrer immédiatement à la maison. Papa nous a suivis dans la maison et a fermé la porte à clef. Christian et moi sommes montés sur le banc pour regarder par la fenêtre.

Tous les Fayou se faisaient face, debout. Leurs voix étaient étrangement aiguës. Soudain, la tension s'est transformée en quelque chose que je n'avais jamais senti auparavant et que je n'ai plus jamais vécu depuis : tout était sombre, lourd et menaçant, il faisait encore jour, et pourtant une espèce d'obscurité invisible semblait se propager.

En retournant à la fenêtre, j'ai vu plusieurs hommes qui commençaient à piétiner le sol. Ils tournaient en rond en répétant sans arrêt le même mot : *uwha, uwha, uwha*. Le cri de guerre ! Les autres n'ont pas tardé à entonner le même cri. Ils s'opposaient, tapaient du pied, leurs arcs déjà tendus, mais aucun projectile ne partait. Puis ils se sont mis à détaler comme s'ils suivaient une chorégraphie précise : les deux groupes couraient à une centaine de mètres de distance, se retournaient, martelaient le sol et bondissaient à nouveau l'un vers l'autre jusqu'à ne plus être séparés que de quelques mètres. À nouveau ils piétinaient le sol, se retournaient et s'élançaient dans des directions opposées. La scène s'est répétée durant des heures sans qu'ils se fatiguent.

Il s'est au contraire passé quelque chose d'étrange : ils sont entrés dans une espèce de transe. Peu à peu, leurs mouvements sont devenus flottants et leurs voix se sont transformées. Certaines étaient très profondes, d'autres très aiguës. Ces *uwha, uwha, uwha* ont duré des heures.

Cela a fini par m'ennuyer et j'ai pris mon livre. Je l'avais presque terminé quand j'ai entendu un cri au milieu des *uwha uwha*, puis un autre… La guerre avait commencé.

Tout est allé très vite. Nous nous sommes écartés des fenêtres pour ne pas être blessés par une flèche qui aurait traversé la moustiquaire.

Au bout d'un moment, le silence est revenu. Les Fayou étrangers ont mis leurs blessés à l'abri, ils sont montés dans leurs pirogues puis sont repartis. Nous sommes tous sortis sauf Judith, qui était terrorisée. Le spectacle qui nous attendait était horrible. Tout le village était en état de choc, personne ne disait un mot. Certains avaient des blessures qui saignaient. Au moins il n'y avait pas de morts, à notre grand soulagement. Maman s'est empressée de panser les blessés, avec papa et moi comme assistants.

Il est arrivé souvent, par la suite, que les guerriers viennent chez nous après un affrontement pour se faire soigner. À cause du climat tropical, leurs plaies pouvaient s'infecter gravement en quelques heures, et beaucoup mouraient des suites de leurs blessures alors que celles-ci n'étaient que légères.

Le chef Baou n'avait pas été touché ; il restait assis à quelque distance, à l'écart des autres guerriers, le regard fixé devant lui. Papa l'a rejoint et l'a regardé longuement sans rien dire. Puis nous sommes rentrés à la maison, il commençait à faire sombre.

Nous avions donc assisté à une guerre entre deux clans fayou. Ce jour-là, c'étaient les Sefoidi, dont le territoire se trouvait en amont du fleuve, et les Tigre, qui habitaient juste derrière notre maison. Combien de rencontres de ce genre avait déjà vécues la grande tribu des Fayou, qui comptait jadis mille têtes et qui n'était plus constituée que de quatre cents hommes, femmes et enfants ?

Cette guerre n'était pas la dernière à laquelle je devais assister dans la jungle. Mais ce fut la première et l'ultime fois où je vis de mes propres yeux de véritables flèches voler. En y repensant aujourd'hui, je ne me souviens pas, curieusement, d'avoir jamais eu peur durant ces guerres.

Ce soir-là, nous avons accordé plus d'attention que d'habitude à notre prière. Et une fois dans mon lit, regardant le ciel étoilé et écoutant l'orchestre des grenouilles et des insectes, j'ai prié encore une fois avec mon cœur d'enfant : mon Dieu, apporte la paix aux Fayou !

4

Ma collection d'animaux (I)

Comme beaucoup d'enfants, j'avais développé au fil des ans un hobby : je collectionnais les animaux.

Un jour, maman est entrée dans la cuisine et a vu que la table était encombrée de casseroles, de bouteilles d'huile, de serviettes, de couteaux de cuisine, etc. Surprise, elle m'a demandé ce que je faisais, et je lui ai expliqué, les yeux pétillants :

— J'ai besoin de tout ça ! Il y a un Fayou qui veut me donner un bébé crocodile en échange.

Et d'un mouvement généreux, j'ai montré la table.

— Et où tu veux mettre ce crocodile ? m'a demandé maman avec précaution.

— Dans le seau de toilette, j'y ai déjà mis de l'eau !

Maman a fait volte-face, est allée dans la véranda, où se trouvait le jeune Fayou, et l'a renvoyé chez lui. « Il est hors de question que vous fassiez cet échange », lui a-t-elle dit. Puis elle est revenue dans la cuisine et m'a donné une petite leçon pour la vie. Premièrement, on demande. Deuxièmement, on ne donne pas quelque chose qui ne nous appartient pas. (Maman a réfuté mon objection selon laquelle je m'appelais aussi Kuegler et donc que ces choses m'appartenaient aussi… mais m'étais-je d'ailleurs déjà servi d'une casserole ?) Troisièmement, il est difficile d'élever un crocodile dans un seau de toilette. Quatrièmement, il faut se mettre à la place de l'animal. Ce petit crocodile serait horriblement malheureux de ne plus voir sa mère et ses frères et sœurs.

J'avais écouté maman d'un air assez sceptique mais ce dernier argument m'avait enfin convaincue.

Plus je grandissais, plus j'aimais les animaux, jusqu'à en devenir une collectionneuse passionnée. Mais je n'avais pas que des succès, ma curiosité ayant malheureusement coûté la vie à un certain nombre de pauvres créatures. J'ai beaucoup regretté la perte des animaux qui nous ont quittés au fil des ans, soit en s'envolant dans la jungle, soit en mourant par accident. Maman m'avait expliqué qu'ils allaient tous au ciel. Je me représentais donc mon ciel comme un endroit où des centaines d'animaux se promenaient en attendant de pouvoir jouer avec moi.

Tous les animaux, même la plus minuscule des araignées, avaient droit à un nom. Ma souris s'appelait Georges, mon perroquet Bobby, mon araignée Daddy Long Legs, mes deux casoars Hanni et Nanni, mon kangourou arboricole Jumper, mon couscous Wooly, etc.

Je gardais des araignées avec leurs œufs dans un gros bocal où j'avais mis du bois, de l'herbe et de la terre, pour qu'elles se sentent vraiment bien. Puis j'attrapais de petits insectes que je leur donnais à manger. Mais je ne comprenais pas pourquoi les bébés araignées ne voulaient pas éclore. Ils avaient à mon avis tout ce qu'il leur fallait. Pour les avoir si souvent observés en liberté, je savais quels étaient leurs besoins. Un jour, en entrant dans la chambre, j'ai surpris maman en train de pulvériser de l'insecticide sur le nid des araignées. J'ai poussé un cri déchirant et je me suis ruée sur elle pour sauver mon élevage, mais c'était trop tard.

— Maman, comment peux-tu être aussi cruelle !

Elle avait l'air désespérée.

— Regarde un peu, ne crois-tu pas que tu as déjà assez d'animaux ?

J'ai regardé autour de moi : Hanni et Nanni étaient derrière mon dos, Bobby criaillait dehors et Georges tournait comme un fou dans sa caisse. Sur une petite étagère que papa m'avait installée étaient posés mes bocaux d'araignées, de cafards et de grenouilles. Mon chat Timmy dormait sur le lit, et Wooly nous observait depuis son perchoir. J'ai regardé maman et je lui ai répondu : « Non. »

Maman a poussé un soupir, puis nous avons trouvé un compromis : elle ne toucherait plus à ma collection à condition que je mette tous les animaux dehors. Elle n'avait aucune envie de passer son temps à courir après des araignées et des grenouilles. Le jour même, papa m'a installé quelques étagères derrière la maison pour que je puisse y déposer mes précieux amis.

De tous les animaux, le chat Timmy était mon préféré. On m'avait offert cette grosse bête blanche tachetée de noir à Danau Bira. Les Fayou, eux, ne connaissaient pas de chat. Ils ont demandé à papa si c'était un chien ou un sanglier, et comme papa leur a dit que ce n'était ni l'un ni l'autre, ils ont insisté pour savoir ce que c'était. Papa ne savait pas quoi dire puisque le mot « chat » n'existait pas dans leur langue. Il a donc répondu : « C'est un... Timmy. » Depuis, là-bas, tous les chats s'appellent Timmy.

Un jour où papa, pour s'amuser, avait jeté le chat en l'air et que celui-ci était retombé sur ses pattes, les Fayou ont incliné la tête en signe d'admiration ; ils n'avaient jamais vu ça. Certains d'entre eux sont venus nous voir, plus tard, en nous apprenant avec tristesse que leurs dingos ne savaient pas faire la même chose que Timmy. Ils atterrissaient toujours sur le dos en glapissant.

Peu après l'arrivée de Timmy chez nous, un dingo de chasse a essayé de lui voler sa nourriture. Les dingos non plus, évidemment, n'avaient jamais rencontré de chat. Timmy s'est jeté sur le dingo en crachant et lui a donné une raclée telle que celui-ci a disparu dans la jungle en poussant des hurlements de terreur. Mon Timmy est devenu dès lors le « roi de la jungle ». Les chiens faisaient de grands détours pour l'éviter et montraient un profond respect devant cette nouvelle espèce.

Timmy, quant à lui, s'est transformé au cours des ans en un véritable chat sauvage. Tous les soirs, à six heures tapantes, il partait chasser dans la jungle et revenait miauler devant notre porte à quatre heures du matin, jusqu'à ce que quelqu'un ait pitié de lui. Cela ne servait à rien de le laisser dehors, il miaulait tellement qu'il réveillait tout le monde. Papa disait toujours : « Je n'ai plus besoin de montre. Depuis que Timmy est chez nous, j'en ai une qui marche avec plus de précision que n'importe quelle montre mécanique. » À l'aube, Timmy sautait dans mon lit et se blottissait dans mon cou. Il aimait cet endroit depuis sa plus tendre enfance : quand on me l'avait donné, j'avais la jaunisse et une forte fièvre, de sorte que le chaton s'y sentait bien. Depuis, il aimait y venir, surtout quand il y avait une tempête dehors.

Un jour de grande bonté, j'avais permis à Judith de dormir avec Timmy, qui adorait ses longs cheveux. Mais le matin on n'a entendu que des lamentations : pendant la nuit, Timmy avait arraché avec ses dents une touffe de cheveux de Judith, comme par hasard sur le dessus de la tête ! Le reste de ses cheveux étaient dressés en brosse. J'en pleurais de rire et ne pouvais plus m'arrêter.

Maman m'a prise par le col et m'a fait sortir de la maison. « Bon, a-t-elle dit, tu rentreras quand tu te seras calmée. On ne se moque pas du malheur des autres, même si cela peut paraître drôle. »

J'ai donc dû rester dehors. Mais je me suis rendu compte au bout de quelque temps que je n'avais encore rien mangé pour le petit déjeuner, et je suis rentrée dans la maison en mettant la main devant ma bouche. Maman ne me quittait pas des yeux. Elle avait posé un chapeau de soleil sur la tête de Judith, et en le voyant je n'ai pas pu m'empêcher de rire à nouveau. J'ai couru à l'extérieur pour me calmer. La troisième fois que j'ai essayé de me mettre à table, j'ai eu la bêtise de regarder papa, qui avait la tête baissée et dont les épaules tremblaient. J'ai eu à nouveau un tel fou rire que maman m'a renvoyée dehors avec mon petit déjeuner.

Le soir, Judith s'était calmée et arrivait aussi à en rire. Mais son lit était à jamais interdit à Timmy.

Dès le premier jour, les dingos de chasse des Fayou avaient attiré toute mon attention. Je me demandais pourquoi ils n'aboyaient jamais. J'ai compris plus tard que ce n'étaient pas des chiens, même s'ils en avaient l'air, mais des loups d'Asie. Les Fayou traitaient ces petits animaux comme leurs enfants. Ils étaient très attentifs à eux, puisque leur but était de les éduquer à la chasse. Avoir un dingo bien entraîné permettait d'avoir de la viande car c'était lui qui flairait le gibier dans la jungle.

Peu après notre arrivée, papa a vu une femme qui donnait le sein à l'un d'entre eux. Il n'en croyait pas ses yeux ! Pourtant, nous avons fini par nous y habituer, jusqu'à trouver normal qu'une femme donne un sein à un enfant et l'autre à un dingo ou à un marcassin. J'ai expliqué à maman que moi aussi, quand j'aurai un bébé, j'aurais sûrement assez de lait pour nourrir un chiot en même temps.

« Eh bien, ma chérie, tu peux être sûre que tu feras la une des journaux, a dit maman. Mais attends d'avoir grandi un peu. »

J'ai essayé maintes fois d'apprivoiser une de ces bêtes, mais je n'ai jamais réussi.

Femme fayou allaitant un bébé et un dingo

La jungle était pour moi comme un zoo, sauf que les animaux y circulaient librement. Il n'y a ni tigres ni singes dans la forêt d'Irian Jaya, les plus gros animaux que nous croisions étaient les casoars, les sangliers et les crocodiles. Mais les petites bêtes avaient évidemment pour moi un attrait particulier puisque je pouvais les manipuler. Quand je découvrais une nouvelle espèce, je courais dans la maison pour prendre un bocal et j'y enfermais la bête. Les seuls que je n'ai jamais pu attraper vivants sont les serpents.

Un jour, les Fayou sont arrivés avec un grand serpent mort. Ils l'avaient découvert entre le village et notre maison et l'avaient tué parce qu'il avait attaqué un de leurs dingos. Les Fayou connaissaient déjà ma passion pour les animaux et savaient en tirer profit : grâce à moi, ils étaient sûrs de conclure une nouvelle affaire, puisque je supplierais papa jusqu'à ce qu'il accepte d'échanger l'animal contre quelque chose d'utile.

Ce serpent avait une peau d'un brun-rouge magnifique qui étincelait au soleil et qui était douce comme de la soie. Je l'ai pris dans la main, regrettant qu'il ne soit plus en vie. J'étais en train d'examiner avec Christian chaque centimètre carré de l'animal quand, en relevant la tête, j'ai vu Judith sortir de la maison. Elle me tournait le dos, à quelques mètres, et n'avait pas encore remarqué le serpent que nous tenions entre les mains. Je n'ai évidemment pas pu m'empêcher de faire une nouvelle farce. Christian a souri en voyant l'expression de mon visage, qu'il connaissait par cœur. J'ai pris le serpent par la queue, je l'ai enroulé au-dessus de ma tête comme un lasso, et quand il s'est trouvé dans la direction de Judith, je l'ai lancé sur elle. J'ai moi-même été surprise, car je n'avais jamais aussi bien visé de ma vie : il a atterri droit sur Judith en s'enroulant autour de son cou. Le fait que ma sœur n'ait pas eu d'infarctus tient du miracle, et le fait qu'elle m'adresse toujours la parole est un plus grand miracle encore !

Dans l'échelle de mes préférences, les araignées arrivaient juste après les serpents. Je pouvais passer des heures à les observer quand elles tissaient habilement leur toile sur un arbre ou dans un buisson et qu'elles engloutissaient avec régal les petits insectes qu'elles avaient attrapés.

Un jour, alors que je me dirigeais vers le village des Fayou, j'ai aperçu du coin de l'œil quelque chose de très scintillant. Irrésistiblement attirée, je me suis approchée et j'ai vu dans un buisson la plus grosse toile d'araignée que j'avais jamais vue ; elle recouvrait entièrement le buisson. J'ai senti mon cœur battre et j'ai oublié tout le reste. Quelle espèce d'araignée pouvait bien construire une œuvre aussi inouïe ? Je n'ai pas eu à chercher longtemps : l'énorme bête trônait au milieu du filet, plus grosse encore que l'araignée que nous avions trouvée dans la maison le lendemain de notre arrivée.

Quel magnifique spécimen ! Elle n'était ni ronde ni ovale, mais longue et rectangulaire, et elle resplendissait de couleurs incroyables. Elle brillait comme un serpent. Tranquillement installée au milieu de sa toile, elle semblait guetter quelque chose. Je m'en suis approchée très doucement dans l'intention d'attraper un des fils pour l'enlever du buisson. Mais il était si solide que je n'arrivais pas à l'arracher avec les mains. Je n'en croyais pas mes yeux et me suis précipitée à la maison, tout excitée, pour prendre le plus gros bocal et y capturer l'araignée. Même le plus gros était trop petit. Mais une sonnette d'alarme avait fini par tinter à mes oreilles : dans la jungle, les plantes et les animaux brillants et colorés étaient généralement dangereux. Je me suis donc contentée de retourner près du buisson pour y observer l'araignée un bon moment.

Mais ce qui m'attendait le lendemain était plus étonnant encore. Dès que j'ai eu fini mes devoirs, j'ai couru jusqu'au buisson pour rendre visite à l'araignée. Il était impossible de ne pas la voir. En m'approchant, j'ai découvert avec stupéfaction qu'un petit oiseau s'était pris dans la toile. Il battait des ailes mais n'était pas capable de se libérer. Cet oiseau me faisait beaucoup de peine et je l'aurais sauvé si à cet instant je n'avais pas aperçu l'araignée. Elle nous observait, cachée derrière quelques feuilles. Je n'en menais pas très large. Allait-elle m'attaquer si je m'approchais trop près d'elle ou de l'oiseau ?

J'ai donc préféré me tenir à distance. Lorsque l'oiseau a eu presque cessé de se débattre, l'araignée lui a bondi dessus en un éclair. Quelques secondes après, la proie ne bougeait plus... Ma mère m'a appelée à ce moment-là. Après avoir jeté un dernier regard sur ce spectacle, je suis rentrée à contrecœur à la maison. Quand j'y suis retournée plus tard, l'araignée avait entièrement enveloppé l'oiseau dans son filet et s'était posée sur lui.

Comme j'avais un certain goût pour l'horreur, je me réjouissais déjà à l'idée de continuer à observer cette araignée les jours et les semaines suivants. Je l'avais même baptisée Rainbow. Mais lorsque je suis allée revoir le buisson le lendemain, il n'y avait plus rien. Tout avait disparu... l'araignée, la toile et l'oiseau. Un Fayou était-il passé par là, ou un rapace ? Je n'en savais rien mais j'étais affreusement déçue. Qui sait, peut-être était-ce mieux ainsi. On ne sait pas quels dégâts aurait pu faire cette araignée géante dans ma collection, et, Dieu merci, la forêt regorgeait d'autres trésors tout aussi excitants pour l'enfant de la jungle que j'étais devenue.

5

Jeux interdits

Christian et moi jouions dehors avec nos arcs et nos flèches. Comme nous étions devenus trop grands pour les instruments que Tuare nous avait offerts, nos amis nous avaient aidés à fabriquer de plus grands arcs. Il ne nous manquait plus que de nouvelles flèches.

— Sabine, aide-moi à tendre ma corde.

— Non, pas maintenant, il faut d'abord que je termine mon arc.

Christian s'est énervé et a continué à m'embêter jusqu'à ce que je prenne son arc pour le tendre. Nous nous étions disputés toute la journée et nous n'étions pas de très bonne humeur. Alors que j'étais en train de m'escrimer sur son arc, Christian a commencé à jouer avec le mien. Cela m'a mise en colère. « Babou, pose ça. C'est à moi ! » Tout à coup, Christian a bandé mon arc et a tiré sur moi. La flèche m'a atteinte au bras et l'a traversé jusqu'à l'os. Je hurlais de douleur et me roulais par terre en pleurant. Papa est arrivé en courant. Il a immédiatement compris ce qui s'était passé et a d'abord retiré la flèche de mon bras.

Christian, épouvanté, répétait :

— C'est un accident, c'est un accident.

— Non, tu as voulu me tuer !

La blessure me brûlait. Papa était hors de lui ; il a pris toutes nos flèches et en a brisé leurs pointes. Entretemps, les Fayou s'étaient attroupés autour de nous et regardaient avec curiosité cette scène inédite : une dispute dans la famille blanche, d'habitude si harmonieuse.

Papa m'a portée jusqu'à mon lit tandis que je continuais à pleurer, et Christian nous suivait en sanglotant également. Maman a pansé mon bras et l'a grondé.

Pendant un mois, nous n'avons pas eu le droit de mettre la moindre pointe à nos flèches. Puis on a passé l'éponge. Le plus fou dans cette histoire, c'est que personne n'y a accordé beaucoup d'importance, et c'était bien ainsi. J'imagine si un pareil incident s'était produit à Hambourg ou à Zurich ! En fait, je n'avais jamais eu l'impression que Christian avait tiré pour me faire mal. C'était un accident, non pas domestique, mais de la jungle – rien de plus. Et on nous a bientôt permis de remettre des pointes à nos flèches.

L'arc et les flèches sont le bien le plus précieux des Fayou. Ils s'en servent pour chasser, se défendre et se venger. L'arc est adapté à la taille de chacun, c'est-à-dire qu'ils utilisent des arcs qui les dépassent en longueur d'environ cinquante centimètres. Ils sont fabriqués dans un certain bois et tendus avec une courroie en bambou. Il existe trois sortes de pointes de flèches : une en bois, une en bambou et une en os. La pointe en bois, appelée *zehai*, sert à abattre les petits animaux et les oiseaux. La large pointe en bambou, *bagai*, est réservée aux sangliers et aux casoars ; sa largeur permet que l'animal saigne rapidement. Enfin, *fai* est la pointe utilisée pour tuer les hommes ; elle est fabriquée en os de kangourou.

Séance de tir à l'arc : Sabine (à droite), avec Tuare (au milieu) et Christian

On aime bien décorer les arcs avec les plumes de divers oiseaux, les trophées de chasse. Les chasseurs gravent sur leurs flèches des signes permettant de les identifier. C'étaient parfois de véritables œuvres d'art. Mais leur beauté ne les empêchait pas de faire beaucoup de mal. J'ai même souvent vu des enfants tirer sur leurs parents parce qu'ils étaient en colère et n'obtenaient pas ce qu'ils voulaient.

Papa aussi a été agressé plusieurs fois. Un jeune homme s'est énervé un jour contre lui, a pris son arc, l'a tendu et a visé. Papa a réagi de façon inattendue : il est allé droit vers le Fayou et l'a pris dans ses bras. Personne n'avait jamais vu ça ! Le geste de l'homme blanc était tellement inouï, tellement incongru, que le Fayou ne savait pas comment réagir. Papa n'a pas été blessé, ni ce jour-là ni jamais.

Cependant, il valait mieux rester prudent. Papa ne devait pas commettre d'erreur ni exprimer sa colère contre un Fayou, car nous ne pouvions pas être tout à fait sûrs de ne jamais revoir une *fai* pointée sur l'homme blanc.

6

Les saisons de la jungle

Un jour, comme j'avais terriblement soif, j'ai abandonné mes jeux pour courir jusqu'à la maison. Mais dès que j'ai commencé à boire, j'ai senti un drôle de goût se répandre dans ma bouche. J'ai aussitôt reposé le gobelet et je me suis aperçue que l'eau était brunâtre. J'ai voulu continuer à boire mais j'ai dû m'arrêter à nouveau tellement c'était infect. Mon frère, à qui j'avais demandé de goûter, a reposé le gobelet en recrachant tout. Et papa a fait de même. Elle avait un goût épouvantable !

Papa a pensé qu'il y avait un problème du côté des tonneaux qui recueillaient la pluie et nous sommes allés voir. Christian a fait la grimace en regardant dans l'un des tonneaux. Je l'ai rejoint aussitôt pour voir quel était le problème : une grosse grenouille à demi décomposée flottait sur l'eau. On voyait ses entrailles, où quelques petits vers zélés s'étaient déjà mis au travail.

Nous avons donc vidé et nettoyé les containers. Il ne nous restait plus qu'à espérer que la pluie tomberait bientôt pour reconstituer notre réserve.

Il y avait en tout et pour tout dans la jungle deux saisons : la période des pluies et la période sèche. Durant la saison sèche, il faisait si chaud, certains jours, que nous étions obligés de rester à la maison. Dès l'aube, une chaleur torride nous écrasait, hommes et bêtes. Quand il ne pleuvait pas durant un certain temps, le niveau du fleuve baissait sérieusement, les animaux se réfugiaient dans leurs nids ou leurs terriers et dans la fraîcheur des sous-bois. Au moins, nous n'avions presque plus de bestioles à la maison.

Je passais alors la plupart de mes journées dans l'eau, pour me rafraîchir un tant soit peu. Nous adorions jouer sur le banc de sable, qui, à ce moment de l'année, s'étendait parfois sur toute la largeur du fleuve. Mais le petit couloir d'eau qui restait était profond et le courant rapide. Nous n'avions pas le droit de nager trop loin.

Quand nous oubliions de prendre nos tongs, nous n'arrivions plus à regagner la berge. Le banc de sable était tellement chaud que nos pieds brûlaient dès que nous essayions de les poser dessus. Il nous arrivait souvent de devoir appeler maman à notre secours pour qu'elle envoie quelqu'un nous apporter nos sandales ou nous transporter jusqu'à la berge.

Le pire pour moi, durant la saison sèche, c'étaient les nuits. Elles se rafraîchissaient à peine. Quand la pleine lune s'y ajoutait, je passais toute la nuit à m'agiter dans mon lit sans trouver le sommeil. La lune était tellement lumineuse qu'il ne faisait jamais vraiment sombre. Mais j'avais fini par inventer un système qui me rendait les nuits supportables : je m'allongeais sur le dos, au bord du lit, et au bout de quelques minutes, quand c'était trop chaud, je me retournais sur le ventre, puis à nouveau sur le dos, jusqu'à ce que je sois arrivée à l'autre bord du lit. J'allais et venais ainsi, à la recherche d'un petit bout de drap frais, et je finissais par m'endormir.

Puis, un beau jour, la saison des pluies revenait, annoncée généralement par un violent orage.

Un matin, je me suis levée par une chaleur déjà torride, j'ai pris mon petit déjeuner, fait mes devoirs et je suis sortie pour passer le reste de la journée à jouer. J'étais en train de barboter dans le fleuve avec Tuare, Foni et Abusai quand, en regardant le ciel, j'ai vu d'énormes nuages noirs qui s'accumulaient à l'horizon. Je suis sortie de l'eau à pas lents, pour ne pas perdre une miette de ce spectacle. Quelle vision grandiose ! Les massifs nuageux s'approchaient à une vitesse phénoménale et devenaient à chaque minute plus menaçants. J'ai entendu gronder le tonnerre et j'ai aperçu dans les nuages un premier éclair de chaleur. L'orage se rapprochait de plus en plus et, avec un éclair fulgurant et un tonnerre d'une violence telle qu'il m'a renversée, il nous est littéralement tombé dessus. L'obscurité s'est répandue partout en un quart de seconde. Un vent chargé d'électricité soufflait au-dessus de ma tête. J'ai senti une grosse goutte sur ma peau, puis une autre, trois, quatre... et ensuite, comme si le ciel s'était ouvert, il s'est mis à pleuvoir avec la force du déluge. J'ai étendu les bras autant que possible, fermé les yeux et présenté mon visage au ciel. Quelle sensation extraordinaire ! Les éclairs, l'orage, le vent et ces gouttes de pluies grosses comme des bulles de savon, qui nous faisaient presque mal en s'abattant sur nous ! Dans ces moments-là, j'avais l'impression de ne plus faire qu'une avec la nature. Une tempête monumentale mugissait autour de moi, la chaleur avait disparu, remplacée par une fraîcheur bienfaisante qui se répandait sur le pays et sur ma peau.

Je restais immobile, la pluie fouettait mon corps, le vent me prenait dans ses bras et m'emmenait un peu avec lui – puis j'ai entendu la voix de maman qui me criait de rentrer immédiatement.

« Allez, maman, a dit ma sœur Judith qui se tenait sur le pas de la porte et qui n'avait pas encore oublié l'histoire du serpent, laisse-la, avec un peu de chance elle sera frappée par la foudre. »

Cette remarque a choqué maman, qui a remis vertement ma sœur à sa place. Mais moi je comprenais Judith – comme on peut se comprendre entre frères et sœurs. Pour Judith, la vie aurait parfois été plus facile sans moi !

Il n'y avait plus personne dehors, tout le monde s'était réfugié dans les huttes. J'ai couru à la maison. À peine étais-je arrivée dans la cuisine que de violents éclairs nous ont aveuglés durant plusieurs secondes. Je me suis tapie par terre en me bouchant les oreilles, je devinais ce qui allait se passer d'une minute à l'autre. Il y a eu un tel fracas que j'ai cru que notre maison avait été frappée. Puis un nouvel éclair, un nouveau coup de tonnerre prodigieux. L'orage couvrait tous les autres bruits. Quelques minutes plus tard, c'était fini.

Je me suis levée pour regarder par la fenêtre. Il faisait aussi sombre qu'en pleine nuit et la pluie était si dense qu'on ne pouvait presque rien distinguer. Cela allait durer quelque temps.

Le premier jour de la saison des pluies signifiait toujours un changement bienvenu à mes yeux. J'arrivais à nouveau à dormir la nuit, et on pouvait enfin respirer profondément sans avoir l'impression que l'air ne contenait aucun oxygène. Mais ensuite ? Nous n'avions évidemment pas de télévision, pas de radio, sans même parler d'ordinateur ou de ces jeux électroniques avec lesquels les enfants passent tellement de temps. Nous avions un walkman avec une ou deux cassettes et quelques livres que nous avions tous lus plusieurs fois.

Nous passions donc nos journées sur nos lits, à écouter de la musique ou à lire des romans que nous connaissions par cœur. Nous traînions, écoutions l'orage, comptions les secondes qui séparaient l'éclair du tonnerre, comme le font tous les enfants du monde. Quand l'orage était juste au-dessus de nous, nous étions obligés de nous boucher les oreilles parce que le tonnerre faisait trembler toute la maison… Dès que la pluie se calmait un peu et cessait de cogner sur le toit, maman nous lisait des livres allemands pour entretenir notre langue maternelle.

Comme je m'ennuyais ! Même si la pluie ne durait que quelques jours, cela me semblait une éternité. Le fleuve montait de plus en plus et le sol était trempé. Nous ne pouvions pas jouer longtemps sous la pluie, et de toute façon nous n'avions pas le droit de quitter la maison tant qu'il y avait du tonnerre et des éclairs.

Les Fayou aussi restaient chez eux, ou se retiraient dans d'autres huttes, au fin fond de la jungle. Ils allaient rarement chasser durant la saison des pluies, et nos menus comprenaient donc peu de viande ou de poisson. Nous nous débrouillions avec des légumes en boîte, du riz et des pommes de terre.

Quand les pluies se prolongeaient, ce qui pouvait arriver, nous devenions tous un peu maussades. La seule à s'en réjouir était Judith. Au début de notre vie parmi les Fayou, elle avait découvert par hasard que l'on pouvait dessiner avec du charbon brûlé. Elle rassemblait donc de grandes quantités de charbon dans l'attente de ces moments où nous restions enfermés. Elle dessinait d'abord des portraits de la famille et, quand maman n'avait plus de papier à lui donner, elle s'attaquait aux murs. De vastes paysages avec des silhouettes de Fayou tapissaient notre chambre. Judith passait des heures à dessiner, sans se soucier du reste.

Bien des années plus tard, alors qu'elle avait déjà commencé une carrière d'artiste, Judith m'a raconté sa déception la première fois qu'elle était entrée dans un magasin de matériel à dessin et qu'elle avait vu toute une collection de fusains. « Et moi qui avais pensé pendant toutes ces années que j'étais la première à avoir découvert que l'on pouvait dessiner avec du charbon ! » Bien qu'elle en rie aujourd'hui, j'imagine quand même qu'en son for intérieur elle est un peu triste de ne pas avoir inventé le fusain.

Un matin, mon frère m'a réveillée en me secouant et m'a dit de regarder par la fenêtre. J'ai bondi de mon lit mais je ne voyais rien que... de l'eau. Je ne voyais plus le sol ni le fleuve, tout était inondé. Notre première grande crue ! Nous étions au comble de l'excitation et nous avons voulu sortir aussitôt. Mais nous n'avons même pas atteint la porte. En me retournant, j'ai remarqué une espèce d'étrange palpitation : les murs et le sol étaient couverts d'insectes de toutes sortes, araignées, fourmis, cafards... qui s'affairaient dans tous les sens. Ils étaient manifestement venus s'abriter dans notre maison. Même moi, qui n'avais jamais été dérangée par la présence de quelques insectes, je trouvais qu'il y en avait trop ! Je suis restée où j'étais sans bouger et j'ai appelé ma mère à la rescousse. Elle a sauté de son lit, s'est précipitée jusqu'à nous et est restée figée d'épouvante.

Il faut imaginer la scène : on se lève, on va dans la cuisine comme tous les matins pour se faire son café, ou dans la salle de bains pour se doucher ; on prend la cafetière et on se retrouve avec une araignée dans la main ! On veut ouvrir le robinet d'eau et on a le bras assailli de fourmis ; on regarde autour de soi et tous les meubles, le sol fraîchement balayé, la douche, la cafetière, les casseroles, les poêles, tout est noir d'insectes ! C'est exactement ce qui nous est arrivé ce matin-là. Maman n'en pouvait plus, elle a crié à papa de se lever immédiatement. Christian et moi, en revanche, étions déjà remis de nos émotions et même ravis d'une telle variété d'insectes. À chaque fois que l'un de nous trouvait un insecte inconnu, il en informait l'autre. Et bien sûr, la situation nous a bientôt inspiré une idée géniale... Nous nous sommes faufilés à pas de loup jusqu'au lit de notre sœur qui dormait encore profondément.

« Hé, Judith, réveille-toi ! On a une surprise pour toi », me suis-je écriée avec une gaieté inhabituelle.

Judith s'est tournée vers moi et a murmuré d'un ton endormi : « Gare à toi si c'est encore un de tes sales coups... » Elle a ouvert sa moustiquaire d'un air sceptique et s'est levée. Christian, derrière moi, réprimait péniblement son fou rire.

« Viens, papa et maman sont déjà levés ! » l'ai-je attirée d'une voix impatiente. Judith m'a suivie en rêvassant jusqu'à la porte de la cuisine, où je me suis exclamée : « Regarde, on a de la visite ! »

Notre sœur a regardé autour d'elle et a poussé un hurlement. Christian et moi nous tordions de rire, mais maman ne trouvait pas ça spécialement drôle. Comme punition, j'ai dû apporter son petit déjeuner au lit à Judith, qui y a passé le reste de la journée, cachée sous sa moustiquaire.

Entre-temps, papa et maman s'étaient emparés de l'insecticide et avaient entrepris de vider l'intérieur de la maison du plus grand nombre possible de bestioles. Je voulais évidemment les aider, mais ma mère m'a renvoyée assez vite en me faisant remarquer que je manquais d'efficacité en la matière. Je n'avais aucune idée de ce que cela signifiait, moi, je voulais seulement sauver ces pauvres bêtes. Tandis que papa et maman effectuaient dans la pièce leurs tournées meurtrières, je mettais toutes les bestioles dans des bocaux et je les jetais dehors. Mais les insectes ne tardaient évidemment pas à revenir dans la maison. Ma mère a fini par m'envoyer au diable avec Christian, mon fidèle allié.

Nous sommes allés jusqu'à l'escalier pour constater que l'eau atteignait presque la plus haute marche, et même la piste d'atterrissage et le village des Fayou. Tout était recouvert d'eau. Des brindilles et des branches parsemées de fourmis flottaient jusqu'à nous. Il ne pleuvait plus, le soleil brillait et il faisait à nouveau chaud. J'ai descendu les escaliers et je suis entrée dans l'eau. Cette masse brune m'arrivait au ventre, le sol était glissant et je devais faire attention à ne pas déraper.

Christian était resté en haut des marches, il y avait trop d'eau à son goût. J'ai marché un bon moment et, en bon génie des animaux, j'aidais les fourmis flottantes à monter sur les arbres.

Mais c'était encore mieux le lendemain. À notre lever, l'eau avait miraculeusement disparu. J'étais surexcitée et incapable de me concentrer sur mon travail scolaire ; dès que j'ai eu fini, je me suis précipitée dehors avec Christian et Judith. Les enfants fayou nous attendaient déjà. Le sol était boueux et encore trempé, ce qui, plus que jamais, a stimulé notre imagination : nous avons fabriqué notre premier toboggan de jungle, qui allait devenir une de nos occupations préférées. Nous cherchions sur la berge un endroit dégagé et sans buissons, nous enlevions les pierres et les branches, et nous lissions le sol avec nos mains jusqu'à ce qu'il soit tout plat et glissant. Nous prenions alors notre élan, d'aussi loin que possible, courions, sautions sur la piste boueuse et glissions dans l'eau. Nous ajoutions même parfois quelques virages pour que ce soit encore plus amusant.

Au début, les Fayou nous regardaient en se demandant sans doute si nous avions perdu la tête. Mais ils ont tout de même fini par essayer notre toboggan. La nouvelle s'est répandue et tous sont bientôt venus faire la queue en attendant impatiemment leur tour. C'était tellement amusant ! Nous étions couverts de boue de la tête aux pieds, nos cheveux blonds devenaient bruns et notre peau ressemblait à celle des Fayou. Seul le bleu brillant de nos yeux nous distinguait encore d'eux.

7

L'engrenage de la violence

Nous avions appris à utiliser notre imagination dans toutes les situations et à inventer des jeux formidables avec les moyens les plus simples. Nous profitions de la nature, avec tous ses miracles et dans toute sa diversité.

Mais ce qui nous réjouissait le plus, mon frère, ma sœur et moi, c'était que les enfants fayou apprenaient peu à peu à rire. Ils ont commencé grâce à nous à découvrir leur enfance, qui leur avait été volée par la haine et par la peur. Depuis leur plus jeune âge, leur vie était faite de crainte, et nous en avons peu à peu compris les raisons.

Dans la tradition des Fayou, on ne connaissait que deux explications à la mort : on était touché soit par une flèche, soit par une malédiction. Faute de connaissances médicales, les Fayou ne croyaient pas à la mort naturelle.

Quand quelqu'un était tué par une flèche, il était généralement victime d'une vengeance. Si j'étais par exemple un guerrier fayou et que mon frère se faisait assassiner par un membre d'un autre clan fayou, moi, ma famille et les membres de mon clan aurions le devoir de venger sa mort. Et ce châtiment n'est pas limité au meurtrier et à sa famille, il peut aussi s'étendre à tout le clan.

La croyance en une malédiction mortelle joue dans ce système un rôle fatal. Supposons par exemple qu'un Iyarike se dispute avec un Tigre. Si un membre des Iyarike meurt peu après de mort naturelle, ceux-ci affirmeront sans hésiter que cette mort résulte de la malédiction prononcée contre eux par les Tigre. Ils partent donc venger le mort et tuent un Tigre en train de chasser. Inversement, les Tigre sont alors persuadés que c'est un Sefoidi qui a abattu le chasseur, étant donné qu'ils viennent d'assassiner un de leurs chefs. Eux aussi se mettent donc en route pour se venger, et ainsi de suite. Comme chacun des membres des clans concernés tombe sous cette loi de la vendetta, n'importe qui risque de se faire emporter, hommes, femmes et enfants.

À cela s'ajoutait enfin le fait que les chefs étaient chargés de pourvoir les hommes de leur tribu en femmes. En raison du taux important de mortalité et surtout du fait de la polygamie, on manquait constamment de femmes. Le chef partait donc voler une femme dans un autre clan ou même dans une autre tribu. Il arrivait souvent que le chef en question exécute le mari et enlève les enfants en même temps que leur mère, pour donner celle-ci à un membre de sa tribu. Bien sûr, il fallait ensuite riposter.

Les Fayou étaient pris dans un engrenage de violence, dans un cercle vicieux qui les menait toujours plus loin dans la violence. Ils ne se rencontraient que pour tuer et vivaient dans une peur perpétuelle, car, au stade où ils en étaient arrivés, aucun d'entre eux ne pouvait échapper à la vendetta. Ils sombraient de plus en plus, jusqu'à n'être plus que quelques centaines. Ainsi s'était développée une culture qui consistait exclusivement à survivre.

Les enfants grandissaient entre ces deux fronts de haine. Ils ne connaissaient ni la sécurité ni l'innocence. Ils avaient vu assassiner et torturer sous leurs yeux des gens qu'ils aimaient. Parfois, quand leurs deux parents avaient été tués, les enfants erraient dans la jungle jusqu'à ce qu'on les trouve ou qu'ils meurent.

Nous avons été témoins de ces situations. Un jour, papa est arrivé affolé à la maison : « Il faut immédiatement que je remonte le fleuve. Il y a trois petits garçons tout seuls dans la jungle ! »

Le chef Baou s'était vengé des Iyarike en tuant un homme et une femme. Il les avait découpés en présence de leurs fils qu'il avait ensuite laissés seuls dans la forêt.

J'ai demandé, les larmes aux yeux : « Maman, est-ce qu'on peut les adopter tous les trois ? Ils n'ont plus de parents ! » Maman m'a expliqué que selon la coutume des Fayou les enfants devaient être adoptés par une famille du même clan. Mais pour me calmer un peu, elle m'a proposé de leur offrir quelque chose.

Enfant fayou dans une pirogue

Je suis allée chercher des hameçons et des cordes dans notre réserve, plus un canif pour chacun. Mais qu'est-ce que cela représentait pour eux ? J'étais tellement triste que j'ai voulu sacrifier pour eux mon plus beau trésor : des billes de verre colorées.

Papa est parti avec des hommes à la recherche de ces enfants. Il est revenu au bout de quelques heures avec trois garçons âgés de trois à sept ans. La peur et l'effroi se lisaient sur leurs visages. Je leur ai présenté mes cadeaux, tout émue, et j'ai pensé que cela leur ferait peut-être plaisir, plus tard. Mais pour le moment ils étaient complètement paralysés par les horreurs qu'ils avaient vécues, ils tressaillaient au moindre bruit.

Les Fayou ont aussitôt convoqué une assemblée et, au terme de palabres qui se sont prolongées jusqu'à la nuit, trois familles se sont déclarées prêtes à accueillir le petit Diro et ses frères. Cette sombre histoire m'a longtemps impressionnée et, comme je voulais encore les aider, maman m'a autorisée à apporter tous les deux jours un plat de riz aux familles.

Soumis à ces scènes d'horreur, les enfants fayou avaient pris l'habitude de rester près de leurs parents ou tapis dans une position qui trahissait leur angoisse, adossés contre un arbre pour se protéger des flèches qui pourraient surgir de la jungle n'importe quand. Ils ne savaient ni jouer, ni rire, ni chahuter, ni courir. Le taux de mortalité des nouveau-nés était alors de soixante-dix pour cent, et l'espérance de vie des adultes oscillait entre trente et trente-cinq ans.

Paradoxalement, les Fayou aspiraient profondément à la paix, ils ne voulaient plus tuer ni faire la guerre. Ils l'avaient dit à mon père dès leur première rencontre. Mais comme ils étaient tous irrévocablement soumis à la loi de la vendetta, ils ne voyaient pas d'issue avant notre arrivée chez eux. Car nous n'avions pas qu'une autre couleur de peau – c'est-à-dire que nous venions d'une « tribu » complètement différente –, nous n'avions jamais été impliqués dans aucune vendetta, et c'était ce qui était le plus important. Notre arrivée avait fait naître chez les Fayou l'espoir d'interrompre un jour ce cercle vicieux. Nous étions neutres et représentions donc une occasion pour les différents groupes de se rencontrer sans se faire automatiquement la guerre. Ils ont appris peu à peu à parler tranquillement entre eux, à partager leurs repas et à se raconter leurs histoires de chasse. Bien sûr, il a fallu attendre encore des années pour que l'engrenage de la violence soit définitivement rompu et qu'il règne chez eux une paix durable. Mais le premier pas était fait.

Quand les enfants fayou jouaient avec nous, ils arrivaient à oublier pour un moment toute la tradition meurtrière qui pesait sur eux.

D'ailleurs, lorsque maman a ouvert, des années plus tard, sa première école, Diro, le jeune orphelin, et Isore, le fils du chef Baou qui avait la mort des parents de Diro sur la conscience, ont été réunis dans la même classe. Ils avaient le même âge et étaient tous deux très intelligents. Au début, il paraît que leur hostilité était perceptible dans la salle de classe. Mais maman les a souvent pris à part pour leur parler de leur passé. Ils se sont peu à peu rapprochés et sont même devenus inséparables. Lorsque Isore est devenu chef, après la mort de son père, il a fait de Diro son plus proche conseiller. Et cela dure encore aujourd'hui.

8

Nouvelles du monde extérieur

Nous vivions de plus en plus au rythme de la jungle, mais jusqu'à un certain point seulement. Tous les mois, nous recevions du courrier qui nous rappelait l'existence d'un autre monde. Le jour du courrier était un grand jour, non seulement pour nous mais aussi pour les Fayou.

Nous convenions par radio, quelques jours avant, du lieu et de l'heure exacte, et plus l'événement approchait, plus la tension montait.

— Je suis sûre que je vais encore recevoir plein de lettres, se réjouissait Judith qui rayonnait toujours à cette occasion.

— Moi aussi, moi aussi ! entonnais-je pleine d'enthousiasme.

— Sabine, soupirait ma sœur en levant les yeux au ciel, tu n'auras pas de lettre pour la bonne et simple raison que tu n'en écris pas. Maman te l'a déjà expliqué la dernière fois.

Je n'arrivais pas à comprendre pourquoi il fallait attendre des mois pour recevoir une réponse à une lettre, et c'était la raison pour laquelle je n'en envoyais pas.

Le courrier arrivait normalement l'après-midi, mais maman était obligée d'annuler nos cours du matin, nous étions trop excités et incapables de nous concentrer.

Ce jour-là, comme d'habitude, Christian attendait devant la maison depuis des heures et s'impatientait : « Est-ce que c'est l'heure ? Il arrive quand ? » Papa ne répondait même plus, il avait déjà entendu cette question au moins une centaine de fois depuis le matin. Il s'est contenté de siffloter comme il le faisait toujours quand il voulait ignorer quelqu'un. Mais avec Christian, ce n'était jamais très efficace ; il était plus endurant que Judith et moi.

Les Fayou ont commencé à s'agiter dès qu'ils ont entendu le moteur du petit avion. Quelques minutes plus tard, nous l'avons entendu aussi, un léger vrombissement qui devenait de plus en plus perceptible. Je scrutais impatiemment le ciel sans nuages. Un petit point a grossi, grossi, jusqu'à ce que je reconnaisse enfin notre Cessna.

Tout le monde lui a fait un signe de la main au moment où il nous a survolés. L'avion a tourné et est resté suspendu au-dessus de nous, c'était presque inquiétant. Papa regardait la cime des arbres pour déterminer le sens du vent. Nous retenions notre souffle. Rex, le pilote américain qui vivait à Danau Bira avec sa famille, volait aussi bas que possible en laissant la fenêtre de l'avion grande ouverte. Assis dans le cockpit, il a tendu son bras dehors et a jeté notre sac de courrier.

C'est alors que le grand jeu a commencé : c'était à qui courrait le plus vite jusqu'au sac. Nous nous sommes tous précipités vers le rivage. Le sac avait manqué le fleuve *in extremis* et atterri sur le banc de sable. Nous étions ravis, car lors du précédent arrivage tout était tombé dans l'eau, et même si le courrier était enveloppé dans des sacs en plastique, beaucoup de lettres avaient été mouillées. Elles avaient mis plusieurs jours à sécher et certaines étaient restées illisibles.

On a rapporté le tout à la maison en sautant de joie.

Nous en profitions toujours pour organiser une fête avec des danses, un bon repas et des histoires captivantes. Il n'y avait pas de fêtes dans la culture des Fayou, ni pour les naissances ni à d'autres occasions, alors nous en inventions.

Maman avait généralement préparé une grande marmite de riz, et nous nous asseyions avec les Fayou devant l'un des feux qui flambaient toujours aux alentours du village. Après les festivités, papa et maman s'installaient confortablement à table et ouvraient enfin leurs lettres. Je comprends maintenant pourquoi le courrier était si important pour eux. C'était la seule fenêtre ouverte sur leur pays natal, et ils devaient être impatients de recevoir des nouvelles d'Allemagne, de la part de leur famille et de leurs amis.

Mais, ce jour-là, j'ai été la seule à ne pas tenir de lettre entre mes mains, je n'en avais même pas une de ma chère grand-mère. Tristement, je suis allée m'allonger sur mon lit et Judith a eu pitié de moi :

— Sabine, regarde, j'en ai reçu cinq. Je n'ai pas besoin des cinq. Tu ne veux pas en prendre une ?

Et elle m'a tendu une jolie enveloppe mauve couverte de timbres. Reconnaissante - et nullement intéressée par le contenu –, je lui ai fait un gros bisou sur la joue et j'ai couru jusqu'à la porte. Je voulais absolument montrer mon trésor à Bebe et à Tuare. Ils seraient drôlement surpris !

9

Les dangers de la jungle

Un matin, après avoir fini nos devoirs, nous gambadions gaiement entre les arbres, sur le sol argileux, quand j'ai soudain entendu un cri perçant. Je me suis immobilisée instantanément, Tuare et Bebe juste derrière moi. Nous sommes restés une longue seconde sur place tandis que j'essayais de localiser la provenance du cri. Mais mon sens de l'orientation n'était pas encore aussi développé que celui de mes amis. Bebe m'a prise par le bras et m'a tirée jusqu'au premier arbre avec une force dont je ne l'aurais pas cru capable. Je ne savais pas ce qui se passait, mais j'avais appris à me fier à leur instinct. Nous avons grimpé à toute allure en haut de l'arbre et j'ai aperçu Christian, en bas, qui était tranquillement assis autour d'un feu à quelques pas de là. Je lui ai hurlé de nous rejoindre le plus vite possible, d'un ton si pressant qu'il s'est exécuté sans poser de question. À peine était-il arrivé en haut qu'une harde de sangliers a foncé sous nos yeux en direction de la piste d'atterrissage.

Depuis mon perchoir, j'ai vu un homme qui marchait tranquillement vers le village, comme s'il avait tout son temps. Pourquoi ne courait-il pas ou ne se réfugiait-il pas dans un arbre ? Il avait bien dû entendre le vacarme des sangliers qui se rapprochaient de lui. Peut-être

Guerrier fayou portant un sanglier mort sur le dos

étaient-ce les siens, ce qui aurait expliqué qu'il n'en ait pas peur.

Je savais que les Fayou apprivoisaient parfois des sangliers. C'était un rituel auquel j'avais déjà assisté à plusieurs reprises : ils prenaient un tout jeune marcassin et le portaient dans leurs bras pendant trois jours, sans le lâcher une seule fois, lui caressant le ventre, lui donnant à manger et dormant même avec lui. Au bout de trois jours, ils le relâchaient dans la jungle. Dès lors, le sanglier considérait celui qui l'avait adopté comme son chef. Même au bout de plusieurs mois, ces animaux reconnaissaient immédiatement leur maître ou leur maîtresse. N'importe qui d'autre, en revanche, risquait d'être agressé ou même tué par ce sanglier. Ce phénomène me fascinait.

Cependant, les autres Fayou criaient en signe d'avertissement. Quelque chose n'allait pas. Alors que les sangliers n'étaient plus qu'à quelques mètres de l'homme, il s'est retourné et j'ai été saisie d'effroi en le reconnaissant : c'était le frère de Nakire, je savais qu'il était sourd !

Les sangliers lui ont sauté dessus. Il est tombé par terre avant d'avoir pu proférer un seul son. J'ai fermé les yeux et je n'ai plus entendu que les hurlements des animaux devenus fous qui se jetaient sur lui. Lorsque je les ai rouverts, j'ai vu quelques hommes passer devant notre arbre avec leurs arcs et leurs flèches. Mais qu'allaient-ils faire ? Il était interdit de tuer le sanglier d'un autre Fayou, même s'il mettait en danger la vie d'un homme. Dieu merci, on n'en est pas arrivé là : le « propriétaire » a fait irruption et s'est jeté dans la mêlée puis a chassé les bêtes.

Maman, qui avait entendu le tapage, est accourue pour apporter de l'aide. Une fois les sangliers disparus au fond de la jungle, je suis redescendue de l'arbre et j'ai couru avec les autres Fayou jusqu'au frère de Nakire. Il était couché dans l'herbe, avec plusieurs blessures, mais il était toujours en vie. Maman est allée chercher ses pansements et a soigné le plus urgent. Il ne pouvait pas parler et émettait des sons plaintifs incompréhensibles. Il m'a fait beaucoup de peine à ce moment-là, alors que je l'avais toujours trouvé désagréable. J'allais même éprouver plus tard de la haine envers lui quand il essaierait d'épouser, en usant de violence, ma première amie fayou. Mais c'est une autre histoire.

Grâce aux pommades que maman a appliquées sur ses lésions, il n'a pas eu d'infection et s'est rétabli rapidement. Après cet épisode, nous sommes devenus extrêmement prudents. Nous restions toujours à proximité d'un arbre pour pouvoir nous y réfugier si des sangliers surgissaient à nouveau. Et pourtant, nous avons vécu encore plusieurs situations critiques.

J'ai le souvenir d'un incident concernant ma sœur. Il n'avait pas plu depuis plusieurs jours et un immense banc de sable s'était à nouveau formé devant notre maison. Nous y jouions passionnément. J'étais en train de rêver que j'allais trouver de l'or et je ramassais de belles pierres. J'ai couru à la maison pour les mettre dans mon sac à dos, et quand je suis ressortie il y avait des sangliers entre le fleuve et la maison. J'ai averti Judith qui était toujours en train de jouer sur le banc de sable. Les Fayou s'étaient déjà mis à l'abri dans les arbres. J'ai remarqué alors que l'un des animaux regardait en direction du banc de sable, et la harde s'est soudain mise en mouvement.

Les Fayou nous ont maintes fois sauvés durant toutes ces années. Ils ont également tenté de le faire ce jour-là, agitant les bras et hurlant pour chasser les sangliers, mais ils étaient trop loin. J'observais avec ahurissement le scénario qui se déroulait sous mes yeux et qui, d'une certaine façon, était comique : ma grande sœur traversant le banc de sable comme une flèche, avec ses longues nattes qui volaient derrière elle, poursuivie par un troupeau de sangliers eux-mêmes pourchassés par des guerriers fayou avec leurs flèches, et, enfin, derrière, papa, qui a eu une idée de génie : « Dans l'eau, cours dans l'eau ! » a-t-il crié à Judith.

Judith a pris un virage serré et s'est jetée dans le fleuve. Les sangliers sont passés à vive allure à côté d'elle avant de disparaître dans la jungle, comme s'ils avaient juste voulu nous faire peur. Le comportement de ces bêtes est toujours resté mystérieux pour moi.

Il nous est arrivé plusieurs fois par la suite d'être ainsi poursuivis, mais nos réflexes devenaient de plus en plus rapides, nos réactions meilleures, et nous arrivions à leur échapper par nos propres moyens. Mon instinct s'est développé de façon étonnante, et il m'arrivait de sentir un risque avant même qu'il ne soit visible. J'ai appris à déchiffrer les signes de la nature et à reconnaître le danger dans les sons proférés par les animaux. Ceux de la jungle ont un instinct phénoménal, ils sont capables de pressentir un tremblement de terre ou une tempête et de se réfugier à temps. J'ai essayé d'en tirer profit.

Quelque temps après, nous avons eu un soir une violente tempête. Le niveau de l'eau montait rapidement et on ne voyait plus qu'une petite partie du banc de sable.

Nous étions en train de jouer à chat. Nos amis fayou ne comprenaient pas bien le sens de ce jeu, même s'ils l'aimaient, et pour le rendre plus évocateur nous l'appelions le « jeu du sanglier ». L'un d'entre nous faisait le chasseur, les autres, les sangliers. Quand le chasseur en touchait un, ce dernier devenait le chasseur, ce qui sidérait les Fayou. N'aurait-il pas dû plutôt mourir ? Après de longues discussions, nous avions opté pour une variante, sans quoi le jeu se serait terminé tout de suite car les enfants fayou détalaient plus vite que nous et nous n'avions pas envie de jouer éternellement les sangliers abattus...

Nous nous poursuivions donc tout autour de la maison, en passant devant le petit bureau en bois où mon père essayait, malgré nos cris, de se concentrer sur les modulations compliquées de la langue fayou. Christian était le chasseur et me courait après, parce que j'étais la proie la plus lente. Je bondissais comme une folle avec l'intention de lui échapper en allant dans l'eau. J'ai donc couru jusqu'à la berge et sauté sur le banc de sable.

Mais, alors que j'étais toujours en l'air, j'ai entendu des hurlements. J'ai regardé en bas, vers le banc de sable, et mon cœur s'est figé : un long serpent sombre était en train de se réchauffer au soleil, juste en dessous de moi ! J'ai compris le danger en un quart de seconde et j'ai réagi aussitôt. Si j'étais tombée sur le serpent, j'aurais pu mourir. Il fallait que je sois plus rapide pour l'éviter à tout prix. Mais comment, pour l'amour du ciel ? Il était juste en dessous de moi ! Par je ne sais quel miracle, j'ai étendu les bras et les jambes devant moi, je me suis faite aussi large que possible et j'ai atterri à quatre pattes, le serpent sous mon ventre. Je savais que le reptile attaquerait là où il sentirait un mouvement. Mais comme mon corps touchait le sol à quatre endroits différents, il a été troublé et a hésité une seconde. Juste après avoir rebondi, j'ai rassemblé toutes mes forces pour sauter le plus loin possible hors de la zone dangereuse.

Après cet épisode, je me sentais invincible. J'ai couru tout droit vers ma mère et je lui ai raconté que j'avais failli me faire tuer par un énorme serpent venimeux. Maman a souri poliment, elle devait sûrement penser que mon imagination était décidément débordante…

Cependant, je suis devenue plus prudente et j'ai appris une règle essentielle de la nature : ne passe jamais la main là où tu ne vois pas, ne fais jamais un pas sans t'être assurée auparavant qu'il n'y a aucun danger ou obstacle sur le chemin. Ne glisse jamais la main sous un tronc d'arbre ou dans un buisson – un scorpion ou une autre bête semblable pourrait s'y être tapi. Et après avoir écrasé quelques cafards et araignées dans mes tennis (que je portais très rarement), j'ai pris l'habitude de ne jamais mettre une chaussure avant de l'avoir vidée. En secouant mes vêtements, il m'est arrivé à plusieurs reprises d'en faire tomber des scorpions ou des araignées venimeuses, comme il m'est arrivé parfois de poser ma main juste à l'endroit où ils se trouvaient. Ces mesures de précaution me sont bientôt devenues parfaitement naturelles ; elles faisaient partie de la routine quotidienne sans que j'aie besoin d'y penser. D'ailleurs, durant mes premières années dans la civilisation occidentale, elles allaient me donner l'occasion d'amuser les autres...

Mais il ne faut évidemment pas croire que derrière chaque tronc d'arbre se cache un serpent ou un autre animal dangereux. J'ai rapidement appris que les animaux n'attaquent que lorsqu'ils se sentent menacés. Tant qu'on maintient une distance de sécurité, il n'y a aucun risque. Nous devions plutôt garder constamment à l'esprit le fait que de belles choses, aussi inoffensives en apparence que le fleuve ou un feu allumé par les hommes, pouvaient devenir beaucoup plus menaçantes pour nous. C'est ainsi que nous avons failli perdre Christian, à deux reprises.

Les Fayou avaient tué un sanglier et allumé un grand feu pour fumer la viande fraîche. Christian et moi étions en train de jouer à chat avec les autres enfants. Nous nous poursuivions autour de la maison, le long du fleuve et jusqu'au village, nous étions complètement déchaînés.

« Babou, Sabine, faites attention au feu ! Allez jouer plus loin », nous a crié papa lorsque nous sommes passés devant lui. Il était assis en cercle avec les Fayou et s'exerçait dans leur langue. Mais Christian et moi étions trop absorbés par notre jeu pour l'entendre. Je courais aussi vite que possible, j'avais presque rattrapé Christian, quand – à cette époque, il devait avoir tout juste six ans – il a fait un crochet vers le feu, a dérapé et s'est étalé de tout son long dans le bûcher. Les bûches incandescentes ont volé de tous côtés, les flammes se dressaient tout autour de lui.

Papa a hurlé, il a arraché mon frère du feu en une seconde et s'est précipité dans le fleuve en le tenant dans ses bras. Cela n'avait duré que quelques instants et pourtant les vêtements de papa avaient eu le temps de s'embraser. Je suis restée figée et je me suis mise à crier. Maman s'est précipitée dehors, elle a vu papa et Christian dans le fleuve, l'agitation des Fayou qui couraient dans tous les sens sans savoir que faire.

« Christian est tombé dans le feu ! » me suis-je époumonée.

Elle est descendue à toute vitesse et a couru rejoindre papa, qui était blême, et Christian qui gémissait de douleur. Papa était en train de sortir de l'eau, il a tendu Christian à maman qui l'a emmené dans la maison. Quand elle l'a déshabillé, elle a constaté qu'il n'avait que de légères brûlures. Mais nous sommes restés plusieurs jours en état de choc. Si papa n'avait pas réagi aussi vite, Christian aurait été entre la vie et la mort ; même dans la capitale, à Jayapura, il n'y avait pas la possibilité de soigner les grands brûlés. Dès lors, quand ils fumaient de la viande, les Fayou faisaient le feu derrière notre maison, à un endroit moins accessible, où nous n'avions pas le droit de jouer.

Il était inévitable que l'élément contraire, l'eau, nous montre aussi ce dont il était capable. J'ai déjà évoqué notre cher fleuve Klihi, qui coulait à quelques mètres de notre maison. Comme nous ne portions généralement qu'un short, nous pouvions y sauter dès que nous avions trop chaud ou que nous en avions simplement envie. La couleur de l'eau oscillait du bleuâtre au marron clair, elle était très froide, mais le soleil tropical nous réchauffait en un éclair.

Mes parents percevaient aussi les aspects moins paradisiaques du fleuve. Ils nous rappelaient souvent de ne pas nager trop loin contre le courant, et durant les premiers mois nous leur avons obéi. Mais, avec le temps, comme tous les enfants, nous sommes devenus plus téméraires, maman dirait plus imprudents.

Le danger ne venait pas nécessairement du courant, mais plutôt des berges glissantes sur lesquelles on avait beaucoup de mal à remonter. En d'autres endroits, la berge était couverte de buissons si épais que l'on n'arrivait pas à poser le pied par terre. On s'agrippait à une branche jusqu'à ce que nos forces nous lâchent, et on retombait dans le fleuve. On risquait vraiment de se noyer même en sachant bien nager.

Un matin, alors qu'il avait beaucoup plu la veille et que le fleuve était en crue, Christian et moi sommes allés nous baigner avec d'autres enfants. Comme d'habitude, nous nous chamaillions, et pour échapper à Christian je suis allée nager plus loin que nous n'en avions le droit. J'étais plus grande et plus forte que mon frère et je n'avais aucun mal à avancer contre le courant. Mais Christian a brusquement été saisi par la violence du fleuve.

J'ai essayé de le retenir, mais ma main a lâché son bras. Il appelait au secours, mais que pouvais-je faire ? Impuissante, je le voyais s'éloigner dans le fleuve à vitesse grand V. Les enfants fayou ont aussi tenté de le rattraper mais il avait déjà dérivé trop loin. Prise de panique, je hurlais comme une folle : « Babou ! Babou ! Babou ! »

Papa est sorti précipitamment de sa petite cabane en entendant les éclats de voix. Il a commencé à tirer sur le démarreur de toutes ses forces mais le moteur ne voulait pas démarrer, comme à chaque fois qu'on en avait un besoin urgent.

Les hommes couraient le long de la berge en criant pour ne pas perdre Christian des yeux. Mais ils sont vite parvenus à l'endroit où l'épaisse forêt vierge envahissait la berge, et ils ne pouvaient plus continuer. Maman et Judith étaient aussi sorties de la maison et restaient sur la berge, livides. Christian se rapprochait du grand virage, et s'il le dépassait, il sortirait de notre champ de vision. Il arrivait encore, au prix de tous ses efforts, à maintenir la tête hors de l'eau.

Le moteur a finalement démarré et papa s'est dirigé droit vers le milieu du fleuve. Il poursuivait Christian à toute allure. Ce maudit virage approchait et risquait de l'emporter dans un courant encore plus violent. La tête de Christian a tout à coup disparu sous l'eau, on ne la voyait plus. Je ne cessais de m'égosiller, Judith pleurait et maman courait le long de la berge et l'appelait en hurlant.

Papa lançait des regards désespérés autour de lui quand soudain la tête de Christian a ressurgi. Papa s'est aussitôt dirigé dans sa direction et d'un seul mouvement il l'a saisi par le bras. Ils ont disparu derrière le tournant. Il s'est fait alors un grand silence, personne n'osait plus respirer.

Je regardais fixement devant moi ; j'avais l'impression que mes yeux allaient sortir de mes orbites. J'ai vu le bateau revenir quelques secondes plus tard, papa debout à côté du moteur, Christian couché devant lui, par terre. Je n'ai pu retenir des larmes de soulagement.

Lorsque le bateau a accosté, maman a sauté dans l'eau, elle a pris Christian dans ses bras et l'a enveloppé dans une couverture. Il tremblait de tous ses membres, ses lèvres étaient bleues, il était sous le choc, à bout de forces. Ils l'ont porté jusqu'à la maison, maman l'a déshabillé et mis au lit. Après une tasse de thé chaud, il a commencé à reprendre des couleurs.

Papa, lui, était toujours aussi blême. Il est sorti rejoindre les Fayou qui s'étaient rassemblés, les a rassurés en leur disant que tout allait bien. Mais nous-mêmes n'avons été vraiment apaisés qu'au bout d'un certain temps.

Le reste de la journée s'est déroulé calmement. Nous étions tellement reconnaissants d'avoir Christian en vie parmi nous ! À partir de ce jour, nous sommes devenus très prudents en nous baignant ; il nous a fallu attendre bien longtemps avant d'oser à nouveau nager loin dans le fleuve.

10

Doris et Doriso Bosa

Au bout de quelques années passées chez les Fayou, j'avais alors environ dix ans, ma mère s'est trouvé une nouvelle vocation.

Nous étions à table, un jour, quand nous avons entendu des cris et des gémissements provenant de l'autre côté du fleuve. Papa est sorti et, voyant Biya debout dans l'eau, il a demandé à Nakire pourquoi elle souffrait tellement.

— Elle est en train d'accoucher ! a répondu Nakire, comme si c'était la chose la plus naturelle du monde.

— Toute seule ? a demandé papa.

Nakire a posé une main sur sa bouche et a chuchoté qu'il n'avait pas le droit d'en dire plus à ce sujet ; c'était tabou pour les hommes, tout comme les menstruations. Papa est allé voir le chef Kologwoi pour lui demander s'il pouvait amener maman au fleuve afin qu'elle assiste cette femme. Kologwoi lui a donné l'autorisation. Biya était toujours dans l'eau, peut-être pour que le froid atténue sa douleur. La première chose que maman a faite a été de tirer Biya jusqu'à la berge. Elle a eu de la chance : le bébé est sorti peu après.

Ce fut le premier accouchement de maman chez les Fayou – c'était une petite fille. Maman nous a raconté ce soir-là que le mari d'une femme enceinte était chargé

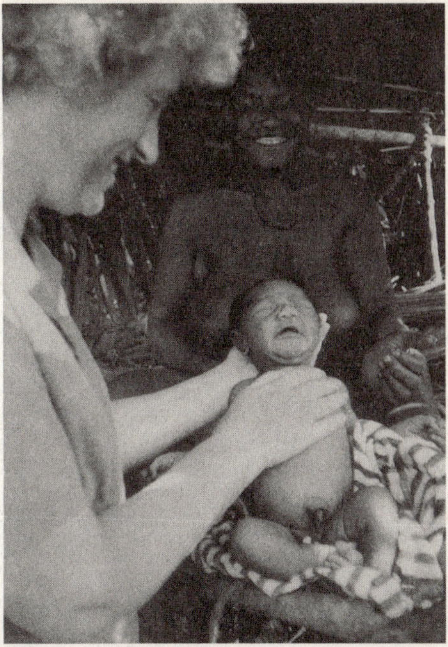

Maman avec Biya et son nouveau-né, Doriso Bosa

de lui construire une hutte peu avant la naissance et de préparer de la nourriture pour une semaine. Ensuite, il devait partir et n'avait pas le droit de revenir avant que sa femme ait accouché. Une femme plus âgée l'assistait généralement pendant l'accouchement.

Maman traversait le fleuve tous les jours pour s'occuper de Biya. La petite a survécu aux premiers mois, ce qui n'était pas évident à cette époque. Nous avions calculé qu'une femme fayou mettait en moyenne six enfants vivants au monde, trois mouraient avant l'âge de six mois et un avant sa dixième année. Seuls deux des six enfants avaient donc la chance de devenir adultes.

Compte tenu de cette réalité, les Fayou avaient introduit une coutume : ils ne donnaient un nom à leur enfant qu'à l'apparition de ses premières dents.

Quand la fille de Biya a eu sa première dent, on nous a raconté fièrement qu'elle devait s'appeler Doriso Bosa – ce qui veut dire « petite Doris ». Quel honneur pour maman ! Une autre famille avait déjà un Klausu Bosa.

Doriso Bosa et Tuare se sont mariés il y a quelques années, ils ont maintenant trois enfants en bonne santé.

11

Nakire, les femmes et l'amour

Alors qu'il était enfant, Nakire avait été enlevé avec sa mère au cours d'une guerre entre les Dou et les Fayou. Sa mère avait été donnée comme deuxième épouse à un guerrier dou, et, bien que Nakire ait passé toute son enfance chez les Dou, il était considéré comme un marginal. Je crois que la vie n'était pas facile pour lui dans cette tribu.

Lorsqu'il a été en âge de se marier et qu'il a voulu choisir une femme dou, le chef lui a dit : « Retourne chez ton peuple et prends une femme là-bas. Tu ne fais pas partie des nôtres, tu n'es qu'un Iyarike. Rentre chez toi. »

Nakire a donc pris ses quelques affaires, il a dit au revoir à sa mère et a disparu dans la jungle.

Peu après la seconde expédition de papa, le chef du clan des Tearu a convoqué Nakire pour lui faire une proposition : « Si tu m'aides à abattre un Iyarike pour venger mon fils, je te donnerai ma fille. »

Mais, à la grande surprise de toutes les personnes présentes, Nakire a refusé. Il a dit au chef qu'il ne voulait plus tuer, mais agir d'après le message de fraternité de l'homme blanc. Car il avait fait l'expérience d'une vie pacifique chez les Dou, qui ne menaient presque plus de guerres. Pendant les années qu'il avait passées chez eux, il avait formé le souhait d'apporter aussi la paix à sa propre tribu.

Le chef des Tearu ne comprenait plus rien. Jamais personne n'avait repoussé une telle offre, épouser la fille d'un chef n'était pas un acte anodin.

Nakire est devenu au fil des ans le plus proche confident de papa ; il le conseillait en matière de langue et de culture. Quand papa ne savait pas comment réagir dans une situation, il demandait à Nakire. C'est aussi ce dernier qui lui a appris les bases de sa langue.

Papa m'a raconté récemment qu'un jour il se trouvait dans son bureau avec Nakire et prenait des notes. Il montrait divers objets, Nakire lui en disait le nom en fayou et papa le transcrivait en phonétique. Il faut savoir qu'avant notre arrivée, Nakire n'avait jamais vu ni papier ni crayon.

Papa venait donc d'écrire quelques nouveaux mots et il s'est tourné vers Nakire, qui restait silencieux : il était allongé sur le banc, les pieds posés sur la table, et il dormait. Papa n'en croyait pas ses yeux !

— Nakire, qu'est-ce que tu fais ? Il faut que tu m'aides au lieu de dormir ! lui a-t-il dit sur un ton de reproche.

Nakire s'est redressé en bâillant et a répondu :

— Klausu, je veux bien t'aider. Mais quand est-ce que tu vas enfin travailler ? Tu passes ton temps à jouer !

— Comment ça, jouer ! Qu'est-ce que tu veux que je fasse comme travail, si ce que je fais là n'en est pas ?

— Eh bien, tu pourrais aller à la chasse pour nourrir ta famille, ou construire un nouveau bateau.

Cela amusait beaucoup papa de s'imaginer en train de courir à travers la jungle et de tirer sur une bête. Il a laissé Nakire somnoler et a réfléchi à la façon dont il pourrait lui faire comprendre la nature de son métier. Il lui est alors venu une idée. Il a écrit un message à maman sur un bout de papier et a dit à Nakire :

— Va voir Doriso, s'il te plaît, et donne-lui ce papier. Tu vas voir, elle va m'apporter quelque chose à boire.

— Comment est-ce possible ? Comment peut-elle savoir ce que tu veux si je ne le lui dis pas ?

— Le secret réside dans ce bout de papier.

Curieux, Nakire est allé trouver maman. Elle a lu le message et fait sous ses yeux exactement ce que papa avait prévu. Nakire était stupéfait. Il est aussitôt retourné auprès de mon père, a brandi le papier et il a reconnu :

— Ce que tu fais doit donc être important.

— Oui, a dit papa, et maintenant arrête de dormir. Aide-moi à apprendre ta langue...

Nakire s'était désormais construit une hutte sur le territoire des Iyarike, et peu après il a trouvé une femme qui s'appelait Dawai.

Une nuit, peu de temps après leur mariage, nous avons entendu des cris qui provenaient de l'autre côté du fleuve. Nous étions déjà couchés mais, comme les gémissements devenaient de plus en plus forts, papa s'est quand même levé et il est sorti avec la lampe à kérosène.

Nous tendions l'oreille, curieux. Les lamentations ont cessé au bout d'un certain temps et nous avons entendu papa parler avec quelqu'un. Puis il est apparu à la porte, accompagné de Dawai. Elle avait le visage gonflé et pleurait. « Nakire m'a battue ! » nous a-t-elle raconté en sanglotant.

Maman lui a donné à boire, à manger et l'a conduite jusqu'au matelas réservé aux invités, dans la pièce du fond. Je la regardais avec compassion. Je n'aurais jamais cru Nakire capable de cela. J'ai entendu papa et maman discuter autour de la table tard dans la nuit.

Le lendemain matin, papa était à peine sorti qu'il s'est s'écrié : « Doris, viens vite ! » Maman, qui était en train de préparer le café, a tout laissé en plan et s'est précipitée dehors. Je me suis glissée hors de mon lit et je me suis postée au coin pour voir ce qui se passait.

Papa est arrivé sur le seuil de notre maison avec Nakire. Son état m'a effrayée : ses mains et son buste étaient couverts de sang séché et de boue. Il se lamentait : « Dawai m'a battu et mordu ! » Dawai, qui était assise à table, avait les yeux baissés.

Sans dire un mot, maman a commencé à nettoyer les plaies de Nakire. Puis Nakire a pris Dawai par la main, sans rien dire, et ils ont quitté la maison ensemble. Par la fenêtre, je les ai vus monter dans leur pirogue et traverser le fleuve jusqu'à leur hutte.

Je n'ai jamais réussi à savoir ce qui s'était exactement passé entre eux. Aujourd'hui, nous rions plutôt du fait que nous avions pris Nakire pour le coupable, alors que c'était sans doute Dawai qui l'avait agressé parce qu'elle était en colère contre lui. Quand j'étais enfant, elle m'effrayait toujours un peu. Elle avait une voix forte et perçante et un tel tempérament que même les hommes tremblaient devant elle.

Mais lorsqu'elle est morte, quelques années plus tard, cela nous a tous beaucoup attristés. Papa avait voulu l'emmener en hélicoptère à l'hôpital de Jayapura quand elle était malade, mais elle s'y était refusée car elle avait trop peur de voler. Papa, maman et Nakire ont eu beau la supplier, elle est restée inflexible et nous n'avons rien pu faire.

Nakire était inconsolable. Il a pleuré durant des semaines et, un soir, dans l'ivresse du chagrin, il a brûlé toutes les affaires de Dawai ainsi que leur hutte. Il venait souvent dormir chez nous. Papa s'occupait bien de lui, c'en était touchant ; il essayait dans la mesure du possible de le réconforter.

Une fois que Nakire a été un peu rétabli, il a pris l'habitude d'accompagner papa quand celui-ci rendait visite aux Tigre. Parmi eux vivait la fille du chef, nommée Fusai. C'était une jolie jeune fille, dont la grandeur inhabituelle la rendait particulièrement attirante. Nakire est tombé fou amoureux d'elle. À chaque fois que papa remontait le fleuve, il s'agitait terriblement, nous demandait des hameçons, du tissu, des bijoux ou des perles que nous avions rapportés de Jayapura pour les échanger, et il couvrait Fusai de cadeaux. Il était tellement insolite qu'un Fayou se donne la peine de conquérir le cœur d'une jeune fille que nous lui donnions volontiers ces objets. Normalement, elle aurait été emmenée de force, mais Nakire était un romantique et il voulait gagner son affection.

Du moins avait-il conquis le cœur du père et, quelques mois plus tard, le chef des Tigre a donné la main de sa fille à Nakire. Elle avait environ douze ans.

Nakire a fièrement ramené Fusai chez les Iyarike. Il a mis beaucoup de soin à se bâtir une maison tout près de la nôtre. Sa hutte avait même des murs et une porte, ce qui en faisait pour les Fayou un véritable palais. Les premières semaines semblaient bien se passer, jusqu'au matin où Nakire est venu nous tirer du lit, complètement paniqué : Fusai était partie et il n'arrivait pas à la retrouver ! Tout le monde s'est aussitôt mis à sa recherche.

Les Fayou avaient inventé un excellent « système de télécommunications » qui ne nécessitait ni câbles, ni appareil, ni argent ; il suffisait de savoir crier assez fort. Cela permettait de transmettre des informations à des kilomètres de distance. Le seul inconvénient, c'était que le message ne pouvait pas rester secret. Quand on envoyait une dépêche par le téléphone de la jungle, tout le monde était au courant.

Nakire s'est donc posté sur la berge et s'est exclamé d'une voix qui ressemblait davantage à des pleurs : « Où est Fusai ? Nakire cherche Fusai ! » J'ai compris plus tard que la voix pleurée porte beaucoup plus loin que la voix simplement criée.

Nakire a répété ces phrases plusieurs fois. Au bout de quelques minutes, une seconde voix a retenti en amont du fleuve : « Où est Fusai, Nakire cherche Fusai. » La phrase a été à nouveau répétée, puis quelqu'un encore plus loin s'est manifesté à son tour et a transmis la nouvelle, et ainsi de suite jusqu'à ce que le message atteigne le chef des Tigre.

« Fusai est avec sa famille », a-t-on entendu en réponse, par le même chemin qu'avait emprunté la question. Papa est aussitôt parti chez les Tigre avec Nakire. Celui-ci, aussi triste que nerveux, a demandé à Fusai pourquoi elle s'était enfuie. Elle lui a expliqué qu'elle avait le mal du pays et Nakire l'a ramenée à Foida.

Mais, quelques semaines plus tard, Fusai s'est à nouveau échappée et Nakire a dû la ramener une seconde fois. Au bout de la troisième fois, il est venu trouver papa, désespéré, et lui a demandé quoi faire. C'était surprenant ; dans un cas pareil, un Fayou aurait normalement tiré une flèche sur sa femme. Mais Nakire n'était pas comme ça, il aimait Fusai et ne voulait pas lui faire de mal. Papa l'a écouté mais c'est Nakire qui a trouvé la solution : le lendemain, il a expliqué à papa qu'il voulait vivre chez les Tigre avec Fusai jusqu'à ce qu'elle s'habitue à lui et revienne de son plein gré à Foida.

Et c'est ce qui est arrivé : après quelques mois passés ensemble avec la famille de Fusai, chez les Tigre, elle est revenue à Foida et ne s'est plus jamais enfuie. C'était une jeune fille timide qui avait un cœur d'or et un sourire merveilleux ; nous l'aimions tous beaucoup. Elle est devenue la meilleure amie de Judith, qui avait à peu près le même âge.

Nakire n'a jamais pris de deuxième femme, bien qu'il en ait eu le « droit », puisque Fusai n'a pas eu d'enfants. Mais Nakire ne voulait qu'elle et personne d'autre. Leur histoire d'amour était la première et la seule dont nous avons été témoins chez les Fayou. C'est une merveilleuse union qui dure encore aujourd'hui.

Nakire avec sa femme Fusai

Tous les hommes fayou ne traitaient pas aussi bien leur femme, loin s'en faut. À deux reprises, j'ai vu un Fayou blesser sa compagne avec une flèche, et l'une de ces deux histoires m'a donné l'occasion, pour la première fois de ma vie, d'éprouver véritablement de la haine.

J'étais en train de jouer dehors. Pour une raison ou une autre, quelques femmes s'étaient enfoncées dans la jungle. Un des maris a crié à son épouse de revenir, ce qu'elle n'a pas fait immédiatement. Lorsqu'elle est enfin sortie de la forêt épaisse, le guerrier a pris son arc, tendu une flèche et visé sa femme en pleine poitrine.

Les Fayou sont d'excellents tireurs. Cet homme savait parfaitement comment il devait tendre son arc pour ne pas la tuer mais seulement la blesser. Il l'avait abattue sous nos yeux. Elle s'est effondrée par terre en gémissant. J'étais sous le choc, j'avais envie de hurler, de partir en courant, de tuer cet homme. Elle était enceinte, tout le monde pouvait le voir ! Maman a accouru en entendant les cris. Lorsqu'elle a vu la scène, elle est sortie de ses gonds. Je ne l'avais jamais entendue se lâcher comme ça. Elle s'est précipitée jusqu'à la femme blessée, a retiré la flèche et l'a aidée à entrer à la maison. J'ai suivi maman en adressant un dernier regard haineux au mari qui riait derrière moi.

Papa aussi s'est énervé. Mais quand il a voulu confronter les Fayou à ce problème, ils se sont également moqués de lui.

Aujourd'hui, la situation a évolué. Lentement, au fil des ans, les Fayou ont appris à respecter leurs femmes.

C'est bien plus tard seulement que je me suis rendu compte à quel point ils nous observaient. Ils voyaient que nous n'étions que des hommes, comme eux, et que nous faisions des erreurs. Ils ont assisté à quelques disputes dans notre famille, mais ont aussi vu que nous savions nous pardonner et que nous arrivions ensuite à rire et à jouer ensemble.

Nous n'avons jamais dit aux Fayou ce qu'ils devaient faire ou ne pas faire, ni quel comportement nous semblait juste. Nos parents nous avaient enseigné que notre propre vie, notre attitude seraient beaucoup plus efficaces que les paroles qui pouvaient sortir de notre bouche. Par la manière dont on vit, on doit montrer les valeurs auxquelles on croit. Les Fayou devaient décider eux-mêmes s'ils voulaient changer, ils devaient prendre les décisions qui leur convenaient et non pas celles qui leur étaient imposées par un étranger. Elles devaient venir du cœur.

12

Balades en pirogue

Ceci vous est certainement déjà arrivé : la machine à laver tombe en panne, le grille-pain rend l'âme, les plombs sautent. On s'énerve, bien sûr, mais on prend la voiture, on va au supermarché et on achète un nouvel appareil. Avec un peu de chance, la garantie est même encore valable et le fabricant le remplace.

Il en va tout autrement dans la jungle. Quand quelque chose se cassait ou ne marchait plus, nous devions parfois attendre des mois pour en avoir un autre. Par exemple, le jour où l'hélicoptère est tombé en panne, il a fallu commander les pièces aux États-Unis, ça a duré une éternité, la poste n'étant pas très fiable à cette époque. Et aller faire les courses à Danau Bira était devenu très compliqué pour nous.

Nous n'avions plus qu'un moyen de retourner chez les Fayou depuis Danau Bira : nous prenions un petit avion jusqu'au village de Kordesi, puis il nous fallait quatre à six heures pour remonter le fleuve jusqu'à Foida, dans une pirogue équipée d'un moteur de hors-bord. Ce voyage pouvait être très excitant mais aussi très ennuyeux. Nous nous installions dans notre grande pirogue, les bagages entassés un peu partout, et nous n'avions pratiquement pas le droit de bouger, parce que la pirogue pouvait facilement chavirer. Le soleil nous accablait, mais heureusement le vent nous rafraîchissait un peu. Nous étions obligés de porter pantalon et chemise à manches longues pour éviter les coups de soleil. Durant des heures, je contemplais la jungle verte qui défilait devant nous. Parfois, je voyais des oiseaux passer au-dessus de nos têtes, ou ces magnifiques orchidées rouges que nous appelions les « flammes de la jungle ». Elles poussaient comme des lianes sur les arbres, interrompant par la splendeur de leurs couleurs le vert infini de la forêt.

Toutes les deux ou trois heures, nous faisions une halte sur un banc de sable ou sur une berge pour nous dégourdir les jambes et manger un morceau. Nos premières traversées se sont déroulées sans incident. Mais nous avons eu moins de chance lors de notre quatrième ou cinquième expédition.

Lorsque nous avons quitté Kordesi, ce jour-là, le soleil brillait au milieu d'un ciel limpide. Comme d'habitude, nous avions entassé à nos pieds les vivres et autres objets indispensables. Maman était assise à l'avant, Judith derrière elle, puis Christian et moi. À l'arrière, papa dirigeait la pirogue avec un moteur 12 chevaux. Il avait un deuxième petit moteur à ses pieds au cas où l'autre tombe en panne durant la traversée.

Je m'étais confortablement installée sur un coussin. Quelques mouches me tournaient autour, et je les chassais avec indolence. Le ronflement du moteur et la chaleur ont fini par me fatiguer, je me suis allongée sur le dos avec un sac de riz en guise d'oreiller et je me suis endormie.

Je ne sais pas combien de temps j'ai dormi, mais quand je me suis redressée en sursaut quelque chose avait changé. L'air était plus vif, plus frais. J'ai regardé le ciel : son bleu intense s'étendait au-dessus de ma tête. Mais en me retournant, j'ai aperçu des nuages noirs et menaçants qui s'élevaient, loin derrière nous. Papa aussi ne cessait de les observer d'un air soucieux, et il accélérait autant que possible. Les autres avaient également repéré la tempête approchante et ne faisaient plus un bruit, dans l'espoir que le silence nous permettrait d'aller plus vite.

Nous avons bifurqué dans le fleuve Klihi, nous étions alors à peu près à mi-chemin. Papa nous a crié par-dessus le bruit du moteur qu'avec un peu de chance le vent allait tourner. Mais nous savions tous que cette chance était infime car nous avions le vent dans le dos et le front de la tempête avait entrepris de nous suivre.

Je suivais avec curiosité ce phénomène naturel si imposant, je regardais le soleil se faire engloutir par l'obscurité. Les ténèbres envahissaient la jungle, et on n'entendait plus que le ronflement du moteur, aucun oiseau, aucun insecte, rien. Puis une goutte, et une autre, trois, quatre, de plus en plus... je ne pouvais plus les compter tellement il y en avait. Le visage de papa, sur lequel je lisais la gravité de la situation, n'était pas très encourageant.

Nous avons continué sans problème jusqu'au tournant suivant. Le fleuve s'étendait devant nous sur des kilomètres, et la tempête nous est tombée dessus avec une violence incroyable. Papa scrutait les berges à la recherche d'un endroit où accoster, mais en vain : ce n'était qu'une jungle épaisse, impénétrable. La pluie nous martelait, des milliers de petites aiguilles me piquaient au corps et au visage. J'étais trempée jusqu'aux os et commençais à grelotter. Nous avons vu des éclairs, entendu le tonnerre. Je protégeais ma tête avec mes mains en pensant que c'était la fin du monde – et notre fin à tous.

Maman a crié, mais je ne la comprenais pas tant la pluie et le tonnerre étaient forts. J'ai vu Christian se réfugier sous une couverture. Puis j'ai senti quelque chose à mes pieds. J'ai d'abord cru que c'était une bête qui rampait sur mes orteils. Mais en baissant les yeux je n'ai vu aucune bestiole : c'était de l'eau. Nous étions en train de couler !

J'ai immédiatement oublié tout ce qu'il y avait autour de moi, les éclairs, le tonnerre et cette pluie. Je me suis retournée, j'ai saisi un sac contenant des casseroles et des poêles et j'ai soudain compris ce que m'avait hurlé maman. J'ai distribué des casseroles à Judith et à maman et commencé à écoper comme une folle. C'était une véritable course contre la montre. La pluie tombait si violemment que la pirogue se remplissait à mesure qu'on jetait l'eau par-dessus bord. Je suis allée de plus en plus vite, à en avoir mal aux bras. Quand je levais les yeux, je ne devinais dans la pluie que les silhouettes de maman et de Judith qui écopaient aussi à toute allure. Christian était caché sous la couverture. Papa a dû ralentir car il ne voyait plus qu'à quelques mètres, sauf quand un éclair crevait le ciel et illuminait la jungle comme en plein jour.

Quel sentiment ! Je ne m'étais jamais trouvée dans une situation aussi dangereuse. L'eau montait dans le bateau, le fleuve, qui filait de part et d'autre de la pirogue, essayait de nous entraîner dans sa violence et, s'il y parvenait, jamais sans doute il ne nous rendrait à la vie. Mais je continuais à lutter avec les autres, ma volonté de survivre avait pris possession de mes mouvements. On aurait dit que le temps s'était arrêté, comme s'il n'avait plus existé à ce moment-là que deux forces antagonistes : la force de la nature et la volonté de vivre d'une petite famille emportée par un fleuve déchaîné.

Une sorte d'amour incompréhensible s'est éveillé en moi, un amour pour la violence de la tempête, un amour pour cette lutte avec les éléments. Je me sentais plus vivante que jamais. Chaque muscle, chaque veine, chaque cellule en moi étaient éveillés. Et nous étions unis dans le but de vaincre la nature.

Le fleuve nous a soudain projetés dans un autre tournant. Papa a essayé de se lever tout en scrutant la berge ; il avait perdu l'orientation et ne savait plus où nous étions. Puis le vent nous a apporté une sorte de léger son étiré en longueur. J'ai d'abord cru que c'étaient seulement les arbres agités par le vent, mais cela persistait. Papa l'avait aussi perçu et se dirigeait lentement vers la berge où nous avons distingué deux silhouettes sombres qui se frayaient un chemin parmi les buissons. C'étaient les Fayou !

Ils avaient entendu le bateau au loin et savaient qu'il nous faudrait quelques heures pour atteindre le village. Or ils avaient l'expérience de ces tempêtes. Malgré la puissance de la pluie, ils attendaient sur la berge pour nous intercepter. Quel soulagement ! Sans eux, nous aurions sûrement raté le village. À peine avions-nous atteint la berge que les Fayou ont sauté dans l'eau pour arrêter le bateau et l'ont amarré. Ils arrivaient de plus en plus nombreux.

Un des guerriers m'a soulevée et transportée jusqu'à la maison. Mes jambes tremblaient, je ne pouvais plus bouger les bras, mes forces m'avaient complètement lâchée. Je me suis écroulée par terre lorsque l'homme m'a déposée dans la véranda avant de repartir en courant pour aider les autres. Le bateau a été rapidement déchargé et nous nous sommes retrouvés au sec dans notre maison, grelottants mais heureux. Tout notre chargement était trempé ; nos vêtements, nos manuels scolaires, rien n'avait été épargné hormis l'appareil photo de papa, qu'il avait pris soin d'envelopper dans un plastique.

Maman nous a déshabillés et emmitouflés dans des couvertures sèches, puis elle a fait du thé bien chaud et nous a donné une boîte de biscuits. En regardant par la fenêtre, j'ai eu le sentiment d'avoir conquis le monde. Nous avions vaincu la nature ensemble, nous avions remporté notre compétition contre la tempête. La pluie et le tonnerre ont duré toute la nuit. Je me suis blottie confortablement sous la couverture. En quelques minutes, je me suis endormie profondément, le sourire aux lèvres.

Papa s'est procuré plus tard un bateau en métal, que l'on a transporté jusqu'à Foida en le suspendant sous l'hélicoptère. C'était une sacrée aventure car, si l'embarcation s'était un peu trop balancée, le pilote aurait été obligé de la lâcher au-dessus de la jungle. Mais tout s'est bien passé, et nous avons eu dès lors un moyen de transport autrement plus stable et plus confortable.

Il y a eu bien sûr d'autres voyages non seulement moins dramatiques, mais encore drôles et palpitants. Ainsi, le dimanche était un jour excitant car nous avions pris l'habitude de faire une expédition en famille, l'après-midi, pour rendre visite à d'autres clans fayou qui habitaient plus en amont du fleuve. Nous invitions aussi quelques Iyarike à nous accompagner afin d'améliorer les relations entre clans. Le périple durait parfois plusieurs heures et nous nous amusions en chantant à tue-tête. Notre chanson préférée, dont je me souviens encore, était la chanson de la noix de coco : « Les singes foncent dans la forêt, un singe en zigouille un autre, toute la bande hurle », puis, tous ensemble et le plus fort possible : « Où est la noix de coco, où est la noix de coco, qui a volé la noix de coco ? »

Au bout d'un certain temps, les Fayou qui nous accompagnaient ont essayé de chanter ce refrain avec nous. Je crois que si quelqu'un nous avait entendus, il nous aurait tous pris pour des dingues, mais nous nous amusions énormément.

Un jour, nous avons voulu aller très loin, jusqu'au territoire des Sefoidi. Il faisait une chaleur torride et il nous fallait aussi supporter l'humidité de l'air. Après quelques heures, nous avons fait halte dans un petit bras du fleuve pour nous rafraîchir. Papa, maman,

Christian et moi avons plongé dans l'eau. C'était un endroit fantastique, de grands troncs d'arbres gisaient en travers de la rivière. Papa a fixé le bateau à une branche qui se dressait à la verticale et nous avons grimpé sur les troncs pour sauter dans une eau divinement fraîche. Judith en a profité pour se laver les cheveux. Elle s'est assise sur un tronc, a fait tomber devant elle sa longue chevelure blonde et l'a savonnée abondamment.

Au bout d'un moment, papa s'est assuré que tout se passait bien dans le bateau, car aucun Fayou n'en était descendu. Ils nous observaient avec beaucoup d'intérêt. Papa se tenait au bord du bateau et incitait les hommes à nous rejoindre dans l'eau, il faisait une telle chaleur ! Mais Nakire a hoché la tête en disant qu'ils ne se baigneraient jamais dans cette rivière. Très étonné, papa a demandé s'il s'agissait d'une rivière sacrée.

« Oh non ! a répondu Nakire, c'est la rivière aux crocodiles, notre territoire de chasse. C'est là que nous capturons les crocodiles que nous apportons. »

Papa n'en revenait pas. Je n'ai jamais vu quelqu'un sortir de l'eau et sauter dans un bateau aussi vite.

« Sortez, sortez, nous criait-il, des crocodiles ! »

Nous l'avons imité aussitôt. La pauvre Judith avait encore les cheveux pleins de savon mais elle a renoncé à laisser sa tête deux secondes de plus dans l'eau pour les rincer. Alors que nous étions tous remontés dans le bateau, papa a demandé aux Fayou pourquoi ils ne nous avaient rien dit. Ils ont répondu que tout le monde savait pourtant bien que c'était la rivière aux crocodiles. Cela nous a fait rire, une fois notre première frayeur passée. C'était vraiment typique des Fayou : ils restaient tranquillement dans le bateau en s'étonnant que nous n'ayons pas peur, sans se douter que nous n'étions pas au courant. Désormais, nous nous renseignions toujours avant de plonger dans un fleuve pour nous rafraîchir.

Brin de toilette dans la rivière aux crocodiles, avant de savoir qu'il y avait des crocodiles...

Un jour, cependant, les Fayou nous ont informés sans même que nous ayons eu à leur demander : tel fleuve était très apprécié par les crocodiles parce qu'il regorgeait de gros poissons. Comme le courant était faible, c'était pour eux un lieu de ponte idéal.

Ils n'ont pas eu besoin de nous le dire deux fois. Nous y sommes retournés une semaine plus tard, équipés d'hameçons et de fil à pêche. Nous avions trouvé un nouveau hobby. Les Fayou avaient raison : il y avait de belles proies !

Nous avons donc pris un bout de bois, d'environ dix centimètres de long et cinq de large, creusant un petit trou sur le côté qui permettait d'y nouer une ficelle. Puis nous avons taillé deux petites encoches sur les côtés étroits du bois pour y enrouler la ficelle. Nous avons fixé au bout une petite pierre qui servait de poids, et enfin l'hameçon.

Ensuite, nous sommes partis à la recherche de vers de terre. Deux sortes se sont avérées d'excellents appâts pour les poissons : un gros ver blanc également comestible pour l'homme et un long ver sombre qui n'était bon que pour les poissons. La forêt vierge regorge de vers de terre, et Christian, Tuare, Bebe, Dihida et moi adorions en ramasser ; nous jouions à qui en trouverait le plus.

De retour au bord du fleuve, nous avons attaché les cannes à des buissons ou des arbustes qui pendaient au-dessus de l'eau. Nous en avons ainsi installé une douzaine, et à peine avions-nous fixé la dernière que la première avait déjà attrapé un gros poisson très appétissant.

En une heure, nous en avions tellement pêché que nos seaux étaient pleins à ras bord. La plupart étaient des poissons-chats, une espèce qui fait près d'un mètre de long, qui peut peser jusqu'à cinq kilos et qui est absolument succulente.

Une fois rentrés à Foida, nous avons allumé un grand feu. Les Fayou ont construit au-dessus des flammes un tréteau en bois pour y fumer nos proies. Le soir, il y a eu une grande fête avec un bon repas, les guerriers fayou nous ont aussi régalés de quelques récits passionnants qu'ils avaient l'art de mettre en scène.

Cependant, un fleuve à crocodiles reste un fleuve à crocodiles. Ces bêtes étaient les rois de ces lieux de pêche et ils nous l'ont fait sentir lors de notre troisième ou quatrième partie de pêche. Après avoir installé toutes les cannes, nous sommes revenus impatiemment à la première, mais quand papa l'a relevée, il n'y avait plus rien au bout, ni poisson, ni hameçon, ni ver de terre, et la ficelle avait été mordue. Nous nous apprêtions à étudier la chose de plus près quand soudain, à un ou deux mètres du bateau, un crocodile monstrueux a émergé de l'eau. Il se précipitait dans notre direction, la gueule ouverte. Nous avons sauté sur l'autre bord du bateau en hurlant, le crocodile a replongé dans l'eau en nous éclaboussant et en faisant une grosse vague. Nous sommes restés immobiles quelques minutes, mais le crocodile avait bien disparu. Si l'un d'entre nous avait eu un bras ou une jambe dans l'eau, cela aurait pu mal tourner.

Nous avons fait par la suite plusieurs rencontres de ce genre. Les Fayou nous ont rassurés en nous disant que les crocodiles voulaient juste marquer leur territoire. Ils ne sont généralement pas très agressifs, sauf quand on les provoque. Nous l'avons vite compris et nous sommes devenus très prudents à leur approche. Nous retirions bras et jambes de l'eau et les observions à distance. Mais l'irruption soudaine d'un crocodile est restée pour nous quelque chose d'excitant.

Un jour, une de nos promenades en bateau nous a fait découvrir le paradis. Nous remontions le fleuve, il faisait extrêmement chaud et nous avions faim. Papa cherchait donc un endroit où s'arrêter quand il a aperçu une étroite embouchure couverte d'arbustes et de buissons. Il s'y est engagé et nous nous sommes retrouvés dans une petite baie qui se terminait par un autre estuaire juste assez large pour le bateau. Papa a coupé le moteur et nous a demandé de pagayer. Comme l'eau n'était pas très profonde, nous avons remonté le moteur dans le bateau.

Nous nous sommes engagés dans la petite rivière cachée et nous avons découvert le plus bel endroit du monde. Nous étions subjugués, personne ne disait mot. Je revois l'endroit comme si c'était hier. L'eau était si basse que le bateau touchait. Nous sommes descendus. La rivière sinuait devant nous comme un serpent étincelant. Des milliers d'orchidées écarlates, les flammes de la jungle, ornaient les arbres du rivage. Certaines arrivaient jusqu'à l'eau et formaient une sorte de mur rouge entre le fleuve et le ciel. Elle était tellement limpide que j'en voyais le fond ; elle était bleue, scintillante et lisse comme un miroir. Des oiseaux de toutes les couleurs volaient d'arbre en arbre en chantant et en gazouillant gaiement.

Ce paradis recelait encore une merveille pour nous autres enfants : de petits bancs de sable s'étendaient devant les deux rives, couverts non pas de pierres mais d'une argile claire et lisse. À peine étais-je descendue du bateau que Christian s'est baissé pour en prendre une pleine poignée et me l'a lancée au visage. J'ai crié et lui en ai renvoyé une boule, mais, comme Christian s'était baissé, j'ai atteint à sa place le dos de Judith. Elle s'est retournée et nous avons commencé une grande bataille de boules d'argile. Même les Fayou y ont participé. C'était une vraie partie de plaisir !

Nous sommes souvent retournés dans cet endroit que nous avions baptisé notre « rivière du dimanche ».

13

Mon frère Ohri

Il avait environ huit ans, il était paralysé et ne se déplaçait qu'avec l'aide de ses bras. Mon cœur a fondu quand je l'ai vu pour la première fois. Il était tellement maigre, tellement faible, ses jambes étaient tordues et il n'avait que la peau sur les os. Ses parents s'étaient fait tuer sous ses yeux au cours d'une guerre. Il vivait tant bien que mal dans une autre famille.

Nous avons donc recueilli Ohri, nous l'avons nourri et nous nous sommes occupés de lui. Il s'est mis à aimer maman comme sa mère ; il rampait jusqu'à elle pour l'embrasser et ne la quittait plus. Il a aussi commencé à reprendre des forces, il a appris à se tenir debout à l'aide d'un bâton et même à marcher un peu. Nous observions ses progrès avec enthousiasme, c'était presque un miracle.

Ohri passait beaucoup de temps avec nous. Il est devenu comme un frère pour nous. Puis, un beau jour, alors que nous revenions de Danau Bira, il s'est levé. Le visage rayonnant de fierté, il a marché jusqu'à nous sans bâton. Nous étions tellement contents pour lui.

Un an plus tard, j'étais en train d'allumer un feu avec Christian quand Ohri a surgi de la jungle. Nous nous inquiétions déjà pour lui car cela faisait longtemps que

Un guerrier fayou du clan des Iyarike

Femmes préparant le sagou

On transporte un sanglier vivant pour l'abattre

En haut : Le fleuve Klihi comme moyen de transport
En bas : Un guerrier fayou fume une substance inconnue

Scènes de guerre devant notre maison

En haut : Christian et Atara mangeant le fruit à pain
En bas : Famille fayou dans une pirogue

En haut : Christian et moi dans les bras d'un chef sefoidi
En bas : Le toboggan de la jungle

En haut : La femme du chef Kologwoi avec des cicatrices dans le dos
En bas : Dawai, la première femme de Nakire

La jungle, le fleuve et notre deuxième maison sur la colline

En haut : La « flamme de la jungle »
En bas : Sabine avec Bebe (à gauche) et Tuare (à droite) dans un marais

En haut : Sabine et ses amis fayou
En bas : Autour du feu de camp avec Diro (à gauche) et Tuare (à droite)

En haut : Cadavre dans une hutte fayou
En bas : Coucher du soleil au pays des Fayou

En haut : Papa avec Kloru, le conteur (à gauche),
et le chef Kologwoi (à droite)
En bas : Maman avec ses premiers élèves fayou

La jungle noyée dans un brouillard magique

Sabine Kuegler 2004

Sabine Kuegler 2004

Sabine avec Faisa (à droite) et Klausu Bosa

Notre première maison à Foida

En haut : Une hutte fayou dans la jungle
En bas : La chambre de mes parents

Le chef Baou

Papa avec un visiteur nocturne

Un repas autour du feu

En haut : Maman et moi avec des bébés dingos
En bas : Christian et moi jouant à survivre

S'il te plaît, papa, je peux le garder ?

nous ne l'avions pas vu. Cela n'avait rien d'anormal en soi ; chaque fois que nous allions à Danau Bira, les Fayou se retiraient dans la jungle, où chaque famille avait environ quatre huttes. Ils vivaient généralement trois ou quatre mois dans une hutte, jusqu'à ce que les réserves de gibier consommable et de plantes comestibles dans les environs soient épuisées. Ils se déplaçaient alors jusqu'à la prochaine hutte, et il leur fallait un an pour revenir à la première. La nature s'était reconstituée : c'était un mode de vie particulièrement écologique. Quand nous rentrions au village, l'hélicoptère faisait d'abord un grand cercle au-dessus du territoire des Fayou. Ils savaient ainsi que nous étions de retour et ceux qui le voulaient revenaient à Foida pour vivre avec nous.

Mais, ce jour-là, notre inquiétude était justifiée. Dès que j'ai vu Ohri, j'ai appelé maman et j'ai couru jusqu'à lui. Il est tombé par terre, épuisé par une forte fièvre. J'ai voulu l'aider à se relever mais je ne savais pas par où le prendre. Sa poitrine était une vaste plaie enflammée où s'était développée une épaisse couche de champignons brun-vert. Les Fayou l'avaient laissé dans la jungle, le croyant mort.

Maman est arrivée en courant pour aider Ohri à monter les marches jusqu'à notre maison. Quand papa a demandé aux Fayou ce qui s'était passé, ils ont répondu qu'Ohri avait mangé la partie « défendue » d'un crocodile. C'était sa punition. Ils ne le regardaient même plus, ils l'ignoraient comme s'il n'existait pas.

J'ai fondu en larmes en voyant son visage tordu de douleur. Il sentait la viande pourrie. Je me suis quand même assise à côté de lui et j'ai pris sa main. Maman l'avait allongé sur des feuilles que nous étions allés chercher dans la jungle. Elle a apporté des pansements et des médicaments, a dilué du permanganate de kalium dans de l'eau tiède, puis elle a lentement versé la mixture sur sa poitrine, et la couche de champignons, qui faisait au moins trois centimètres, s'est peu à peu dissoute en tombant sur les feuilles.

Ohri souffrait horriblement, sa poitrine n'était plus qu'une grande plaie grouillante d'asticots. Maman a pris une paire de draps propres qu'elle a découpés en larges bandes, elle les a généreusement enduits d'huile de foie de morue et d'une pommade antibiotique et en a enveloppé tout le buste d'Ohri. Elle a répété ce soin tous les jours. Les feuilles et les pansements usagés allaient aux ordures derrière la maison. Papa versait du pétrole dessus et les faisait brûler.

— Maman, est-ce qu'il va mourir ? lui demandais-je régulièrement, à moitié en larmes.

— Je ne sais pas, disait-elle. Nous ferons tout ce que nous pouvons pour le sauver.

Je l'aidais toujours à panser Ohri. Nous lui donnions à manger, il dormait avec nous dans la maison et nous observait depuis son lit pendant que nous faisions nos devoirs. Quand nous avions fini, nous écoutions des cassettes avec lui et lui montrions nos livres illustrés.

Sa fièvre est retombée au bout de quelques jours, et son buste a guéri au fil des semaines, jusqu'à ce qu'il ne lui reste plus qu'une grande cicatrice. Maman m'a avoué plus tard qu'elle ne croyait pas qu'Ohri survivrait. Mais il s'est rétabli et il a bientôt pu jouer avec nous comme si rien ne s'était passé.

Ohri a grandi lentement parmi nous et il a même fini par me dépasser. Nous l'aimions car il avait une personnalité très particulière ; il était calme et manifestait beaucoup d'amour, autant envers nous qu'envers ses semblables. Je ne l'ai jamais vu en colère ou désagréable. Il était devenu un véritable membre de notre famille.

14

Grillades de chauves-souris et d'asticots

Un ami nous avait envoyé un jour des États-Unis un grand poster de crème glacée. Je ne sais toujours pas pourquoi il avait fait ce choix. Maman l'avait accroché près de la table de la salle à manger, et nous étions assez fascinés.

Je me souviens encore très bien de cette photo : on voyait une grande coupe argentée contenant quinze ou seize boules de glace, chacune d'une couleur différente. Le tout était couronné d'une montagne de crème Chantilly au sommet de laquelle était plantée une cerise rouge.

Sous la chaleur torride, ces sorbets nous faisaient rêver ! Certains jours, nous essayions, assis devant le poster, de deviner les différents parfums. Nous demandions parfois à maman de nous aider, mais nous manquions rarement d'imagination : la boule blanche était de la glace au sagou, la boule orange de la mangue, la jaune ne pouvait être qu'à la patate douce, et ainsi de suite. Nous n'avions plus aucun souvenir du goût de la glace, mais ça semblait tellement délicieux ! Nous étions persuadés qu'il n'y avait rien de meilleur au monde.

Des années plus tard, lorsque nous avons visité Jakarta, la capitale de l'Indonésie, notre plus grand plaisir a été de manger des glaces. Maman s'était renseignée auparavant, et il y avait effectivement un glacier dans la ville. Nous voulions y aller dès notre arrivée mais maman nous a expliqué qu'à onze heures du soir le café était fermé. Nous ne l'avons pas tout à fait crue, mais elle nous a promis de nous y emmener dès le lendemain matin.

Le moment tant attendu est donc enfin arrivé : le « jour de la grande glace », comme nous l'avons ensuite appelé. Nous sommes entrés dans le café, surexcités. C'était inouï de voir autant de glaces à la fois quand on n'avait connu qu'un malheureux poster dans une cuisine de la jungle. Mes parents, qui nous observaient en riant, ont commandé la plus grande coupe que proposait la carte. Elle s'appelait *The earthquake*, « le tremblement de terre ». Quinze boules de couleurs différentes ! Nous étions au septième ciel, nous réalisions un de nos plus grands rêves, et en plus c'était à la hauteur de nos espérances. Je me souviens parfaitement du régal que cela a été pour nous. Nous avons même partagé sans nous disputer, et papa et maman en ont aussi largement profité.

Une fois le premier *earthquake* terminé, nous en avons réclamé un autre. Maman nous a prévenus que nous risquions d'avoir mal au ventre, mais nous ne l'avons pas écoutée et nous avons dévoré une autre coupe entière. L'après-midi, de retour à l'hôtel, nous avons tous été malades, bien évidemment. Après avoir vomi, nous avons dû rester au lit jusqu'au lendemain. Nos estomacs n'étaient pas habitués au froid, car nous n'avions pas de réfrigérateur dans la jungle – et notre alimentation quotidienne n'avait absolument rien à voir avec celle de Jakarta…

Dans la jungle, la variété des aliments est très limitée. Nous mangions presque toujours la même chose : de la viande, du poisson, du sagou – la moelle du palmier sagoutier –, du riz, des patates douces, des corn flakes avec du lait en poudre, des fruits à pain, de temps en temps des œufs, des bananes, des papayes et du kasbi – la racine d'un petit arbre qui a un peu le même goût que la pomme de terre. Plus tard, nous avons aussi planté des courges. Quand le fleuve en crue détruisait nos récoltes ou que les sangliers brisaient les clôtures, nous avions encore moins de choix. Mais comme nous avions grandi là, nous ne connaissions rien d'autre.

Nakire avec un crocodile capturé

Ce que nous mangions le plus souvent, c'était le fruit à pain ou *kwa*, en langue fayou. Comme je l'ai déjà mentionné, nous avions un arbre à pain juste à côté de notre maison et, dès que nous avions faim, un de nos amis y grimpait avec un long bâton au bout duquel était fixé un couteau et il coupait un fruit. Nous n'avions plus qu'à le ramasser et à le mettre au feu. Lorsqu'il était tout noir, nous le retirions du feu avec une flèche et un des petits Fayou le rompait avec ses pieds nus. J'étais très admirative et j'ai évidemment voulu essayer aussi, mais je n'avais pas pensé que mes plantes de pied n'étaient pas du tout aussi épaisses et résistantes que celles des Fayou. Alors que j'appuyais le plus fort possible avec mon talon, j'ai senti une atroce brûlure, je me suis mise à hurler et à sautiller sur l'autre pied. Christian trouvait ça très drôle mais maman m'a grondée, on n'avait pas idée d'être aussi idiote !

J'avais de vraies brûlures sous le pied, elles m'ont fait boiter plusieurs jours. Il m'a fallu attendre longtemps avant d'oser à nouveau briser un *kwa* avec le pied. Mais la deuxième fois a été concluante puisque, à force de marcher pieds nus, j'avais des pieds de Fayou.

Nos autres plats préférés s'obtenaient moins facilement : la viande de serpent et de crocodile.

Un soir, les Fayou nous avaient apporté deux longs serpents en affirmant que l'on pouvait tout à fait les manger. Papa a donc échangé divers objets contre quelques morceaux de serpent, et, en effet, c'était délicieux ! Une viande blanche, tendre et douce. De ma vie, je n'ai jamais mangé de meilleure viande.

Quand les Fayou partaient chasser le crocodile, nous nous réjouissions pendant toute la journée du somptueux festin qui nous attendrait le soir. Si leur chasse était fructueuse, ils installaient un tréteau en bois au-dessus du feu et posaient la viande dessus. Après plusieurs heures d'attente, nous avions droit au plus succulent mets du monde. Les Fayou procédaient de la même manière avec les sangliers, les casoars, les kangourous et le poisson.

Lorsque je suis retournée en Europe, des années plus tard, il m'a fallu du temps avant de pouvoir manger la viande qu'on y consomme là-bas. Je la trouvais vieille et amère. Judith, quant à elle, ne s'est jamais habituée au goût de la viande en Occident, qui lui donnait souvent des éruptions cutanées.

Après la chasse au crocodile, nous avions l'habitude de passer de longues soirées autour du feu, à regarder le soleil se coucher dans une lumière d'or. Les insectes et les oiseaux entonnaient leurs chants du soir, l'air était saturé de fumée et empli du doux parfum de la forêt vierge. Dans cette ambiance détendue, les Fayou nous racontaient leurs histoires de chasse en se mettant à deux ou trois pour jouer les scènes, comme au théâtre. J'écoutais attentivement leurs anecdotes et regardais leur mise en scène avec enthousiasme. Ma passion du théâtre date peut-être de cette époque.

Avant de partir à la chasse au crocodile, les Fayou tressaient de longues bandes avec des écorces d'arbre. Puis ils prenaient leurs haches, montaient dans leur pirogue et pagayaient jusqu'au fleuve des crocodiles. Vers midi, quand le soleil était au plus haut, ils se rapprochaient du rivage et l'un d'entre eux, généralement le plus jeune, sautait dans l'eau. Le soleil de midi éclairait jusqu'au fond du fleuve. Le chasseur nageait sous l'eau jusqu'à ce qu'il aperçoive un crocodile et s'en approchait lentement. Prudemment, pour ne pas l'effrayer, il regardait si ses yeux étaient ouverts ou fermés. S'ils étaient ouverts, le chasseur s'éloignait le plus vite possible en espérant que le crocodile ne se mette pas à sa poursuite. Mais si ses yeux étaient fermés, il prenait la bande d'écorces et l'enroulait autour des pattes avant et du poitrail du crocodile endormi. Dès qu'il avait regagné le rivage, tous les guerriers hissaient l'animal sur terre et l'abattaient avec leurs haches en pierre.

Cela peut sembler brutal, mais tuer est essentiel pour survivre. Les Fayou n'abattent jamais d'animaux pour passer le temps et ils pratiquent encore moins la chasse comme un sport. Quand ils tuent un animal, ils utilisent chacune de ses parties. La chair du crocodile se mange et ses dents servent à faire des bijoux utilisés lors de certains rituels.

Une fois le crocodile exécuté, on lui ouvrait le ventre sur place. Cet animal ayant deux estomacs, on en retirait un que l'on enterrait dans la jungle en secret. Ce procédé, étrange à nos yeux, relevait d'une croyance fayou : une femme qui verrait cet estomac tomberait malade et risquerait d'en mourir.

Ensuite, ils découpaient d'autres parties du crocodile qu'ils qualifiaient de mauvaises ou dangereuses et ils les brûlaient. Ils transportaient le reste de la bête dans leur pirogue et rentraient au village pour partager la viande avec les autres. Le meilleur morceau du crocodile est d'ailleurs la queue, dont la chair rose est étonnamment tendre.

Nous savourions ces soirées pleinement, le repas et la fraîcheur du soir étaient un délice, et nous laissions notre imagination errer au gré des récits passionnants des Fayou. Les flammes dansaient en projetant leurs ombres autour de nous, on avait le sentiment d'être seuls au monde. Nous profitions de ce spectacle jusqu'à ce que maman nous rappelle qu'il était temps d'aller nous coucher.

Aujourd'hui, les Fayou chassent le crocodile la nuit et non plus le jour, c'est moins dangereux. Papa leur a donné des lampes de poche et des hameçons à crocodile à fixer au bout de leur lance, qui permettent de tuer les bêtes dans l'eau.

Mais hélas ! ces mets restaient exceptionnels. Et pour introduire malgré tout une plus grande variété culinaire, Judith, Christian et moi avons commencé à goûter à tout ce que mangeaient les Fayou.

Nous avions un faible pour les fourmis rouges géantes, que l'on trouvait partout. Il s'agissait de bloquer la tête d'une fourmi entre deux doigts et d'en arracher le corps avec les dents. Mais la difficulté était de ne pas se faire mordre. Au début, comme je ne savais pas tout ça, une fourmi m'a mordu la langue, je l'avais recrachée trop tard. Judith s'est moquée de moi parce que j'ai eu du mal à parler normalement pendant quelques jours.

Les aliments de la jungle se savouraient avec précaution – ils pouvaient riposter !

Nous avions aussi une prédilection pour les chauves-souris, notamment pour la grande roussette, qui dormait dans l'arbre à pain pendant la journée, ce qui faisait d'elle une proie idéale. Nous faisions généralement griller toute la chauve-souris sur le feu pour la rendre croustillante et goûteuse. Les Fayou mettaient le corps de la chauve-souris entre deux couches de sagou, comme pour un hamburger, l'enveloppaient dans une feuille et la faisaient rôtir.

Nous avons même testé ses ailes caoutchouteuses, ce qui nous a donné une idée : nous les avons coupées en petits morceaux, nettoyées, mises dans la bouche et mâchées comme des chewing-gums. Mais le goût n'était pas aussi bon que nous l'avions espéré, plutôt fade.

En revanche, nous n'avons pas été déçus par les vers de terre, dont la jungle regorge. Notre préférence allait au gros ver blanc que nous utilisions aussi pour la pêche. Nous les mettions en brochette sur une flèche, les faisions rôtir et les dégustions avec délices.

Fusai, la femme de Nakire, nous a apporté un jour un morceau de sagou. Nous avons aussitôt décidé de mettre au menu le « ver de terre à la mode des Fayou » : nous avons alors enveloppé les bêtes dans le sagou et nous les avons fait cuire.

La récolte du sagou, dont se chargent les femmes, est un travail difficile : avec un long bout de bois, elles font un trou dans un sagoutier et en retirent l'intérieur qui est très dur. Elles mélangent le cœur de la plante avec de l'eau jusqu'à obtention d'une masse blanche et collante qui rappelle un peu le mélange d'eau et de farine et donne une pâte idéale pour enrober toutes sortes de viandes à rôtir.

J'étais terriblement impatiente que Fusai retire du feu nos vers enrobés de sagou et j'ai eu le droit d'y goûter la première. J'ai ouvert grand la bouche et mordu à pleines dents dans le rouleau de sagou, mais en y regardant de plus près j'ai vu que ce n'était pas cuit. Les vers étaient encore vivants ! Je sentais des mouvements dans ma bouche et j'ai vu un ver sortir du sagou, juste sous mes yeux.

Comme je ne voulais pas vexer Fusai, j'ai bravement avalé le tout, mais j'avais atteint mes limites. J'ai passé le plat aux autres et, quand mon tour est revenu, je me suis contentée de mordiller le sagou. Tuare, qui était à côté de moi, était très content de ma modération et a volontiers dévoré le tout.

Cependant, nous ne mangions pas que des animaux, la jungle avait bien d'autres richesses à nous offrir. Les lychees, par exemple, étaient mûrs tous les cinq ans, nous ne mangions alors presque plus que ça pendant plusieurs semaines. Nous crachions les noyaux par terre, ce qui faisait ensuite la joie des sangliers – un système de recyclage parfait.

Il y avait aussi la canne à sucre, que maman a dû longtemps nous cacher – c'était redoutable pour nos dents, comme elle nous le répétait inlassablement. Un jour, pourtant, nous en avons trouvé sur les berges du fleuve. Nous prenions la canne à sucre entre nos mains, arrachions sa peau avec les dents, la recrachions et aspirions son jus sucré. Durant les premières semaines qui ont suivi notre trouvaille, le sol était jonché de restes de canne à sucre.

Maman a fini par intervenir en nous interdisant cette douceur. Nous l'avons regardée gravement en hochant la tête d'un air entendu lorsqu'elle nous a expliqué que nos dents allaient noircir et tomber si nous continuions à en manger. Mais à peine était-elle rentrée dans la maison que nous avons couru jusqu'au village pour nous cacher et dévorer autant de canne à sucre que possible. À partir de ce jour, le sol est toujours resté propre devant notre maison, mais mieux valait ne pas regarder derrière les huttes des Fayou.

Je déguste un morceau de canne à sucre

Parfois, l'hélicoptère nous apportait un souffle du vaste monde. Quand il a enfin été réparé, notre communication avec les gens « de l'extérieur » est redevenue plus facile.

Un jour, le pilote a donné à papa une bouteille Thermos pleine de glaçons. Nous étions ravis. Maman a réparti les glaçons dans trois assiettes et nous sommes aussitôt sortis avec pour les montrer aux Fayou. Quand Christian a mis un glaçon dans la main de son ami Dihida, il l'a fait tomber en criant : « Chaud ! Chaud ! » Il n'avait jamais touché quelque chose d'aussi froid et ne savait pas identifier cette sensation.

Mais ce qui fascinait le plus les Fayou, c'était de voir la glace disparaître progressivement. Quel amusement de voir ces grands guerriers hurler comme des enfants et jouer à celui qui tiendrait le plus longtemps un glaçon dans sa main ! Même le chef Baou, qui d'habitude observait tout à distance, a voulu voir de près ce nouveau phénomène.

Le pilote nous avait aussi apporté des raisins secs. Sa femme avait reçu un colis des États-Unis et, par chance, elle n'aimait pas ça. Maman en revanche en raffolait et a aussitôt préparé une crêpe qu'elle a parsemée généreusement de raisins secs, puis elle est sortie en donner un morceau aux autres femmes. Mais une demi-heure plus tard, lorsqu'elle a voulu savoir si elles avaient aimé, elle a vu tous les raisins secs par terre. Les dingos et les marcassins s'en régalaient. Maman a demandé aux femmes, d'un air étonné, pourquoi elles avaient enlevé ce qu'il y avait de meilleur dans les crêpes. Celles-ci ont répondu poliment qu'elles ne voulaient pas manger d'insectes qu'elles ne connaissaient pas, ils pouvaient être toxiques. Mais que le reste était très bon, merci beaucoup.

Cette explication nous a beaucoup fait rire, mais maman a tout de même un peu regretté ses jolis raisins secs – un tel luxe dans la jungle.

Nous invitions souvent plusieurs chefs fayou pour favoriser des relations pacifiques entre eux

15

La langue fayou

Nous passions donc le plus clair de nos journées à jouer et à faire des bêtises avec les autres enfants. Mais comment arrivions-nous à communiquer ? En fait, ce n'était pas un problème : nous avions très tôt appris que les hommes parlent tous différemment, et même au sein de notre famille il régnait une certaine confusion linguistique…

Certains jours, notamment les jours de pluie, nous n'avions rien d'autre à faire que de rester à la maison à nous ennuyer. Au-dessus de nos têtes, la pluie tambourinait sur le toit, si fortement parfois que nous n'entendions même plus nos propres paroles. C'est ainsi que nous avons appris très tôt à lire. Maman avait emporté beaucoup de livres anglais que nous avons eu vite fait de lire et de relire.

Comme notre formation scolaire avait lieu en anglais, maman était obligée de nous faire elle-même la lecture des livres allemands. Quand la pluie commençait à diminuer, nous nous asseyions autour d'elle sur le lit et elle nous lisait les livres d'Enid Blyton et de Paul Maar. On nous avait aussi envoyé d'Allemagne des albums d'*Astérix* et de *Tintin* que nous dévorions littéralement. J'ai compris peu à peu ce que signifiaient les différents mots et j'ai ainsi appris à lire l'allemand.

Cependant, papa et maman avaient remarqué qu'à cause des cours nous parlions de plus en plus anglais, même entre nous, et que notre allemand s'appauvrissait. Nos parents ont donc insisté pour qu'on ne parle plus qu'allemand à la maison. C'est même devenu une règle fixe.

Quand j'entends aujourd'hui les enregistrements qu'ont faits nos parents de nous, je remarque notre fort accent anglais. Et encore maintenant, on me dit souvent que j'ai un léger accent quand je parle allemand.

Au bout de quelque temps, bien sûr, nous avons commencé aussi à apprendre le fayou. Nous parlions déjà couramment indonésien, et au début Christian était dérouté en voyant que les Fayou ne le comprenaient pas. Papa lui a expliqué qu'ils avaient une langue complètement différente, bien que vivant en Indonésie, et nous avons accepté l'idée de recommencer à zéro. Nous montrions les différents objets et répétions ce que nous disaient les enfants fayou.

L'un des premiers mots que nous avons appris est *di* – pour l'eau. Un jour, j'ai donc dit à Tuare : « *Di*, Tuare ! », en espérant qu'il irait me chercher de l'eau. Nous venions d'allumer un feu et voulions faire cuire de la soupe dans une boîte de conserve. Mais Tuare est revenu peu après avec un couteau.

« *Hau*, Tuare, *di* ! » (Non, Tuare, de l'eau !), lui ai-je dit assez sèchement.

Il m'a regardée d'un air interloqué, puis est reparti. Il est revenu au bout d'un certain temps seulement, tenant dans ses bras, à ma grande surprise, un marcassin qu'il m'a donné. Stupéfaite, j'ai regardé le marcassin qui frétillait en couinant dans mes bras, et je me suis tournée vers Tuare. Nous avions manifestement besoin d'aide. J'ai remis le pauvre marcassin en liberté, ai pris Tuare par la main et suis allée voir papa.

Quand il a entendu ce qui s'était passé, papa a éclaté de rire. Il m'a prise sur ses genoux et m'a appris que le fayou était une langue tonale.

« Qu'est-ce que ça veut dire ? » ai-je demandé, déconcertée.

Il m'a expliqué que dans une langue tonale la signification des mots ne dépend pas de la seule succession des lettres, mais aussi de la hauteur de ton avec laquelle on prononce les mots.

« Prenons l'exemple de ce qui vient d'arriver. Tu as demandé à Tuare de t'apporter *di*, et tu as prononcé ce mot à une hauteur moyenne. Il est donc allé te chercher un couteau. Puis, d'une voix encore plus grave, tu as redemandé *di*, et il est allé chercher un sanglier. Si tu veux dire "eau", il faut que tu prononces *di* d'une voix aiguë. D'autres tons signifient encore autre chose. »

Je me suis tournée vers Tuare et je lui ai dit dans le ton le plus aigu possible : « *Di*, Tuare ! »

Son visage s'est illuminé et, en deux temps trois mouvements, il m'a apporté de l'eau. Nous ne devions donc pas seulement apprendre de nouveaux mots, mais aussi cinq tons différents.

En résumé, on distingue dans la langue fayou trois tons : un ton aigu, retranscrit par/1/, un ton moyen, retranscrit par/2/, et un ton grave retranscrit par/3/. Cela donne donc :

Di/1/= eau
Di/2/= couteau
Di/3/= sanglier

Il existe deux combinaisons possibles : aigu puis grave, c'est-à-dire/1-3/, et moyen puis grave,/2-3/:

Sa/1-3/= feuille
Sa/2-3/= oiseau
Kue/1-3/= épine
Kue/2-3/= feu

Voici d'autres exemples de mots formés par les mêmes lettres mais ayant différents sens selon le ton :

Fu/1/= pirogue
Fu/1-3/= poutre
Kui/3/= grand-père
Kui/1-3/= message

La transcription des phrases avec les tons donne à peu près ceci :

A/3/*tai*/2-3/*da*/2/*re*/3/= moi œuf ai mangé
A/3/*fe*/2/*ri*/2/*ba*/2/*ri*/3/= moi poisson ai vu
De/3/*boi*/3/*da*/2/*re*/3/= toi hier as mangé

Le vocabulaire fayou n'est riche que pour ce qui a trait à la jungle, aux plantes, aux animaux ou aux actions. Par exemple, il n'y a pas de terme particulier pour « pardon », « merci » ou « salut ». *Asahégo* englobe ces trois significations et bien d'autres encore. Ce mot sert aussi à dire « bonjour », « bonsoir », « bonne nuit » et « au revoir ».

« Oui » se dit *bau* et « non » *hau*. *Kaha* signifie « bon, bien » et *faï* « mal, mauvais ». *Sabine awaru kaha* signifie « le cœur de Sabine est bon », mais on peut aussi dire de cette manière : « Je vais bien », « Je suis heureux » ou « Je suis un homme bon et n'ai rien fait de mal ».

En fayou, tous les mots se terminent par une voyelle : Doris, le prénom de ma mère, devenait *Doriso*, et Klaus, celui de mon père, *Klausu*.

Durant de longues années de travail méticuleux, mon père a établi un dictionnaire.

En tant qu'enfants, nous ne nous embarrassions guère de ces détails. Quand les indigènes ne nous comprenaient pas, nous utilisions nos pieds et nos mains pour leur expliquer et nous arrivions toujours à communiquer d'une façon ou d'une autre. Quand nous tombions sur quelque chose pour lequel il n'existait pas

Papa apprend le fayou

d'expression en fayou, nous leur disions simplement le mot indonésien, et le problème était réglé.

En même temps que la langue, nous avons intégré peu à peu la culture des Fayou. Papa nous apprenait à la respecter et à nous y adapter. Nous y sommes d'ailleurs arrivés au-delà de toute espérance, au point que je me surprends encore aujourd'hui à réagir à certaines situations différemment d'une Européenne. À maints égards, ma façon de pensée et d'agir ne s'est jamais vraiment modifiée.

C'est le cas par exemple pour les cris. Au début, j'ai été très choquée de voir les Occidentaux crier quand ils sont en colère. Dans la jungle, on ne hausse le ton qu'en situation de danger mortel, quand on veut tuer ou qu'on a peur de se faire tuer. Ici, c'est juste parce que je dis quelque chose qu'il ne faut pas ! Dans une telle situation, il m'arrive parfois d'être prise d'une peur panique, même si je sais parfaitement qu'il n'y a pas de danger mortel.

Dans la vie quotidienne, il m'arrive aussi de sentir que je suis différente. Par exemple, je ne connais pas les repas réguliers. Pendant des années, ma mère a essayé de respecter des horaires de repas réguliers, mais elle a dû y renoncer. Nous mangions quand nous avions faim, la plupart du temps autour du feu, par terre. Et il en va toujours ainsi aujourd'hui : nous mangeons quand nous avons faim. Souvent, je m'assieds par terre avec mes enfants, dans le salon, et je continuerai toujours à préférer cette habitude à celle qui consiste à s'asseoir autour d'une table sur une chaise inconfortable.

16

Tarzan et Jane

Un jour, Christian est arrivé en courant, tout excité, pour me raconter qu'il avait découvert quelque chose de vraiment génial. Ses yeux brillaient et il affichait un sourire malin. Je l'ai regardé d'un air sceptique – que pouvait-il avoir trouvé que je ne connaisse déjà ? Notre rayon dans la jungle était assez limité ; il allait du fleuve Klihi à la lisière de la forêt et se terminait dans le village des Fayou.

J'ai suivi Christian dehors et j'ai été surprise de voir qu'il se dirigeait droit vers la forêt. Arrivé à la bordure de la jungle, il s'est retourné encore une fois vers notre maison pour s'assurer que personne ne nous observait. Même si papa et maman ne nous avaient jamais expressément défendu de nous promener tout seuls dans la jungle, c'était pour nous une loi tacite.

Pendant quelques années, nous nous étions naturellement abstenus, par peur instinctive, d'explorer une nature qui était manifestement trop forte pour nous. Mais, ce jour-là, nous avons bravé l'interdit. J'éprouvais des picotements sous la peau en suivant Christian dans la jungle.

J'aimais cette forêt épaisse, mystérieuse et millénaire qui s'étendait sous mes yeux, et particulièrement le passage de la clairière au taillis. Cet instant avait quelque chose de fascinant. On entrait dans un autre monde. Une seconde plus tôt, le soleil dardait sur nous ses rayons brûlants, avec une température supérieure à 40 °C et plus de 90 % d'humidité dans l'air, ce qui, certains jours, rendait la vie insupportable.

À peine avais-je fait un pas dans la jungle que l'atmosphère se rafraîchissait, les rayons de soleil semblaient absorbés par les arbres immenses. Un air doux et refroidi me caressait dans un silence inquiétant, tous les sons paraissaient étouffés, et on n'entendait plus que quelques insectes qui grésillaient dans un arbre.

L'air n'avait pas du tout la même odeur que dans la clairière, il était plus suave, empli des parfums exhalés par les plantes et les fleurs exotiques. S'y mêlaient la forte odeur des plantes en putréfaction et l'effluve singulier des marécages. Cette odeur ne m'était pas désagréable. Quand elle se fondait dans la moiteur fleurie de la jungle, cela créait une harmonie semblable à celle d'un orchestre bien entraîné qui entonne un grand final.

Je regardais autour de moi : tout était vert. Nous étions pour ainsi dire emmurés dans une chambre verte. Des fougères basses proliféraient à mes pieds, l'air frais leur permettant de s'épanouir à merveille. Il y avait aussi de jeunes arbres qui essayaient à toute force de se dresser jusqu'à la lumière. Mais les arbres géants de la jungle les ignoraient, des arbres si grands que je n'en voyais pas la cime. Leurs racines ressortaient du sol, comme de longs vers bruns s'entortillant dans la terre. C'est un spectacle inoubliable.

Christian m'a arrachée à mon émerveillement en m'appelant. Il m'a montré un sentier qui me semblait être un chemin de sangliers. Nous avons suivi cette piste sinueuse, et j'ai eu soudain le sentiment que la jungle nous observait, que les plantes essayaient de nous attraper. Je n'étais pas tout à fait à mon aise, sachant très bien à quelle rapidité on pouvait se perdre dans la jungle.

Je serrais Christian de près, il me donnait l'impression de se repérer parfaitement. Tout à coup, j'ai vu au loin une lumière vive. Quelques rayons de soleil s'étaient frayé un chemin jusqu'au sol obscur de la forêt. Et la jungle a été brusquement interrompue par une clairière. J'ai écarquillé les yeux et suis restée bouche bée.

À Foida, nous vivions au bord d'un marais et au pied d'une chaîne de montagnes. Il y avait donc chez nous quelques collines et surfaces accidentées, comme ce que nous avions maintenant devant nous. Ce n'était pas particulièrement escarpé, la terre s'élevait juste en un minuscule plateau.

Mais ce n'était pas cela qui m'enthousiasmait. Il y avait autre chose que je n'avais jamais vu qu'à Danau Bira : aux gigantesques arbres de la jungle pendaient d'épaisses et longues lianes brunes partant de tellement haut que nous n'en voyions pas la base. J'ai échangé un regard avec Christian, nos visages crasseux souriaient jusqu'aux oreilles. Nous nous étions toujours senti des affinités avec Tarzan et l'occasion rêvée se présentait enfin…

Nous avons donc escaladé la petite colline à toute allure. J'ai attrapé une liane, je me suis agrippée bien fort et, en poussant un cri à rendre Tarzan jaloux, j'ai pris mon élan pour descendre la colline. Le vent soufflait, la verdure défilait devant moi sous forme de bandes floues. Puis, durant une seconde, je suis restée suspendue en l'air avant de faire demi-tour. C'est inimaginable ce qu'on peut aller loin avec une liane.

Après ce premier essai, j'ai lâché la liane et remis les pieds sur terre. C'était le tour de Christian qui, plus léger, a volé plus loin que moi. Lorsqu'il est revenu, j'ai choisi une autre liane. Elles étaient tellement nombreuses à attendre qu'on veuille bien voler avec elles !

Mais il s'est produit alors un accident que l'auteur des histoires de Tarzan n'avait pas prévu. En réalité, les lianes ne sont pas toutes attachées à un arbre. Avec un peu de malchance, on attrape la mauvaise, celle qui n'est plus très bien fixée. C'est exactement ce qui m'est arrivé…

Pour prendre plus d'élan, j'ai reculé aussi loin que possible avant de commencer à courir. Je suis passée à toute allure devant les arbres, j'ai quitté le sol, navigué dans les airs, puis un bruit très net a annoncé ma chute : la liane lâchait.

Il y a eu un lourd silence, et j'ai entendu le rire moqueur de Christian. Je me suis relevée, couverte de boue de la tête aux pieds, mes cheveux blonds constellés d'herbes et de feuilles. J'ai ri à mon tour, me suis examinée pour m'assurer que je ne m'étais pas blessée et je suis remontée sur la colline.

Nous avons bien vérifié la solidité des autres lianes car nous voulions essayer autre chose : un vol en tandem. Mais nous avons commencé par débattre longuement pour savoir qui était Tarzan et qui était Jane. Chacun voulait évidemment être Tarzan, mais Christian trouvait logique que, en tant que fille, je sois Jane. Je lui ai rétorqué que c'était quand même bizarre que Jane soit plus grande que Tarzan. C'était donc à moi, l'aînée, de jouer Tarzan. Nous avons finalement décidé de transformer l'histoire. J'étais Tarzan, et Christian était le frère perdu de Tarzan, que l'on avait oublié de mentionner dans les épisodes.

Nous avons attrapé une grosse liane, nous nous sommes bien accrochés à elle avant de nous lancer. Mais malgré toutes nos précautions, cette liane aussi s'est rompue et nous avons atterri par terre en gloussant. Nous étions tous deux noirs de crasse et n'avions par chance que quelques égratignures et autres petits bleus.

Au moment où nous allions grimper à nouveau sur la colline pour continuer à nous balancer, une silhouette a surgi de la jungle. C'était Nakire ; les Fayou avaient mouchardé. Mais nous étions tellement heureux que cela ne nous dérangeait pas plus que ça. Nous avions fait une expérience si grandiose !

La loi tacite est devenue à partir de ce jour une interdiction claire. Nous n'avions plus le droit de pénétrer dans la forêt vierge, sauf avec la permission spéciale de nos deux parents.

Voilà une règle à laquelle nous avons obéi, nous connaissions maintenant suffisamment le danger environnant, notamment les sangliers.

17

Ma collection d'animaux (II)

Pour les Fayou, le fait de pouvoir apporter toutes sortes d'animaux à ces fous de Blancs et d'obtenir en échange des couteaux ou des hameçons était une source de plaisir et de surprise permanente. Mais ce dont ils s'amusaient le plus, c'était que nous nous contentions généralement de relâcher les animaux.

Ainsi, le jour où un Fayou est revenu de la chasse avec un petit perroquet, j'ai eu un coup de foudre. Je voulais absolument avoir cet oiseau ! Il y avait juste un problème : maman.

« Sabine, tu pourrais peut-être arrêter là ta collection », m'avait-elle dit récemment, quand ma chauve-souris préférée était morte. Je l'avais enterrée en grand deuil, l'avais abondamment pleurée et bien sûr j'avais tout de suite songé à la remplacer. Mais ce perroquet était tellement mignon que même maman ne pourrait y résister. Je me trompais.

« Non, non et non, a-t-elle dit d'un ton résolu, épargnez-moi, je ne veux plus d'animaux ! » Le matin même, en plus, le kangourou de Judith, Fifi, avait laissé de petits souvenirs dans le lit de maman, qui venait de changer les draps.

Mais ce n'était pas ma faute, à moi ! J'ai eu beau fondre en larmes, maman est restée inflexible, mes pleurs ne changeaient rien à l'affaire, comme d'habitude. Je me suis tristement assise sur les marches, dehors, le perroquet dans les bras, et lui ai raconté ma peine. Je l'avais baptisé Bobby. Il me regardait avec ses grands yeux curieux. Christian est arrivé avec un morceau de fruit à pain que nous lui avons donné à manger. Il l'a avalé avec enthousiasme, pour notre plus grande joie.

Judith et Fifi, son kangourou arboricole

Maman, qui se dirigeait alors vers la maison, a eu ce commentaire impitoyable : « C'est dur la vie. » Je lui ai lancé derrière son dos un regard mauvais et, la mort dans l'âme, j'ai défait la ficelle attachée à la patte de Bobby et je l'ai posé sur une branche située à proximité. Lorsqu'il s'est envolé, j'ai éclaté à nouveau en sanglots. Je n'avais plus qu'à aller me coucher. La vie était trop injuste : la perte d'un si joli perroquet était pour moi une véritable tragédie.

Le lendemain matin, je me suis réveillée de bonne heure et je suis sortie toute seule pour cueillir quelques fruits à pain en guise de petit déjeuner. J'étais assise sur les marches et commençais à manger quand j'ai entendu près de moi un battement d'ailes. Bobby était là, juste à côté, et scrutait avidement mon repas. Je n'arrivais pas à croire à un tel bonheur. Bobby m'était revenu, sans obligation, sans ficelle, sans la permission de maman ! C'était le début d'une longue amitié entre moi et cet oiseau singulier, si intelligent.

Bobby est resté dès lors autour de la maison. Je le nourrissais, et il nous amusait à sa façon. Au bout de quelque temps, il a même appris à dire plusieurs mots. Maman fermait les yeux dans la mesure où ce n'était pas un animal domestique. Mais, comme s'il avait senti que maman était contre lui, Bobby saisissait toutes les occasions de l'embêter. D'abord, ce fut gentiment, avec le linge. Une ou deux fois par semaine, maman lavait nos vêtements dans le fleuve et les étendait ensuite sur un fil devant la maison. Bobby aimait bien se percher sur le fil à linge, et au début maman n'avait rien contre. Mais un jour, nous l'avons entendue crier, furieuse :

— Qui a fait ça ?

Tout le linge que maman avait étendu le matin était par terre, dans la boue, les pinces à linge éparpillées ici et là. Maman s'est d'abord tournée vers moi, comme toujours.

— Sabine, comment peux-tu... ?

J'étais en colère à mon tour et me suis écriée, très sérieusement pour une fois :

— Je ne ferais jamais une chose pareille !

Comme personne ne voulait rien reconnaître, maman n'a plus eu qu'à relaver nos affaires.

La même chose s'est reproduite quelques jours plus tard. Mais, cette fois-là, maman a pris le coupable sur le fait : c'était mon perroquet Bobby, qui s'amusait à enlever les pinces à linge avec son bec et à les recracher. Maman était hors d'elle, mais Bobby avait été trop rapide. Perché tout en haut d'un arbre, il piaillait avec insolence dans sa direction.

L'incident suivant a eu lieu pendant la sieste. Maman s'allongeait souvent vers midi, et nous savions tous qu'il ne fallait pas la déranger pendant ce temps-là. Seul Bobby ne respectait pas cette règle. Il prenait même un malin plaisir à jacasser à midi devant sa fenêtre, le plus fort possible. Dès que maman sortait, il avait bien sûr disparu.

Après avoir observé, ou plutôt supporté cela durant des semaines, elle a pris les choses en main. Avant son somme, elle remplissait un seau d'eau qu'elle posait près de la fenêtre. Et à peine Bobby avait-il innocemment commencé son concert de midi que maman lui jetait le seau d'eau sur son plumage. Sa sieste était sauvée, du moins jusqu'à la fois suivante.

Un jour, pourtant, les choses ont mal tourné. Maman avait déposé comme toujours son seau d'eau près de la fenêtre. Elle s'est allongée et a attendu que Bobby commence son tapage. Dès qu'elle l'a entendu, elle a couru à la fenêtre et lancé l'eau avec vigueur. Mais elle a entendu en réponse un grand cri. Catastrophée, elle a regardé par la fenêtre : papa était assis juste en dessous avec un guerrier fayou qui avait remonté tout le fleuve pour discuter d'une affaire avec lui.

Papa s'est précipité dans la maison et a hurlé à maman :

— Tu ne sais pas que c'est un des plus dangereux guerriers ? !

Elle lui a rétorqué froidement :

— Comment veux-tu que je le sache ? Est-ce qu'il porte un panneau où il est écrit « Je suis un dangereux guerrier, ne me versez pas d'eau sur la tête » ? En plus, je ne vous avais pas vus, j'étais concentrée sur le perroquet !

Papa s'est un peu calmé et a déclaré :

— Ce serait bien que tu lui fasses des excuses. À toi de voir ce que tu lui dis.

Puis il est sorti rejoindre le fameux guerrier.

J'ai regardé maman, intriguée, et j'ai murmuré :

— Oh, oh ! maman, qu'est-ce que tu vas faire ?

— Vous allez voir, a-t-elle répondu en emportant dehors la serviette de bain de papa et d'autres petits objets. Elle était furieuse que papa ait osé monter le ton.

L'homme s'était assis devant le feu et regardait maman avec colère. Elle a joint les mains et s'est inclinée plusieurs fois devant lui, comme elle l'avait souvent observé chez les Fayou qui voulaient s'excuser. Puis elle a séché les cheveux et le visage du guerrier avec la serviette de bain. L'homme a fini par prendre la serviette de papa et se l'approprier avec les autres choses que maman avait apportées. Papa n'était pas franchement ravi, mais il lui était difficile de s'y opposer.

— Eh oui, lui a dit maman sèchement, tu peux dire au revoir à ta serviette de bain !

Puis elle a tourné les talons et est rentrée dans la maison, satisfaite. Nous avons tellement ri en voyant la tête que faisait papa !

Klausu Bosa avec deux jeunes calaos

Bien plus tard, quand Bobby a disparu dans la jungle pour ne jamais revenir, même maman l'a regretté. Non seulement il nous avait souvent fait rire, mais il avait prodigieusement enrichi ma vie.

18

Le paludisme et autres maladies

Quand je parle aux gens de ma vie dans la jungle, ils me demandent souvent – en particulier ceux qui ont des enfants – comment nous nous débrouillions sans médecins ni hôpitaux. Je me rends compte aujourd'hui que nous avons échappé de justesse à quelques grands malheurs.

En Europe, les enfants attrapent souvent la grippe, ils toussent, ont le nez bouché ou d'autres désagréments. Dans la jungle, nous n'avions pas de grippe, mais le paludisme était notre fidèle compagnon. Les moustiques étaient aussi nombreux que des grains de sable sur une plage, nous nous étions presque habitués à leurs piqûres et aux démangeaisons et nous n'y prêtions plus guère attention. Jusqu'au jour où on se faisait piquer par le mauvais moustique et où on attrapait cette maladie. Ce n'est pas une infection qui s'insinue lentement, elle attaque sans crier gare, sans aucun signe avant-coureur.

On se réveille par exemple un matin en se sentant bien, on mange normalement et on commence ses activités quotidiennes. Et puis tout à coup on est pris de vertiges, on ne tient plus sur ses jambes et une terrible nausée nous gagne. La température corporelle monte très haut en quelques minutes. On a l'impression que tout le corps brûle, on arrache ses vêtements en ne rêvant plus que d'être baigné dans la glace ; rien n'est assez frais pour atténuer la chaleur de notre corps. Un linge froid sur le front semble nous soulager un moment, la chaleur diminue un peu, enfin la température baisse. Mais elle ne cesse de baisser. On a alors atrocement froid, tout le corps tremble, on passe un pull-over, un pantalon, on s'emmitoufle dans une grosse couverture, mais rien n'y fait, on gèle littéralement. On fait chauffer de l'eau pour remplir une bouillotte. Celle-ci atténue un peu le froid, mais l'eau n'est jamais assez chaude ! On s'est enroulé dans une deuxième couverture, le froid ne diminue pas... Puis, enfin, la chaleur pénètre dans le corps. On a chaud, de plus en plus chaud. On enlève les couvertures, on se déshabille. On transpire de plus en plus – où est le linge froid ? Le corps brûle, on a mal à la tête, on a la nausée, l'estomac ne garde rien.

Tantôt, on a des hallucinations ; tantôt, on reste simplement allongé sans pouvoir bouger, sûr de mourir bientôt. Mais peu à peu on va mieux. Les médicaments agissent au bout de quelques jours, la température se stabilise, l'appétit revient, les migraines disparaissent. Le paludisme a battu retraite et sommeille... jusqu'à la prochaine crise.

Mon premier souvenir de paludisme est aussi le plus dramatique. Nous étions en train de jouer quand Christian m'a dit tout à coup qu'il ne se sentait pas bien. Une demi-heure plus tard, il était au fond de son lit... avec le paludisme. Maman le soignait, Judith et moi continuions à jouer. Le soir, peu avant le dîner, Judith est devenue très pâle. Quelques minutes plus tard, elle était également alitée... le paludisme.

Papa et moi avons fini de dîner et nous nous sommes préparés pour la nuit. Maman courait entre Judith et Christian ; au début ils avaient horriblement froid tous les deux, puis ils mouraient de chaud. Judith avait des hallucinations, Christian vomissait. Papa a dû changer de lit avec Judith pour que Christian et elle puissent dormir avec maman.

Il était très tard quand je me suis endormie ce soir-là. Maman m'a réveillée au bout de quelques heures en me demandant de l'aide. Papa était couché dans le lit de Judith, enveloppé dans plusieurs couvertures. Maman n'a pas eu besoin de me dire qu'il avait aussi le paludisme. Nous avons toutes les deux soigné les autres, mais je me suis vite rendu compte que les mouvements de maman devenaient de plus en plus lents et pénibles. Elle se reposait souvent, s'appuyait contre le mur.

— Tout va bien ? lui demandais-je.

— Ça va, ça va, répondait maman.

Mais je voyais bien que ce n'était pas vrai, elle transpirait horriblement. Le jour a fini par se lever et j'ai commencé à m'inquiéter sérieusement. Maman s'est effondrée, elle n'en pouvait plus, elle tremblait de tous ses membres. J'étais désormais toute seule, je courais d'un lit à l'autre, que ce soit pour aller chercher des linges froids, toutes les couvertures que je trouvais, ou vider les seaux et les ramener.

Puis j'ai été touchée à mon tour. Je me suis traînée jusqu'à papa pour lui dire que je ne me sentais pas bien non plus, et j'ai juste eu la force de me retourner, de tomber sur un lit et de ramper sous une couverture.

Quelques heures plus tard, papa s'est rendu jusqu'au poste de radio pour appeler du secours à la base de Danau Bira. L'hélicoptère – qui Dieu merci fonctionnait à cette époque – s'est mis en route une demi-heure plus tard et nous a tous ramenés à Danau Bira. Là-bas, dans notre maison, on nous a correctement soignés. Nous n'étions plus livrés à nous-mêmes.

Les autres ont commencé à se rétablir rapidement, mais chez moi quelque chose n'allait pas. J'étais de plus en plus malade, ma fièvre ne baissait pas. J'ai réclamé une bouillotte tellement j'avais froid. Maman me l'a apportée, enveloppée dans une serviette, et l'a posée sur ma poitrine. Dès qu'elle est sortie de la chambre, j'ai enlevé la serviette car l'eau n'était pas assez chaude à mon goût. Maman est revenue environ une demi-heure plus tard. Elle a vu la serviette à côté de moi, s'est affolée, a arraché ma couverture et retiré la bouillotte de ma poitrine. C'était déjà trop tard : j'avais d'énormes brûlures sur la poitrine, je ne m'en étais pas rendu compte – j'avais froid !

Une infirmière américaine qui se trouvait à Danau Bira à ce moment-là est venue m'examiner et a dit quelque chose à papa. Il en a eu les larmes aux yeux, il s'est agenouillé devant mon lit et a prié.

Je ne comprenais rien à tout ça. Tout à coup, c'est devenu tout noir. En me réveillant, j'ai senti quelque chose de rigide sous la tête, comme si elle était posée sur une pierre ; je me trouvais dans une sombre vallée d'où j'apercevais une lumière au loin.

— Maman, le lit est tellement dur, donne-moi un oreiller, s'il te plaît, ai-je murmuré d'une voix faible tout en ayant l'impression de crier.

J'ai entendu maman me répondre comme si elle était très loin :

— Mais ma chérie, tu as déjà un oreiller, c'est mou.

— Maman, s'il te plaît, aide-moi, viens à côté de moi, chuchotais-je, désespérée.

— Mais je suis là, je suis là, me répétait sans cesse maman, au moins aussi anéantie que moi. Puis tout est redevenu noir autour de moi.

Papa et maman étaient debout à mes côtés et me tenaient les mains en pleurant. L'infirmière leur avait dit qu'elle ne pouvait plus rien pour moi et que cette nuit serait décisive pour ma survie. Heureusement, il n'était pas temps pour moi de partir. Le lendemain matin, je me suis réveillée, le soleil brillait à nouveau et j'avais une faim de loup.

Maman m'a raconté beaucoup plus tard que j'avais failli mourir et que papa et elle m'avaient veillée toute la nuit.

En fait, ce n'était pas seulement le paludisme qui m'avait abattue ainsi. Nous avions aussi été contaminés par un virus inconnu, sans doute transmis par les Fayou, et qui expliquait que nous soyons tous tombés malades en même temps. Notre système immunitaire, déjà affaibli par le virus, n'avait pas pu lutter contre le paludisme, dont l'attaque risquait, dans mon cas, d'être mortelle.

Nous avons eu d'autres crises de paludisme par la suite, et même l'hépatite ne m'a pas épargnée. Mais avec le temps, ces crises sont devenues de moins en moins nombreuses. Notre corps a développé une sorte d'immunité, nous étions de plus en plus rarement malades.

Depuis mon retour en Europe, je n'ai plus eu aucune crise et les médecins m'estiment guérie.

Le paludisme n'était cependant pas la seule maladie à laquelle nous étions confrontés. Les plaies infectées nous donnaient beaucoup de fil à retordre. Il suffisait parfois d'une simple piqûre de moustique ou d'une petite égratignure que l'on s'était faite sans s'en rendre compte pour qu'une infection douloureuse se développe dans la nuit. On pouvait mettre des jours à la maîtriser. Heureusement, aucune infection n'a jamais mis notre vie en danger, mais tout cela était pénible.

Chaque soir, avant le coucher, maman devait vérifier que nous n'avions aucune blessure susceptible de s'infecter. Plus tard, quand nous étions plus grands, nous regardions nous-mêmes. Mais souvent nous n'étions malheureusement pas assez méthodiques et un beau matin une plaie infectée et douloureuse apparaissait, qu'il fallait panser plusieurs fois par jour.

Une fois, je me suis réveillée en ayant mal au genou, mais j'ai fait comme si de rien n'était. Une nouvelle journée s'offrait à moi, de riches aventures m'attendaient – qu'est-ce que cette petite douleur pouvait bien me faire ? J'ai donc bondi de mon lit, pris mon petit déjeuner, fait mes devoirs aussi vite que le permettait mon inattention et je suis sortie en courant pour jouer. Mon genou s'est mis à me faire de plus en plus mal, j'avais l'impression qu'un marteau frappait mon os. Il semblait bien qu'une piqûre de moustique s'était infectée. Arrivée au stade où je ne parvenais plus à marcher, je suis allée voir maman en clopinant. Comme elle était occupée, elle m'a demandé d'attendre un moment. Je me suis donc assise sur le banc de la cuisine et j'ai constaté que l'infection s'aggravait. Je voyais surtout cinq lignes rouges qui progressaient dans différentes directions à partir de la piqûre. « Intéressant », me disais-je en continuant d'observer.

Quand maman est venue me voir, elle a été complètement effrayée. J'ai dû m'allonger aussitôt et elle m'a expliqué que j'avais un empoisonnement du sang et que ça risquait de devenir dangereux si les lignes rouges arrivaient jusqu'au cœur. Elle dramatisait, je ne l'écoutais qu'à moitié. Les lignes rouges semblaient lentes comme des escargots, et je m'ennuyais déjà sur mes oreillers, espérant être bientôt sur pied. Ce fut le cas grâce aux pansements de maman et aux antibiotiques.

De manière générale, j'étais plutôt insouciante à cette époque, pour ne pas dire négligente. Même les blessures profondes que je me faisais d'une façon ou d'une autre ne m'impressionnaient pas. À plusieurs reprises, je me suis méchamment entaillée avec un couteau ; je regardais avec indifférence la plaie sanglante, j'allais à la maison pour la nettoyer, je mettais un pansement et je ressortais jouer.

Comme je ne mettais pratiquement jamais de chaussures, j'avais très souvent des infections aux orteils. Mes plantes de pied, au début, n'étaient pas aussi dures que celles des Fayou, et je me blessais facilement. Maman se désespérait à me voir courir partout avec des compresses sales sur les pieds, mais cela m'était égal : j'étais trop occupée pour avoir le temps de m'en soucier.

Un jour, maman a pris un air grave pour m'expliquer que, si je continuais, je finirais par perdre tous mes orteils et que je serais mutilée pour le reste de ma vie. Mais que m'importait ? Qui me verrait dans la jungle à part les Fayou, qui étaient eux-mêmes bien abîmés ? Au contraire, j'aurais trouvé ça très chic de porter quelques cicatrices ou même d'avoir quelques orteils en moins. Ainsi aurais-je eu au moins une histoire captivante à raconter, par exemple que je m'étais fait mordre par un crocodile.

En revanche, l'herpès circiné était pour moi une véritable source d'inquiétude. Il s'agit d'une mycose de la peau qui peut se répandre sur tout le corps. Les femmes y sont plus sujettes que les hommes, je ne sais pas pourquoi. Un soir, j'avais repéré sur mon bras un endroit qui me grattait, mais je ne voyais aucune piqûre. Le lendemain matin, j'ai regardé plus précisément à la lumière du jour et j'ai reconnu aussitôt la rougeur caractéristique. J'ai couru voir maman, pensant que je resterais à jamais défigurée par cet horrible champignon. L'herpès circiné était bien trop banal pour moi : ce n'était pas sensationnel comme de perdre un membre et il ne faisait que me démanger terriblement. Maman m'a calmée et est allée chercher une crème qu'elle m'a appliquée matin et soir jusqu'à ce que la chose ait disparu. J'étais quand même très soulagée.

Quoi que nous attrapions, quoi qu'il nous arrive, maman trouvait toujours une solution, ou savait en tout cas nous apaiser. Nous avons grandi dans la jungle avec cette confiance. Et maman faisait tout son possible pour que les Fayou profitent également de son savoir.

19

Apprendre à pardonner

Nous avions récupéré ce jour-là, en échange d'une casserole, une délicieuse portion de queue de crocodile qui nous mettait l'eau à la bouche. Nous avions allumé un feu derrière notre maison et déposé la viande au-dessus des flammes, sur le tréteau en bois, afin de la fumer. Il nous fallait attendre quelques heures avant de pouvoir la déguster.

Maman, qui était dans la maison, derrière, a jeté un coup d'œil par la fenêtre, d'où l'on pouvait voir la viande grésiller, et elle a vu surgir de la jungle un adolescent, le fils du chef Baou. Il a regardé autour de lui et s'est lentement approché du feu. Il n'avait évidemment pas vu maman qui observait tout depuis la fenêtre. En un éclair, il s'est emparé d'un morceau de viande et a voulu partir avec. Maman, sidérée, s'est écriée à voix haute : « Hé ! » Le garçon a tourné la tête d'un air terrorisé et il a rejeté la viande sur le tréteau, avant de s'enfuir dans la jungle à toutes jambes.

En peu de temps, tout le monde a su que quelqu'un avait voulu nous voler quelque chose. Le chef Baou ayant construit sa hutte à environ trois cents mètres de notre maison, nous avons entendu ses cris quand il a appris ce qu'avait fait son fils. Car papa avait le droit, selon la coutume des Fayou, de se venger. Le chef Baou tremblait pour son fils, il le voyait déjà perdu.

Quant à nous, nous étions attablés et réfléchissions à ce que nous devions faire. Maman a dit finalement : « Klaus, tu sais quoi, la Bible dit que si quelqu'un te prend quelque chose tu dois lui donner une autre chose en plus. Voilà un beau morceau de viande de crocodile. Pourquoi ne l'apporterais-tu pas simplement au fils du chef en lui disant que nous ne sommes pas en colère contre lui ? »

Nous avons hoché la tête, approuvant cette idée. D'autres Fayou venaient justement de nous raconter que le garçon se cachait dans la jungle, avec une peur terrible de son père et de nous, car il ne savait pas ce que nous comptions lui faire.

Papa est parti et je l'ai suivi. Nous avons pris tranquillement le petit sentier qui menait jusqu'à la hutte de Baou, dans la jungle. Toute la famille y était rassemblée et s'est agitée en nous voyant. Papa a demandé au chef Baou où était son fils car il voulait s'entretenir avec lui. J'ai observé le visage du chef : je n'avais jamais vu ce puissant homme aussi triste.

Son fils est sorti lentement de la jungle. Il tremblait de tous ses membres, en proie à une véritable panique. Papa s'est dirigé vers lui et a fait une chose à laquelle personne ne s'attendait : il a passé son bras autour des épaules du jeune homme, lui a dit qu'il ne lui en voulait pas et que, pour le prouver, il lui avait apporté un gros morceau de viande. Toute la famille en fut ébahie. Personne ne savait quoi dire ni quoi faire. Le fils a pris la viande et a aussitôt disparu à nouveau dans la jungle.

Quelque chose a changé en cet instant dans le cœur de Baou. Il regardait papa, les larmes aux yeux. Personne ne parlait. En repartant vers la maison, j'ai compris une fois de plus le principe de vie de papa, le principe fondamental de son travail : l'amour est plus fort que la haine et nous ne pouvons changer le cœur des gens que par notre propre façon de vivre, par notre comportement, et non par de grands discours.

Christian et moi avec le chef Baou (à gauche) et Ohri (à droite)

En marchant ainsi derrière lui, j'avais conscience du fait que je venais de vivre quelque chose d'exceptionnel.

Il y a eu bien d'autres rechutes durant toutes ces années. On ne peut pas apprendre le pardon et la paix du jour au lendemain. Les Fayou continuent aujourd'hui à vivre en harmonie, mis à part quelques conflits propres à toute communauté humaine. Mais ils ont appris à surmonter ces conflits autrement et à chercher des solutions ensemble.

Cela n'a pas toujours été facile, et il y a eu des jours où nous, mais aussi les Fayou, étions découragés et abattus. Pourtant, ils n'ont pas renoncé : ils se sont trouvé un objectif commun et ont lutté ensemble pour l'atteindre.

Ce n'était pas la dernière fois non plus que les Fayou nous volaient quelque chose. À chaque fois que nous revenions de Danau Bira, il manquait une partie des affaires que nous avions laissées à la maison. Trouver de quoi les remplacer dans la jungle était une entreprise de longue haleine, voire impossible. C'était une situation difficile pour papa et maman. Ils espéraient toujours que les Fayou allaient changer, et ils constataient régulièrement, avec dépit, que ce n'était pas encore le cas. Pourtant, ils ont persévéré.

Cela avait d'ailleurs son charme de voir un chef ou un guerrier se promener avec une culotte de maman ou la mettre sur la tête comme un chapeau. Mais ils volaient surtout des clous dans la boîte à outils de papa, qui se demandait toujours ce qu'ils pouvaient bien en faire. Nous avons un jour compris : ils s'en servaient de bijoux pour le nez !

Peu de temps après l'affaire du fils de Baou, il s'est produit un nouvel incident. Papa était revenu en bateau du village de Kordesi, où un avion nous avait déposé d'importantes marchandises provenant de la capitale. Il s'agissait entre autres d'un nouveau seau en plastique bleu dont nous avions absolument besoin pour aller chercher l'eau et faire la lessive.

Un jeune homme fayou s'est approché du bateau et s'est mis à mendier. Il voulait un couteau, mais papa n'en avait plus et lui a demandé d'attendre qu'il en reçoive de nouveaux. Le jeune homme a tourné les talons et s'est éloigné, en colère. Quelques mètres plus loin, il s'est arrêté brusquement, a pris une pierre et l'a jetée avec force sur papa. La pierre l'a raté, mais elle a touché le seau tout neuf et l'a cassé. C'en était trop, même pour papa. Furieux, il a couru après le jeune homme pour lui demander des comptes. Il n'arrivait pas à croire que ce seau si longtemps désiré était déjà fichu.

Alors qu'il le poursuivait, il s'est aperçu que tous les Fayou avaient cessé leurs activités et l'observaient, captivés. Ils se disaient certainement : « Regardez Klausu. Nous ne l'avons jamais vu dans cet état. Il va exploser d'un moment à l'autre. » Papa avait pratiquement rattrapé le jeune homme quand un brusque changement s'est produit en lui. Sa colère s'est évanouie, cédant la place à une sorte de sérénité. Il a pris conscience à cet instant de la véritable signification du pardon.

Ayant enfin rejoint le garçon, il l'a pris amicalement par le bras et a frotté son front contre le sien – signe d'amitié chez les Fayou. Les spectateurs le regardaient avec surprise. Ils venaient de vivre une autre scène de pardon, d'abord incompréhensible pour eux.

Cette histoire touchait aussi ma mère, bien sûr, et je voudrais en parler. Je ne sais pas si l'on peut mesurer l'importance d'un seau dans la jungle quand on a grandi avec la certitude que tout est facilement remplaçable. Un seau n'est jamais qu'un seau. Mais quand on vit dans la jungle et qu'on n'a plus d'eau pour les toilettes dans la cuve à eau, par exemple, on doit l'acheminer du fleuve jusqu'à la maison. On doit aussi laver ses vêtements, apporter les aliments jusqu'au fleuve pour les laver, etc. Le seau facilite tout. Et voilà qu'on avait perdu cet objet précieux avant même d'avoir pu l'utiliser ! Il s'agissait d'improviser sans cesse et de trouver des solutions pour maîtriser le quotidien.

Pour quelqu'un comme ma mère, qui avait grandi en Allemagne, ce n'était pas facile de s'accommoder de telles circonstances. Je l'admire et je la respecte énormément pour le sang-froid avec lequel elle gérait tout cela, elle ne se mettait jamais en colère et n'était jamais frustrée quand quelque chose ne marchait pas.

Lorsque nous avons dû aller à Danau Bira la fois suivante, papa avait pris soin d'arranger une petite pièce secrète dans la maison pour y cacher nos affaires. Il l'avait fermée avec des planches cloutées pour que ça ressemble à un mur normal, en espérant que les Fayou ne la trouveraient pas.

À cause des bêtes, nous y avions tout entassé dans de grands containers en plastique bleu. Mais à notre retour la cloison avait été forcée. Papa et maman étaient franchement découragés, ils ne savaient plus quoi faire. Nous étions assis autour de la table, sans dire un mot. Tous nos draps, tous les vêtements, toute la vaisselle, les casseroles, les serviettes, le savon, tout avait disparu. Il ne nous restait que ce que nous avions pris dans nos bagages.

Soudain, nous avons entendu de légers coups frappés à la porte. C'était Nakire qui chuchotait à papa : « Klausu, viens voir. » Nous l'avons tous suivi dehors, où se trouvaient plusieurs membres des Iyarike. Quand ils nous ont vus, ils ont tous disparu dans la jungle avec Nakire, en nous demandant d'attendre là. Nous avons alors entendu un bruissement et vu surgir des buissons Nakire et les hommes qui portaient chacun un container bleu. Papa n'en croyait pas ses yeux.

Nakire nous a raconté fièrement que les autres clans fayou avaient voulu voler les containers mais qu'il était arrivé à temps pour aller les cacher dans la jungle. Nous étions tellement heureux ! Pour la première fois, les Fayou faisaient quelque chose qui ne correspondait pas à leur façon de penser.

Les « cambriolages » sont devenus peu à peu moins fréquents et ont finalement même cessé. Un jour que nous revenions tout juste de Danau Bira, nous avons entendu un brouhaha. Nous avons vu arriver les hommes des quatre clans fayou, les Iyarike, les Sefoidi, les Tigre et les Tearu. Ils formaient une file qui allait presque jusqu'au rivage et avançaient jusqu'à nous, un par un. Pour notre plus grande surprise, ils ont déposé sur notre véranda tout ce qu'ils nous avaient dérobé depuis le début : casseroles, vêtements, couteaux, cuillers, assiettes, boîtes, hameçons, rubans, etc. En tête de file se trouvait le chef Baou.

Même si la moitié des objets étaient dans un si piteux état que nous ne pouvions plus les utiliser, nous étions très heureux. Ce fut pour nous un moment unique. Sous la houlette du chef Baou, le peuple des Fayou avait pris collectivement la décision de ne plus rien voler à l'homme blanc et à sa famille.

Papa frotte son front contre celui de Nakire en signe d'amitié

20

Judith et la puberté

Il arrivait parfois que notre famille soit éparpillée.

Ainsi, un lundi matin, l'hélicoptère est venu chercher maman qui voulait faire quelques courses urgentes à Jayapura. Le sac de riz était vide, il n'y avait presque plus de thé ni de café, la réserve de conserves était aussi sur le déclin. Maman nous a donc quittés en promettant de nous rapporter quelque chose de formidable.

Peu après son départ, j'ai été réveillée pendant la nuit par un léger bruit. Il faisait nuit noire, seule une faible lueur venait de la salle de bains. Judith n'était pas dans son lit, et à travers la portière je voyais sa silhouette accroupie. Quelque chose n'allait pas, Judith ne se levait jamais la nuit.

Je me suis faufilée doucement hors de la moustiquaire et j'ai avancé jusqu'à la porte en murmurant : « Judith, tout va bien ? » Elle m'a répondu par quelques sanglots étouffés. J'ai commencé à m'inquiéter sérieusement, je suis entrée dans la salle de bains, et j'ai été effrayée en voyant ma sœur. Elle avait allumé deux bougies, sa chemise de nuit était étalée par terre, tachée de sang. De grosses larmes coulaient sur ses joues et elle était en train de nettoyer avec une serviette le sang qui était par terre.

Ma première pensée fut qu'elle avait été mordue par un serpent, à moins que ce ne soit par un crocodile : il y avait beaucoup trop de sang pour un serpent. J'ai fixé de grands yeux sur ma sœur et j'ai murmuré avec angoisse :

— Est-ce que tu vas mourir, Judith ?

Elle a fait non de la tête.

— Tu t'es coupée, tu veux que j'aille chercher papa ?

— Non ! a-t-elle répondu un peu trop fort.

Nous en avons sursauté toutes les deux. Je me suis assise par terre à côté d'elle et j'ai commencé à examiner le sang frais en réfléchissant. Au bout de quelques minutes, j'ai eu une illumination : Judith avait un cancer ! Maman nous avait récemment parlé de cette maladie parce qu'une de ses amies en était morte. Et j'avais tellement embêté Judith ces derniers temps qu'elle avait attrapé le cancer ! Peut-être même qu'elle allait cesser de vivre, et tout était de ma faute…

J'ai fondu en larmes.

— C'est ma faute, sanglotais-je, désespérée. Je suis tellement méchante avec toi ! La semaine dernière, j'ai mis des vers de terre sous ton oreiller et tu t'es tellement énervée que tu as attrapé un cancer. Je vais aller en enfer !

Je la regardais d'un air complètement bouleversé, mais à ma grande surprise elle s'est mise à rire. Avait-elle perdu la tête ? Est-ce que le cancer avait déjà touché son cerveau ?

— Sabine, je n'ai pas de cancer, j'ai eu mes règles.

— C'est quoi *ça* ?

Vu la quantité de sang, cela ne pouvait être que grave.

— Tu n'écoutes donc jamais quand maman t'explique quelque chose ? Quand une fille grandit et que son corps est prêt à avoir des enfants, elle se met à saigner chaque mois pendant quelques jours.

— Tu vas avoir un bébé ?

— J'espère que non !

— En tout cas, Christian et moi, on va te construire demain une hutte dans la jungle, comme le font les Fayou.

Comme Judith n'avait pas de mari, j'avais décidé que Christian et moi allions veiller sur elle.

— Mais je n'ai aucune envie d'aller toute seule dans la jungle !

— T'es obligée !

— Maman ne va pas dans la jungle tous les mois, donc je pense que moi non plus je ne suis pas forcée d'y aller.

Cela méritait réflexion. Judith avait raison. Pourquoi maman n'allait-elle pas dans la jungle quand elle avait ses règles ? Mais je voulais absolument lui bâtir une petite hutte, l'occasion était trop bonne. Maman n'était pas là et on n'aurait aucun mal à convaincre papa. Il en allait du bien-être de ma sœur, après tout !

Mais autre chose m'est alors venu à l'esprit :

— Judith, pourquoi n'as-tu pas de mari, au fait ?

— Parce que je suis trop jeune.

— Mais maman nous a dit qu'on volait les filles fayou dès l'âge de neuf ou dix ans. Pourquoi est-ce que personne ne t'a volée ?

— Parce que je ne suis pas une Fayou, et qu'en Allemagne on est beaucoup plus âgée quand on épouse un homme. Maman avait vingt-neuf ans quand papa l'a épousée !

— Si vieille que ça ?

— En plus, je n'ai pas envie de me marier. Travailler tout le temps, préparer le sagou et surveiller les enfants... Et puis je ne veux pas avoir de gros seins.

Là, il fallait bien que je donne raison à ma grande sœur. Tout cela n'était pas franchement attirant.

— Moi non plus, je ne me marierai pas, ai-je dit résolument, je veux vivre dans une ferme avec plein d'animaux.

Judith a soupiré et m'a finalement demandé :

Judith et Christian à la table du petit déjeuner

— Tu m'aides à nettoyer ?

Nous avons donc essuyé le sol ensemble, à la lueur des bougies, et changé les draps de Judith.

— Bonne nuit, ai-je chuchoté à travers ma moustiquaire.

— Merci, a murmuré Judith.

Le lendemain matin, Judith a refusé de se lever. Lorsque papa l'a appelée pour la troisième fois à la table du petit déjeuner, en s'impatientant, je n'ai pas pu garder le secret.

— Judith a eu ses règles, lui ai-je chuchoté.

J'ai ajouté :

— Il faut que Christian et moi on lui construise une hutte dans la jungle.

— Est-ce qu'elle va mourir ? a demandé Christian avec angoisse.

— Non, a soupiré papa, elle ne va pas mourir, et j'espère que je vais survivre aussi !

Après le petit déjeuner, il a mis la radio en marche :

— Ici Foida, ici Foida, nous avons une urgence, je dois transmettre une nouvelle à Jayapura.

— Klaus, ici Jayapura. Qu'est-ce qui se passe ? a répondu d'une voix inquiète le pilote de la mission.

— Jim, a expliqué papa, il faut absolument que je parle à ma femme. Est-ce que tu peux lui dire que Judith a eu ses règles et que je ne sais pas quoi faire ?

Un cri strident est sorti de la chambre.

— Est-ce que tu es obligé de raconter à tout Irian Jaya que j'ai mes règles ? a hurlé Judith depuis la chambre. Ça ne regarde personne ! Et si j'ai envie de rester au lit toute la semaine, je resterai au lit !

J'ai levé les yeux au ciel. Pourquoi fallait-il toujours que Judith dramatise tout ? Pauvre papa, il avait l'air complètement désespéré.

— Est-ce que tu veux qu'on te construise une hutte dans la jungle ? a proposé Christian, toujours aussi serviable.

— Non ! s'est écriée Judith.

Maman est revenue deux jours plus tard, à notre grand soulagement. Elle a pris la situation en main et notre vie s'est vite apaisée.

Ma relation avec ma sœur a changé à partir de ce jour-là. Nous étions devenues des alliées et, même si je ne la comprenais pas toujours très bien, je me rendais compte que nous étions plus proches. Judith avait tout juste douze ans.

21

Mon amie Faisa

Dans les premiers temps de notre séjour chez les Fayou, nous jouions exclusivement avec des garçons. Les filles étaient très timides et ne participaient pas aux jeux turbulents que nous aimions tant. Je ne me souviens pas qu'elles aient jamais imité les crocodiles avec nous, dans le fleuve, ou chassé des insectes à l'arc. Elles se contentaient de nous observer, souvent de tout près. Il y avait une explication à cela : dans la culture fayou, les tâches des femmes et des hommes sont radicalement différentes et séparées depuis l'enfance.

Il y avait cependant une fille de mon âge qui aimait bien être à mes côtés et qui suivait mes activités avec curiosité. Je ne sais plus très bien comment a commencé notre amitié – est-ce moi qui l'ai abordée, ou le contraire ? À un moment donné, en tout cas, elle a fait partie de ma vie. Elle s'appelait Faisa.

Faisa était une petite fille particulièrement jolie. Elle avait de grands yeux clairs, une peau très lisse qui n'était pas déformée par des champignons ou d'autres maladies. Quand elle souriait, son visage rayonnait comme le soleil. Je passais de plus en plus de temps avec elle et elle a commencé à m'expliquer le travail des femmes. Elle m'a ainsi appris à tramer de longs fils avec des écorces d'arbre pour fabriquer des filets de pêche, ou à envelopper un petit animal dans du sagou pour le faire cuire. Parfois, après la baignade, elle s'asseyait à côté de moi sur un tronc d'arbre et nous nous chauffions ensemble au soleil. Parfois aussi, nous restions simplement assises autour du feu, les yeux dans le vide.

Avec Faisa (à droite) et Klausu Bosa

Nous avions environ dix ans quand Faisa est entrée dans la puberté. Sa poitrine a commencé à se développer. Je savais que l'on mariait les filles fayou à cet âge-là, mais je n'arrivais pas à croire que cela puisse lui arriver à elle. Elle était mon amie, nous avions le même âge. Pour moi, elle n'était encore qu'une enfant.

Faisa avait aussi sa « meilleure amie » parmi les Fayou, mais je ne me souviens pas de son nom. Elle était un peu plus âgée que nous et je ne l'aimais pas spécialement ; elle nous embêtait parfois et riait d'une façon à la fois stridente et étrange quand nous faisions quelque chose qu'elle trouvait bizarre. Son corps était couvert de champignons, il lui manquait déjà des dents, et elle pouvait être très méchante quand une chose ne lui convenait pas. Je jouais quand même avec elle, parce qu'on ne peut pas être trop difficile quand on a aussi peu de camarades de jeu. Or elle s'est avérée être un jour une très bonne amie, très courageuse.

C'était la fin de l'après-midi, j'étais en train de m'amuser sur le banc de sable avec Faisa. Nous étions complètement plongées dans notre jeu quand j'ai entendu des cris au loin. C'était l'amie de Faisa, mais elle ne criait pas comme d'habitude, ce que je percevais était différent, je sentais quelque chose de pressant. J'ai immédiatement compris qu'il y avait un danger mais je ne voyais rien de menaçant, ni sanglier, ni serpent, ni guerrier étranger… L'amie de Faisa a alors surgi de la jungle en courant, elle a sauté dans une pirogue qui était amarrée tout au bout du banc de sable et ramé comme une folle jusqu'à nous. Était-elle menacée ? De quoi voulait-elle nous avertir ?

Faisa jetait autour d'elle des regards perplexes, mais elle n'arrivait pas non plus à saisir ce qui avait pu se passer. Son amie gesticulait en direction du village. Ce n'est qu'en nous retournant que nous avons vu le frère de Nakire qui fonçait sur nous avec une machette.

Faisa a été prise de panique, s'est mise à crier et a couru dans l'eau. L'affolement m'a gagnée aussi quand j'ai réalisé ce qui se déroulait sous mes yeux : à cet instant, un homme voulait prendre Faisa pour femme et elle s'y refusait. Et c'était justement le frère si agressif de Nakire, le sourd-muet.

Faisa détalait à toutes jambes et je ne cessais de crier : « *Hau, hau, hau !* » – « Non, non, non ! »

Mais le frère de Nakire se rapprochait, il allait très vite et rattrapait peu à peu Faisa. Attirés par le bruit, les Fayou s'étaient rassemblés sur la berge, de plus en plus nombreux, pour observer en silence le drame qui se jouait sur le banc de sable. Pourquoi est-ce que personne ne nous secourait, pourquoi est-ce que tout le monde restait là, avec un visage inexpressif ? Je ne savais absolument pas quoi faire ni comment l'aider. Je voyais bien que s'il arrivait à la rejoindre, il lui tomberait dessus jusqu'à ce qu'elle cède.

Faisa était presque arrivée jusqu'à l'eau lorsque le frère de Nakire est passé à côté de moi en hurlant. Faisa n'avait plus que quelques mètres à faire, mais elle a trébuché. J'en ai eu le souffle coupé, j'étais comme paralysée. Le frère de Nakire a atteint Faisa et a voulu la frapper avec sa machette. Heureusement, elle a été plus rapide, elle s'est instinctivement tournée sur le côté et a échappé de peu à la lame. Elle s'est relevée tant bien que mal puis a couru dans l'eau. Son amie ne se trouvait qu'à quelques mètres, dans la pirogue. Le frère de Nakire la suivait, il voulait la retenir, mais Faisa s'était déjà jetée dans le courant et a atteint la pirogue en un éclair. Elle s'est hissée sur le bateau tandis que son amie essayait de le faire avancer en poussant avec un long bâton, afin que le fleuve les emporte. Le frère de Nakire était debout dans l'eau et brandissait la machette au-dessus de sa tête en hurlant. Je vois encore le visage désespéré de Faisa, entraînée par le courant.

Je l'ai regardée partir jusqu'à ce qu'elle disparaisse derrière le tournant, j'étais bouleversée. J'ai attendu tous les jours son retour, en vain. Elle n'est pas revenue, elle ne pouvait pas, elle ne réussirait pas deux fois à s'échapper. La vie sans Faisa me semblait vide. Son sourire me manquait, ainsi que son amitié et sa joie quand elle m'apprenait quelque chose de nouveau.

J'ai su des années plus tard que Faisa était restée longtemps cachée dans la jungle, jusqu'à ce qu'elle rencontre un homme qui lui plût. Mais je ne l'ai jamais revue.

Pour la première fois, j'avais assisté de très près à ce qui se passait quand une jeune fille se refusait à un homme. Cela me choquait profondément. Même dans un cas normal, la femme n'avait pas son mot à dire concernant l'homme avec lequel elle vivrait. Entre-temps, la situation a changé. Mais on comprendra d'autant mieux ce que l'amour de Nakire et de Fusai avait d'exceptionnel à l'époque.

On était bien loin de nos rituels occidentaux d'accouplement, des regards échangés en secret, des nombreuses rencontres, du rapprochement lent qui aboutit parfois à un échange de bagues. Les Fayou ne connaissaient pas de cérémonie ni de fête particulière liée au mariage. Soit le père décidait qui devait épouser sa fille, il la donnait à l'élu, et celui-ci l'emmenait chez lui ; soit un homme remarquait une jeune fille entrée dans la puberté, et donc « mûre » pour se marier, et il l'emmenait, tout simplement, ou la « volait », comme disent les Fayou. Si elle s'y refusait, comme dans le cas de Faisa, il la prenait de force.

Mais la situation était parfois un peu plus compliquée. Il arrivait qu'un homme veuille épouser une jeune fille mais que le père de celle-ci s'y oppose et charge d'autres hommes de veiller sur elle. Le prétendant attendait alors patiemment le bon moment et, dès que la jeune fille se trouvait sans escorte, il l'enlevait sans autre forme de procès et la traînait dans la jungle. Là, il se cachait avec elle jusqu'à ce qu'elle veuille bien rester avec lui.

Ce qui me paraissait le plus étonnant dans ces coutumes brutales, c'était que tout le monde acceptait le couple de « jeunes mariés » dès qu'ils revenaient au village, comme une évidence. Même le père *a priori* hostile devait s'y soumettre, ainsi que l'éventuelle première épouse du mari. On n'abordait plus jamais la question et la vie reprenait son cours, à cette différence près que la jeune fille vivait désormais dans la hutte de son nouveau mari et de sa famille. Je ne peux pas dire comment elle s'y sentait. Seule Faisa aurait été assez proche de moi pour pouvoir répondre à cette question si j'avais pu la lui poser.

22

L'horloge de la jungle

Les années passaient, pour moi aussi ; mon onzième anniversaire approchait. La nuit précédant ce grand jour, j'avais à peine dormi, j'étais trop nerveuse. Maman et Judith étaient déjà debout, l'odeur du café emplissait notre petite maison. Je me suis levée d'un bond, mais maman m'a renvoyée au lit car elle n'avait pas fini ses préparatifs. Christian est venu me rejoindre sous la couverture et nous avons attendu le grand moment ensemble : nous fêtions toujours nos anniversaires en même temps, lui étant né le 22, moi le 25 décembre.

Quand tout fut prêt, Judith a enfin ouvert le rideau qui séparait la chambre du séjour et nous nous sommes précipités vers la table. C'était une magnifique table de petit déjeuner avec des serviettes colorées, des bougies et ce qui nous intéressait le plus : les cadeaux. Papa était déjà assis, maman préparait notre plat préféré, des crêpes au sucre et à la cannelle. Cela sentait délicieusement bon ! Nos yeux se sont illuminés en voyant le papier multicolore et brillant qui enveloppait les cadeaux. Comme nous étions trop excités pour manger, on nous a autorisés à déballer les paquets tout de suite.

Mon onzième anniversaire et ma nouvelle montre

Je me demande encore aujourd'hui comment papa et maman faisaient pour cacher les choses aussi longtemps. Pour nous, cela relevait de la magie parentale : tous ces incroyables présents étaient soudain là, alors que plusieurs centaines de kilomètres d'une jungle impénétrable nous séparaient du premier magasin.

Je ne sais plus tout ce que j'ai reçu ce jour-là, mais je me souviens très précisément d'un cadeau : j'ai reçu ma première montre, et quelle montre ! Elle avait un bracelet noir, ses aiguilles brillaient dans l'obscurité, et il y avait en haut du cadran un cercle rouge avec plein de petits chiffres, que l'on pouvait tourner. Je ne savais pas très bien à quoi il servait, mais peu importait, l'essentiel était de pouvoir le faire tourner. Et le mieux, c'est qu'elle était étanche ! Je n'avais jamais reçu un aussi formidable cadeau.

En attachant la montre à mon petit poignet bronzé, je me suis sentie à la fois moderne et adulte. J'allais désormais pouvoir dire l'heure à tout le monde. Mais, contrairement à ce qui se passe en Europe, personne ne voulait savoir l'heure. Dans la jungle, on n'avait pas besoin de montre ; on n'en avait besoin que parce que c'était bien de la porter au poignet...

Durant mes années en Papouasie occidentale, j'ai développé une autre perception du temps. Le temps était beaucoup plus ralenti que partout ailleurs, il se traînait du lever au coucher du soleil. Dans sa lenteur, il restait très fidèle à lui-même, chaque jour, chaque semaine et d'année en année.

Je suis donc devenue moi-même aussi lente que le temps. Personne n'était pressé, personne ne se souciait d'arriver en retard quelque part. Que pouvait-il arriver de si important ? Quand on avait rendez-vous, on attendait patiemment que l'autre soit là, et s'il ne venait pas le jour même, il viendrait le lendemain, et ainsi de suite. Quand il ne se montrait jamais, c'était soit qu'il ne le désirait pas, soit qu'il était mort.

Mes mouvements étaient également plus nonchalants, d'abord parce qu'il n'y avait aucune raison de se presser, et à cause de l'extrême chaleur. Dès qu'on bougeait trop vite, on se fatiguait et on devenait amorphe. À quoi bon s'épuiser et se ramollir ? Il y avait encore le lendemain et le surlendemain, il y avait tant de jours et d'années, j'avais l'éternité devant moi. J'avais le sentiment que le temps dans lequel je vivais était figé, et à maints égards c'était vrai.

À cela s'ajoutait le fait que nous n'avions pas de saisons, en dehors de la saison sèche et de la saison des pluies. Les jours, les semaines et les mois se confondaient pour former une longue ligne droite, si bien que souvent je ne pouvais plus dire si on était en juin ou en novembre. Le seul mois auquel je faisais vraiment attention était le mois de décembre, celui de mon anniversaire.

Pourtant, il existait bien une sorte de connaissance du temps, très précise même : la fameuse horloge de la jungle. Toute la jungle, hommes, bêtes et plantes, se réglait sur elle.

Le soleil, la lune et les insectes étaient pour moi de meilleurs indicateurs que le bracelet qui était attaché à mon poignet. L'horloge de la jungle était précise, on n'avait pas à la remonter, à la mettre à l'heure ni à la rectifier. Tout au long de l'année, à six heures précises, le soleil se levait, me réveillait et m'appelait dehors. Il suivait lentement sa course dans le ciel. Quand il se trouvait juste au-dessus de moi, il était temps de trouver refuge à l'ombre et de manger quelque chose ; comme par hasard, ma montre indiquait justement midi. Ensuite arrivaient les moustiques. À six heures du soir, ces petits vampires assoiffés affluaient en sombres essaims depuis leurs cachettes : il faisait plus frais et c'était pour eux l'heure de se nourrir. Il y avait même une plante qui fermait ses feuilles aux alentours de midi pour se protéger de la chaleur et qui les rouvrait à cinq heures précises. Enfin, quand la lune prenait possession du ciel, il était temps d'aller se coucher, et tout recommençait à zéro le lendemain.

En arrivant en Europe, j'ai eu un mal fou à m'habituer à un nouveau rythme. Une journée ici équivaut à une semaine dans la jungle, une semaine ici à un mois là-bas. J'ai parfois été prise de panique, ne comprenant pas où était passé le temps. J'avais le sentiment que tout s'était déchaîné.

Dans la jungle, je laissais les journées glisser tranquillement, j'acceptais les situations comme elles venaient, sans m'énerver quand les projets changeaient, ce qui arrivait souvent. En effet, ceux que nous faisions se comportaient avec la même indolence que le temps. Nous avons découvert au fil des ans qu'on ne pouvait rien planifier plus d'une semaine à l'avance, car on ne savait pas ce qui se passerait dans l'intervalle. Parfois, le moteur du bateau était en panne, une autre fois, c'était l'avion, puis il y avait une crue, à moins que le pilote ne soit cloué au lit par un accès de paludisme. Nous avons développé ainsi un certain flegme et nous ne nous énervions plus quand quelque chose ne marchait pas. Nous avons appris à modifier nos projets du jour au lendemain.

L'habitude qu'ont les Occidentaux de planifier leur vie dix ans à l'avance, voire plus, m'a semblé extrêmement bizarre quand j'en ai entendu parler pour la première fois. C'était pour moi une nouvelle façon de penser et il m'a fallu plusieurs années pour commencer à la concevoir et à l'accepter. Je voyais bien tout autour de moi que la planification était importante, mais je ne savais pas comment l'appliquer à ma vie. Bien sûr, il existe des quantités de livres et de cours sur ce qu'on appelle la gestion du temps, mais personne n'était à même de m'expliquer les différences de rythme auxquelles j'ai été confrontée en arrivant de la jungle. Je n'ai réussi à planifier ma vie que vers ma trentième année, c'est-à-dire il y a environ deux ans – il m'a fallu tout ce temps pour saisir et appliquer cette nouvelle façon de composer avec le temps.

23

Bons et mauvais génies

Avec mes amis fayou, je parlais rarement des sentiments et des croyances. Nous étions trop occupés par les réalités du quotidien, nos jeux, les repas, les hommes et les bêtes.

Je me trouvais un jour sur le banc de sable avec Bebe, quand une épouvantable puanteur s'est répandue dans l'air. Quelques pirogues venaient d'arriver par l'amont du fleuve, et dans l'une d'elles gisait le cadavre d'un garçon de douze ou treize ans. Son corps était couvert de mouches, il était tout gonflé. J'ai eu la nausée en le voyant.

La mère du garçon était assise dans le bateau et me regardait d'un air rayonnant, comme si elle était fière de nous amener le cadavre de son fils. Normalement, les Fayou laissent les morts dans leur hutte. La mère s'apprêtait à le soulever pour le sortir de la pirogue, quand Nakire est arrivé en courant et lui a demandé de le mettre ailleurs. Elle s'est mise en colère et lui a crié que quelqu'un avait tué son fils par ses malédictions, elle ne cessait de hurler cette phrase. Mais nous ne voulions pas être mêlés à son histoire et Nakire est resté si inflexible que la femme a fini par quitter notre territoire en nous adressant toutes sortes de malédictions.

— C'est sûrement Tohre qui a tué le garçon, a dit Bebe avec angoisse quand la mère en deuil est partie. Ce soir, je reste dans ma hutte. Il pourrait revenir et me tuer moi aussi !

— Qui est Tohre ? lui ai-je demandé.

Bebe s'est assuré que personne ne nous écoutait et s'est approché tout près de moi pour murmurer à mon oreille :

— C'est le mauvais génie. Il sort de la jungle la nuit pour manger quelqu'un.

— S'il l'a mangé, pourquoi est-ce que le corps du garçon est encore là ?

— Il ne se nourrit pas du corps lui-même, c'est bien pire, il prend la vie qui est dans le corps.

— Et comment s'appelle le bon génie, alors ?

Bebe était perplexe.

— Quel bon génie ? Il n'y a pas de bon génie !

— Mais il y a forcément un bon génie s'il y en a un mauvais.

Bebe me regardait d'un air stupéfait. Non, il n'y avait jamais eu de bon génie. Je comprenais enfin pourquoi les Fayou n'aimaient pas sortir la nuit.

Cette nuit-là, j'ai fait un cauchemar. J'ai rêvé qu'une silhouette se trouvait devant la porte, grande et affreuse, avec une peau noire et des dents pointues. Elle me regardait en s'approchant de mon lit. Je me suis enfouie sous la couverture en espérant qu'elle ne pourrait pas passer à travers la moustiquaire. Mais je n'en étais pas sûre – allait-on maintenant manger aussi ma vie ? J'avais tellement peur que je n'osais même pas crier. J'ai fermé les yeux et j'ai prié. En me réveillant le matin, je me suis calmée en comprenant que cela n'avait été qu'un mauvais rêve. Mais s'il existait quand même, ce mauvais génie qui avalait la vie dans notre corps ?

La vie dans la jungle était riche en histoires et en expériences mystiques. L'imagination et la réalité s'y confondaient. Mais je continuais à croire en un bon génie, un esprit qui nous protégeait, nous aimait et qui était plus fort que son adversaire.

C'est ce que j'ai raconté à Bebe lorsque nous avons reparlé de Tohre. Il ne fallait pas qu'il ait peur puisque nous croyions au Bien, ce qui d'ailleurs nous avait donné le courage de tout abandonner pour nous immerger dans un monde étranger. C'était notre croyance dans le Bien qui nous permettait de ne jamais renoncer. Même quand les temps devenaient difficiles, le Bien finissait toujours par vaincre l'esprit malin.

Bebe, qui était assis à côté de moi, a pris ma main et s'est mis à grignoter mes doigts – signe de profonde amitié dans la culture fayou. Nous regardions les flammes du feu en écoutant les chants des animaux nocturnes, en écoutant le silence qui s'était posé sur la jungle. Oui, nous avions foi en un bon génie, car nous étions tout près de lui dans cette Vallée perdue, nous le sentions et nous savions en sécurité en sa présence.

24

La guerre décisive

Sur la longue route vers la paix sur laquelle s'étaient engagés les Fayou, il y a eu un événement dramatique qui a marqué un tournant important.

Un jour, deux clans se sont à nouveau défiés devant notre maison. Ils ont commencé par se disputer, puis ont entamé leur danse de guerre, et il était prévisible que le conflit durerait jusqu'au coucher du soleil. Les fois précédentes, maman avait réussi à calmer les hommes et à les tirer de leur transe en plaçant un magnétophone dans la véranda et en diffusant des chansons à plein volume. À notre plus grande surprise, ces guerriers s'étaient tous postés devant notre maison pour écouter ensemble les jolies mélodies.

Mais ce moyen éprouvé avait perdu désormais de son efficacité. *Uwha, uwha, uwha* : ainsi avait résonné leur cri de guerre durant des heures. Christian et moi regardions par la fenêtre, prudemment, et je me suis aperçue que les mouvements des guerriers avaient déjà changé, que leurs protestations étaient devenues stridentes et inquiétantes. C'étaient les Tigre et les Iyarike qui s'affrontaient, ayant ressorti toutes les vieilles histoires : quelqu'un était mort, on s'était vengé, les autres avaient répliqué à leur tour, et ainsi de suite jusqu'à ce qu'on ne sache plus pourquoi on se battait. La vendetta était devenue une fin en soi.

Judith était assise sur son lit, elle avait peur. Maman essayait de la calmer en lui lisant quelque chose. Mais elle devenait de plus en plus nerveuse et a fini par pleurer. Des heures durant, elle avait entendu le cri de guerre avec nous, en sachant que le sang pouvait commencer à couler d'une minute à l'autre. Même si nous n'avions vraiment assisté qu'à une seule guerre, ce souvenir s'était profondément enraciné en nous.

Tout à coup, Judith a craqué. Elle s'est mise à hurler en se bouchant les oreilles et ne voulait plus s'arrêter.

Ensuite, tout est allé très vite. Papa a vu rouge et fait quelque chose dont il dit aujourd'hui que cela aurait pu lui coûter la vie. Il a ouvert brusquement la porte, a attrapé sa machette au vol et a couru jusqu'au centre du champ de bataille. Christian et moi en avons eu le souffle coupé, nous n'avions jamais vu notre père dans cet état.

La guerre était arrivée à son apogée, les hommes avaient tendu leurs arcs et se visaient les uns les autres. Leurs corps étaient trempés de sueur, leurs yeux fixes, immobiles, comme s'ils ne pouvaient plus rien percevoir. C'est également ainsi qu'ils ont regardé papa lorsqu'il a surgi parmi eux.

Quand il s'est retrouvé entre les deux clans, il a pris l'arc de son plus proche voisin et en a brisé la corde d'un coup de couteau. Papa a fait volte-face et pris un autre arc pour le briser de la même manière. Puis un autre, et un autre encore. Le calme s'est installé soudain, tout le monde regardait papa bouche bée, plus personne ne bougeait. Papa est allé chercher les deux chefs et les a traînés devant notre maison. À l'intérieur, on percevait les cris de Judith que rien ne pouvait calmer.

« Vous entendez, vous entendez ma fille ? hurlait papa. Elle crie parce qu'elle a affreusement peur. Vous voyez ce que vous faites à ma famille ! »

Personne ne disait mot. Je regardais la scène qui se déroulait sous mes yeux sans arriver à y croire.

Papa poursuivait : « Je ne peux plus imposer cela à ma famille. » Puis il s'est tourné vers les chefs qui regardaient notre maison d'un air honteux et leur a dit : « Je vous donne deux possibilités. Soit vous arrêtez de vous faire la guerre autour de cette maison et vous allez ailleurs pour vous tirer dessus, soit je vous quitte avec ma famille. Décidez-vous. »

Sur ces mots, il a tourné les talons, il est entré dans la maison, a claqué la porte et s'est assis sur le banc. Il tremblait de tous ses membres. Nous n'osions pas bouger, observant tantôt papa, tantôt les guerriers qui s'étaient rassemblés pour délibérer.

Judith ne s'était pas encore tout à fait calmée. Elle gémissait qu'elle voulait partir d'ici. Papa est allé la voir et lui a demandé s'il devait appeler l'hélicoptère pour qu'il l'emmène à Danau Bira. Elle a acquiescé. Le cœur gros, il a donc organisé son départ pour le lendemain.

Peu après, nous avons entendu quelques coups légers à notre porte d'entrée. Le chef Baou a demandé à papa de sortir. Papa l'a suivi et s'est trouvé face à l'assemblée des guerriers. Le chef Baou a dit qu'il parlait au nom de tous : personne ne voulait que papa et sa famille quittent Foida ; papa leur avait donné de l'espoir, ils l'aimaient, lui, et nous aimaient tous, et ils étaient désolés que sa fille ait été épouvantée. « S'il te plaît, Klausu, reste avec nous, nous ne ferons plus la guerre devant ta maison. Nous voulons que nos cœurs deviennent bons. Restez, toi et ta famille. Nous la protégerons avec notre vie. Rien ne vous arrivera jamais. Nous te le promettons. S'il te plaît, Klausu ! »

Papa ne trouvait plus ses mots tellement il était soulagé, ému, surpris. Il regardait ces guerriers sauvages, qui juste avant voulaient encore s'entre-tuer, et qui maintenant étaient réunis devant lui pour lui demander de ne plus partir.

Nous sommes donc restés. Mais Judith s'est envolée le lendemain avec l'hélicoptère qui l'a emmenée à Danau Bira, où elle a pu vivre dans la famille du pilote. Les Fayou ont chanté des chansons d'adieu quand l'hélicoptère a décollé. Ils venaient sans doute de comprendre les conséquences que pouvaient avoir leurs actes sur les autres.

Le soir même, le chef Kologwoi a pris brusquement un morceau de viande crue et il a ordonné à ses guerriers de se mettre en rang. Le premier de la file a pris son arc et l'a tendu au maximum. Puis tous les guerriers du clan des Iyarike ont traversé l'arc tendu les uns après les autres, jusqu'à ce que le chef Kologwoi lui-même se trouve face à Baou. Il s'est légèrement incliné en tendant le morceau de viande au chef Baou.

Le chef Kologwoi (à droite) fait la paix avec un guerrier du clan des Tigre (à gauche)

Papa avait les yeux qui brillaient. Il a appelé Nakire et lui a enfin demandé ce qui se passait. Nakire lui a expliqué que les Iyarike, c'est-à-dire le clan de Kologwoi, avaient tué un homme de Baou et que les Tigre, le clan de Baou, avaient en principe le droit de se venger. C'était cela qui avait déclenché le conflit. Mais les chefs en avaient maintenant décidé autrement. La cérémonie de l'arc tendu et de la remise de viande scellait la réconciliation. Ils allaient ensuite faire cuire la viande et la manger ensemble. Nakire a ajouté ce commentaire : « Une fois que le feu de la vengeance a été avalé, la porte du pardon est ouverte. »

Les Iyarike et les Tigre ont été ce jour-là les premiers des quatre clans fayou à conclure une paix durable. Et quand Judith est revenue chez nous, ils ont organisé une grande fête en son honneur.

Dès lors, plus aucune guerre n'a jamais été menée près de chez nous. Le chef Baou avait établi une nouvelle règle : toute personne qui s'approchait de notre maison devait laisser son arc et ses flèches dans sa hutte ou dans son bateau. Ainsi le territoire où se trouvait notre maison est-il devenu un lieu de paix, un endroit où les membres de chaque clan pouvaient se rassembler sans avoir peur de se faire tuer. Les autres clans fayou sont bientôt venus s'installer près de nous car ils se sentaient plus en sécurité dans notre entourage.

L'atmosphère de la jungle se transformait lentement, une certaine tranquillité s'y installait, même moi je la sentais. Une nouvelle ère a commencé pour cette petite peuplade qui avait été coupée du monde extérieur durant des siècles : pour la première fois, ils pouvaient vivre sans peur. Les différents clans se sont rapprochés lentement, les enfants ont appris à rire, les pères conversaient paisiblement et les mères allaient récolter le sagou ensemble. La crainte qui habitait les yeux de Tuare a disparu ; nous pouvions désormais jouer toute la journée sans qu'il s'éclipse soudain dans la jungle.

Il y a encore eu, de temps à autre, quelques conflits à l'issue desquels les blessés venaient nous voir pour se faire soigner. Mais c'est devenu de plus en plus rare au fil des ans. Lorsque nous étions dans le village, les Fayou arrivaient depuis leurs différents territoires et vivaient avec nous dans la clairière. Quand nous partions quelque temps, ils retournaient dans la jungle. C'était un peuple de cueilleurs et de chasseurs ; ils le resteront toujours. De vrais hommes de la jungle. Mais ils avaient enfin trouvé l'harmonie à laquelle ils aspiraient depuis si longtemps.

25

Le temps passe

Un jour, peu après mon douzième anniversaire, Tuare m'a regardée et a estimé qu'on allait bientôt me voler. Étonnée, je lui ai demandé pourquoi.

— Regarde, a-t-il dit en montrant ma poitrine naissante, visible sous ma chemise, tu deviens une femme.

J'ai donc regardé mon buste et ai moi-même été un peu surprise. Tuare m'a demandé si j'allais quitter les Fayou pour chercher un mari.

— Non, l'ai-je rassuré en riant, je ne veux pas me marier maintenant. Peut-être dans beaucoup, beaucoup de lunes.

Tuare semblait soucieux. Si j'attendais aussi longtemps, je serais bientôt trop vieille et plus aucun homme ne voudrait de moi.

— Ça ne fait rien, Tuare, ai-je répondu sans me laisser impressionner, dans ce cas-là je ne me marierai pas et je resterai ici pour toujours.

— *Asahégo* – d'accord, a dit Tuare en hochant la tête d'un air satisfait.

Ainsi avions-nous réglé une fois pour toutes le sujet du passage à l'âge adulte. Je vivais joyeusement dans un monde protégé et ne pouvais rien imaginer d'autre. Il me semblait que l'univers n'était constitué que de notre forêt vierge et des Fayou. Au fil des ans, je m'étais transformée des pieds à la tête, corps et âme, en une enfant de la jungle. Mais j'avais beau avoir envie de retenir le temps, il continuait d'avancer sans tenir compte de mes désirs.

Un soir, à la lueur de la lampe à kérosène, ma vie a changé. Papa nous a raconté que nous partirions bientôt en vacances dans notre pays d'origine. J'étais excitée à un degré que je n'aurais pas cru possible ; je n'arrivais pas à me représenter ce monde dont j'avais tant entendu parler. Des Blancs, des magasins, des voitures, des immeubles, de l'eau courante et chaude, des jeux… « Ça doit ressembler au paradis », me disais-je.

J'imaginais toutes les choses nouvelles que j'allais acheter, tous les Blancs qui me diraient bonjour et m'inviteraient chez eux. Cette pensée m'occupait trop et, ce soir-là, j'ai mis du temps à m'endormir.

Le lendemain matin, j'ai informé Tuare de nos projets. Son enthousiasme était modéré ; il avait l'air malheureux et ne cessait de demander quand nous rentrerions et pourquoi nous voulions partir. Je ne le savais pas non plus. L'essentiel, pour moi, était que nous reviendrions bientôt.

Le jour du départ est arrivé quelques semaines plus tard. Après avoir mis tous nos bagages dans le bateau, nous avons pris congé des Fayou. Tuare est venu me voir, les larmes aux yeux, il avait l'air très abattu. Il m'a glissé quelque chose dans la main. C'était une dent de crocodile. Et ce qui m'a fait pleurer à mon tour n'était pas la dent, mais ce qu'il y avait dedans…

Il faut savoir qu'il y a trois degrés d'amitié dans la culture fayou. Le premier consiste à dormir côte à côte en se croisant mutuellement les index. Le deuxième consiste à grignoter les doigts de l'autre. Et pour exprimer la troisième et suprême forme de l'amitié, on prend une dent de crocodile, on glisse une mèche de cheveux dans le creux et on l'attache au cou de l'autre. Par ce geste, on met sa vie sous la protection de son ami. Car,

Un dernier regard en arrière…

dans la culture fayou, on utilise aussi les cheveux d'un individu pour le maudire quand on souhaite sa mort.

En d'autres termes, Tuare m'avait confié sa vie. Cela a été pour moi un moment très triste. Nous sommes partis en bateau en entendant résonner les chants d'adieu des Fayou, même au loin.

Peu après, nous avons quitté l'Indonésie pour retourner dans la patrie de mes parents.

Troisième partie

1

Vacances au « pays natal »

Récemment, j'ai téléphoné à ma sœur, qui vit aux États-Unis avec son mari et son fils.

— Judith, est-ce que tu te souviens de nos vacances en Allemagne ?

Un moment de silence. Puis elle a répondu :

— C'est curieux, mais je ne m'en souviens pas.

C'est étrange, moi non plus je ne me le rappelle presque plus. Je n'en ai gardé que des bribes de souvenirs.

À l'origine, nous ne voulions rester qu'une année en Allemagne, mais nous sommes restés plus longtemps. Durant ce séjour, mes parents ont commencé à travailler pour une nouvelle association indonésienne, YPPM (Yayasan Persekutuan Peninjilan Mairey), et il a fallu attendre relativement longtemps pour obtenir de nouveaux visas de travail.

YPPM est une organisation locale d'aide au développement, qui soutient les personnes n'ayant accès à aucune scolarité. Elle envoie des enseignants bénévoles dans différentes tribus et apporte aussi des aides d'autre nature, médicale notamment. Mes parents avaient entendu parler de cette organisation par une Hollandaise qui travaillait en Indonésie. Ils ont rencontré ensuite l'Indonésien qui dirigeait cette association,

Pak Theis, et ils ont noué avec lui une profonde amitié qui dure encore. Actuellement, YPPM a repris en charge une grande partie du travail avec les Fayou, bien que mes parents vivent encore dans la jungle.

Nos premiers mois en Allemagne ont été particulièrement excitants. Nous voyions pour la première fois toutes les choses dont on nous avait parlé ou que nous avions rencontrées dans nos lectures : des magasins, des Blancs que nous ne connaissions pas, l'autoroute, le chauffage et surtout la neige...

Je n'ai pas oublié la fois où nous étions en visite chez ma grand-mère. Ces retrouvailles ont été pour moi un des plus beaux événements du séjour. Durant toutes ces années, elle nous avait envoyé des colis et des lettres magnifiques. J'ai toujours eu, jusqu'à aujourd'hui, une relation privilégiée avec elle.

Ce jour-là, il soufflait un vent glacial et le ciel était couvert de nuages sombres. J'avais encore négligé de mettre des collants et je rêvassais, enveloppée dans une couverture. Christian s'est écrié soudain : « Regarde par la fenêtre ! »

D'énormes flocons de neige tombaient du ciel et recouvraient la pelouse. Christian, Judith et moi nous sommes précipités à la fenêtre et avons regardé dehors avec ravissement. C'était très calme, nous osions à peine respirer.

« S'il te plaît, fais que ça ne s'arrête jamais », ai-je supplié le ciel. Il s'est mis à neiger de plus en plus fort, tout a bientôt été recouvert d'une couche blanche.

— Les Allemands ont de la chance de pouvoir vivre tous les ans un spectacle aussi merveilleux, a soupiré Judith.

Ma grand-mère, qui s'amusait beaucoup de notre étonnement, a eu une idée :

— Tiens, Judith, puisque ça te plaît tant, tu peux déjà commencer à balayer la neige.

— On peut aller dehors ? ai-je demandé, tout excitée.

Et sans même attendre la réponse, j'ai foncé vers la porte et couru dans le jardin. Les flocons de neige dansaient autour de mon nez. Impatiente d'en sentir le goût, j'ai tiré la langue.

— Faut pas la manger ! s'est écrié Christian, très inquiet. Tu ne sais pas si c'est toxique !

Aussitôt, j'ai tout recraché et frotté ma langue contre ma chemise. Mais Judith s'est hâtée de nous rassurer :

— Ce n'est que de l'eau gelée, comme la glace.

Christian l'a d'abord dévisagée d'un air méfiant, puis, quand Judith aussi a commencé à attraper des flocons avec sa langue, cela nous a définitivement rassurés.

Une douleur singulière se faisait sentir le long de ma jambe : je me suis soudain rendu compte que j'étais pieds nus dans la neige ! J'ai poussé un hurlement et me suis précipitée dans la chaleur du salon.

— Tu vois, a dit maman à ma grand-mère, la revoilà déjà. Alors, Sabine, c'était bien ?

Mais je n'ai même pas fait attention à elle. J'ai mis rapidement un manteau et des chaussures pour passer le reste de l'après-midi à jouer dans la neige avec mon frère et ma sœur.

Papa et maman ont fait en sorte qu'on s'habitue progressivement à la culture allemande. Par exemple, nous n'avions ni télévision ni radio. Nous étions encore très protégés.

Certaines choses restaient néanmoins difficiles à comprendre. La première fois que nous sommes entrés dans un supermarché, nous avons été subjugués. Christian a fondu en larmes et on ne pouvait plus arracher Judith au rayon des tablettes de chocolat. Quelle sorte devait-elle choisir ? Elle n'avait jamais vu autant de chocolat de sa vie ! Elle retournait sans arrêt sur ses pas pour regarder encore une fois, jusqu'à ce que maman lui achète finalement toutes les variétés.

Je trouvais quant à moi que les gens, dans le supermarché, étaient au moins aussi intéressants que la nourriture. C'était déjà un choc de voir autant de Blancs à la fois. Et pourquoi y avait-il autant de gros parmi eux ? Chez nous, dans la jungle, quand quelqu'un avait un gros ventre, c'était à cause des vers.

« Est-ce qu'ils ont tous des vers ? » ai-je demandé à maman.

Elle m'a expliqué en riant que s'ils étaient gros, c'était plutôt parce qu'ils mangeaient beaucoup. Cela m'intriguait, j'étais curieuse de savoir si j'aurais moi aussi un gros ventre en mangeant beaucoup. Mais je suis restée mince comme un fil, puisque nous ne supportions pas la cuisine allemande. Maman ne préparait généralement que ce à quoi nous étions habitués, du riz et des légumes. Chez ma grand-mère, cependant, il y avait toujours du chocolat et des gâteaux.

— J'ai mal au cœur, gémissais-je après avoir une fois de plus avalé trois parts de gâteau d'affilée.

— C'est ta faute, Sabine, répondait maman.

Ce que nous n'arrivions pas du tout à comprendre, c'était le fait que les réserves de nourriture ne soient jamais épuisées. Un jour, alors que j'avais mangé le dernier carré de chocolat, Christian a pleuré amèrement. Maman l'a emmené dans un magasin pour acheter une nouvelle tablette. Quand ils sont arrivés à la maison, Christian avait déjà englouti tout le chocolat et il a expliqué à maman :

— Pour que Sabine ne mange pas tout cette fois !

— Christian, si c'est nécessaire, on peut encore en acheter une autre dans le magasin.

— Oui, mais comment on fera quand le magasin n'aura plus rien ?

— Ils en commanderont d'autres à l'usine.

— Et quand l'usine n'en aura plus ?

— Christian, l'usine aura toujours du chocolat. Et quand une n'en a plus, on va dans une autre.

Maman se rendait compte que nous avions encore du chemin à parcourir. Christian s'est alors mis en colère, il ne comprenait pas :

— Mais si tous les Allemands mangent du chocolat tous les jours, au bout d'un moment il n'y en aura plus et les usines n'en auront plus non plus !

Désespérée, maman se demandait comment elle pouvait donner une réponse satisfaisante à son fils. Elle a eu une idée :

— Christian, tu as raison. Si par exemple il y avait la guerre, il n'y aurait plus de chocolat.

— Je le savais !

La guerre était quelque chose de familier pour lui, et le problème était ainsi résolu.

Chez nous, dans la jungle, les choses étaient un peu différentes. Deux fois par an, papa ou maman allait à la capitale pour faire les courses ; ils achetaient des sacs de riz, des légumes en conserve, du papier-toilette, des chaussures, etc. On pouvait aussi, tous les deux ou trois mois, envoyer une commande à Jayapura. Mais il fallait attendre la livraison très longtemps car les avions étaient chers et rares. Quand il restait un peu de place dans un vol, les marchandises étaient acheminées jusqu'à Danau Bira, où nous allions les récupérer. Tout ce que nous possédions dans la jungle était donc rare, et même maman a eu du mal, au début de notre séjour en Allemagne, à ne pas faire systématiquement un immense marché.

Le temps passant et notre voyage de retour étant sans cesse repoussé, j'ai été scolarisée au collège de Bad Segeberg. Je n'avais jamais eu aussi peur de toute ma vie et j'ai été soulagée quand on m'a retirée de l'école au bout de quelques semaines. Le directeur avait expliqué à mes parents que j'étais trop âgée pour m'adapter au système scolaire allemand.

Nous avons quitté l'Allemagne peu de temps après pour aller aux États-Unis. Encore une nouvelle culture et des gens bizarres avec un comportement curieux, me disais-je. J'étais de plus en plus nostalgique de la jungle et j'ai commencé à vivre dans une sorte de rêverie. Mon corps était là, mais mes pensées étaient loin. Je pleurais beaucoup la nuit. Je n'aime pas songer à cette période. Pour les autres non plus, ce n'était pas une partie de plaisir. Mon frère, ma sœur et moi allions de plus en plus mal, papa et maman se faisaient du souci. Nous nous sentions étrangers à cette culture, qu'elle soit allemande ou américaine, et nous voulions rentrer dans notre chère jungle.

C'est aussi pour moi l'époque de la puberté, j'ai eu mes règles et j'ai pris du poids. Je mangeais par frustration et pour combler le mal du pays. Heureusement, pendant cette période, papa faisait beaucoup de conférences sur son activité et montrait aussi de temps à autre les films qu'il avait faits. Après la conférence, les gens venaient parfois le voir en lui disant : « Mais cela n'existe plus. Tu as fait un montage spécial pour la télévision, n'est-ce pas ? » Ils n'arrivaient pas à croire qu'un monde aussi isolé soit réel.

Au début, ces remarques me blessaient, puis j'ai appris peu à peu à en rire. J'imaginais tout ce que j'allais raconter aux Fayou sur le monde occidental – eux non plus ne me croiraient pas.

Un jour, enfin, nous avons obtenu nos visas, et ça a été un vrai jour de fête. Papa a réservé aussitôt un vol et nous sommes partis peu après. Quand j'ai vu la jungle sous mes pieds, j'en ai pleuré de joie. J'avais du mal à croire que j'étais rentrée à la maison. Je ne me doutais pas encore de l'impact qu'avait laissé sur moi ce long séjour dans la civilisation.

Les retrouvailles avec les Fayou ont été incroyables. Nous nous sommes embrassés, nous avons dansé comme des enfants, les Fayou pleuraient en nous racontant qu'ils croyaient ne plus jamais nous revoir.

Christian et moi peu après notre retour dans la jungle

Le soir même, je me suis assise autour du feu avec Christian, Tuare, Dihida, Ohri, Bebe, Isore, Diro, Klausu Bosa et beaucoup d'autres. Nous avions tous mûri et grandi, mais notre lien restait indéfectible. Nous formions une famille et, comme l'a dit Christian avec optimisme avant d'aller se coucher, il en serait toujours ainsi. En me glissant sous ma moustiquaire, je me suis sentie heureuse, comme je ne l'avais pas été depuis longtemps.

« Oui, me disais-je, c'est ici chez moi. » Et je me suis endormie avec cette pensée.

2

L'appel de la jungle

Pleins d'énergie et de joie, nous nous sommes réinstallés dans notre ancienne vie, comme si nous n'étions partis que deux jours. Mais, malgré toute notre bonne volonté, on ne pouvait nier le fait que notre maison se disloquait. Papa avait déjà crevé le plancher deux fois, les lattes se brisaient sous son poids. En plus, le niveau du fleuve avait monté et la maison était constamment inondée. Il était temps de déménager, de chercher un terrain plus élevé.

Nous avons bientôt déniché l'endroit idéal. À une demi-heure en remontant le fleuve en bateau, il y avait une colline. Les Fayou nous en avaient parlé en disant qu'elle ne se trouvait pas loin du fleuve. La perspective d'avoir un vent frais, moins de moustiques et un magnifique panorama nous réjouissait, et l'absence de sangliers a achevé de nous convaincre.

Papa est donc parti explorer la colline avec les Fayou et il est revenu enthousiaste. Quelques semaines plus tard, des amis sont arrivés des États-Unis pour nous aider à construire notre maison. Les Fayou ont commencé aussi à bâtir de nouvelles huttes sur la colline. Comme les inondations avaient également détruit leurs habitations, ils avaient décidé de transférer tout le village là-bas. Désormais, les Iyarike y cohabitaient avec les Tigre et une partie des Tearu ; le territoire des Sefoidi était très loin, mais ils nous rendaient souvent visite.

C'était la première fois, dans la mémoire des Fayou, qu'autant de clans différents vivaient ensemble – un événement merveilleux pour nous tous.

Cependant, quand un Fayou dit que quelque chose n'est pas loin du fleuve, il ne faut pas le prendre au mot. Ce qui n'est pas loin pour lui est loin d'être près pour nous…

Le jour étant venu pour moi de découvrir notre nouvelle maison, je me réjouissais à l'avance de cette petite promenade dans la jungle. Après une brève traversée en bateau, nous nous sommes mis en marche, ou plus exactement nous avons essayé. Mais devant nous s'étendait un vaste marais, abondamment recouvert, notamment, de palmiers pourvus de grosses épines. J'ai demandé à papa :

— Et comment va-t-on passer ?

— En marchant, a-t-il dit sans sourciller.

— Marcher, mais sur quoi ? Il n'y a pas de sol !

— Sabine, tu es devenue une poule mouillée ou quoi ? Tu ne vois pas le tronc d'arbre, là-bas ?

Je me suis approchée pour examiner d'un air sceptique un frêle tronc d'arbre qui dépassait à peine de la surface de l'eau.

— N'aie pas peur, Sabine, je vais t'aider à ne pas tomber, a dit Ohri en riant de concert avec papa.

Ma fierté en prenait un coup.

— Non, je vais y arriver, ai-je rétorqué.

Je me suis chargée de ce que j'étais capable de porter et me suis donc mise en marche. Mais il n'est pas si facile de traverser un marécage. Les troncs étaient glissants et, quand on dérapait, on ne pouvait se retenir nulle part puisque les palmiers étaient couverts d'épines, et c'était sans compter les milliers d'insectes prêts à nous sauter dessus. Durant l'une de ces traversées, je me suis vue couverte de la tête aux pieds de grosses araignées noires. J'ai même dû chasser un scorpion de ma manche. Et quand on tombait dans la vase, ce qui m'est arrivé plusieurs fois, on s'enfonçait presque aussi vite que dans l'eau claire et on risquait d'attraper des infections qui duraient plusieurs mois.

Finalement, j'y prenais quand même un certain plaisir ; j'avais toujours aimé l'aventure. Et parfois nous avions la chance de trouver tout le marais inondé, ce qui nous permettait d'atteindre le bas de la colline en pirogue.

Le chemin à travers les marécages faisait environ 750 mètres. Ensuite, nous devions encore marcher une demi-heure jusqu'à la colline ; cette partie du voyage était agréable. La faune et la flore nous impressionnaient à chaque fois, les arbres gigantesques nous protégeaient de la chaleur et les oiseaux étaient particulièrement nombreux dans cette partie de la jungle.

Arrivée enfin en haut de la colline, ce premier jour, j'ai découvert un tableau indescriptible : 360 degrés de jungle à l'état pur, à perte de vue, tel un tapis vert se déployant sur des centaines de kilomètres carrés. Je suis tombée immédiatement amoureuse de cette vue. L'endroit qu'on avait trouvé pour notre nouvelle maison était paradisiaque.

Au sommet de la colline, notre demeure brillait de tout son éclat. Elle comportait deux niveaux et était beaucoup mieux construite que l'ancienne – un véritable palais pour nous. Le rez-de-chaussée comprenait une grande pièce, qui servait de cuisine et de salle à manger, une petite salle de bains et entre les deux un escalier. À l'étage se trouvaient nos trois chambres : une pour les parents, une pour Christian et une troisième que je partageais avec Judith.

Notre nouvelle maison sur la colline

Ce déménagement a marqué le début d'une période tranquille. Notre ancienne routine s'est instantanément rétablie. J'avais désormais quinze ans et j'aimais toujours passer des heures autour du feu avec mes amis d'enfance, qui étaient presque devenus des hommes. Même Ohri, l'enfant chétif et paralysé, était devenu un grand homme fier. À sa vue, mon cœur se gonflait d'amour, un amour fraternel. Je repensais à l'époque où il avait failli mourir d'une infection et où il était progressivement devenu un membre de notre famille. Et voilà qu'il se tenait face à moi, me regardait d'un air rayonnant et me répétait sans cesse combien nous lui avions manqué, combien il avait pleuré, combien il était heureux de notre retour. « Ma famille est à nouveau avec moi », disait-il.

Cependant, je prenais peu à peu conscience du fait que c'était illusoire de se figurer que tout était comme avant. Nous avions changé. Nous avions renoncé à nos jeux intrépides, nous ne jouions plus au crocodile dans le fleuve, nous ne construisions pas de nouveaux âtres et n'attrapions plus de petits animaux pour les manger. Cela ne me dérangeait pas de vivre aussi loin du fleuve, alors qu'autrefois j'en aurais souffert. Même si j'aimais toujours nager, je m'intéressais désormais à d'autres choses, notamment à la vie des femmes, comme si l'on m'avait soudain attribué un autre rôle. J'émigrais lentement du monde des hommes à celui des femmes, et en grandissant je passais de plus en plus de temps avec elles. Nous nous asseyions en groupe ou allions pêcher ensemble, préparions du sagou. J'aidais aussi les mères à s'occuper de leurs jeunes enfants. Ce fut difficile pour Tuare. Il restait souvent non loin de nous et observait tout ce que je faisais, il ne semblait pas apprécier ce changement. Mais il ne faut pas croire pour autant qu'il était amoureux de moi ; enfant déjà, j'avais toujours eu le sentiment que je n'étais pour lui ni un homme ni une femme. Je crois plutôt qu'il voulait retrouver la petite Sabine, or j'étais soudain devenue une jeune fille.

Les Fayou s'étonnaient chaque jour de constater que je n'avais pas encore été « volée ». Selon leurs critères, j'étais déjà vieille. Mais l'idée de toucher à Judith ou à moi n'aurait jamais effleuré l'esprit d'aucun Fayou. Nous étions pour eux d'un autre monde, et le jour où mon père leur a demandé leur avis sur la question, ils ont répondu : « Restez entre vous et nous restons entre nous. » Sans doute ne s'étaient-ils même jamais posé la question de savoir si ma sœur et moi aurions été de bonnes épouses.

Nous, en revanche, nous nous l'étions posée. Un jour où j'avais interrogé Judith à ce sujet, elle m'avait dit en riant : « De toute façon, ils ne pourraient pas tirer grand-chose de nous, tu ne crois pas ? Nous ne sommes même pas capables de récolter correctement le sagou, de pêcher ou de fabriquer des filets. Les hommes auraient peur de ne rien avoir à manger, ils préfèrent prendre une femme qui correspond mieux à leurs besoins. Et puis toi, Sabine, j'ai du mal à imaginer que tu puisses te taire quand quelque chose te gêne, ou que tu arrives à rester sagement avec les autres femmes pendant que les hommes vont chasser ! »

À l'époque, l'idée d'être la femme blanche d'un guerrier fayou me faisait également rire, mais aujourd'hui, je n'en suis plus très sûre. Peut-être aurais-je été tout à fait adaptée à leur vie, peut-être n'était-il pas à ce point inimaginable que je fasse définitivement partie de leur tribu. Je pense presque que cela aurait été plus facile pour moi de construire ma vie d'adulte dans la jungle, plus facile en tout cas que ce que j'ai vécu en Europe.

Mais à ce moment-là ces questions ne me préoccupaient pas encore. J'étais simplement contente d'être à nouveau parmi les Fayou et d'avoir retrouvé une partie de mon cœur.

Le soir, régulièrement, nous nous asseyions autour du feu, avec le soleil couchant dans le dos. Il faisait plus frais qu'en bas, près du fleuve, un léger vent soufflait au-dessus de nos têtes, et je pouvais même distinguer des éclairs à l'horizon, alors que le ciel étoilé restait clair chez nous. Puis les hommes racontaient leurs histoires, généralement des histoires de chasse et de femmes. Parfois, je ne pouvais m'empêcher de rire intérieurement : les hommes sont vraiment les mêmes partout ! Bebe m'expliquait par exemple qu'il voulait plus tard une femme avec des seins énormes et, joignant le geste à la parole, il faisait avec les mains un ample mouvement correspondant aux dimensions souhaitées.

— Bebe, il n'y a pas d'aussi gros seins chez vous !

— Est-ce qu'il y en a chez vous ?

— Oui, mais ce ne sont pas des vrais.

— Pas des vrais ?

La perplexité se lisait sur les visages des garçons, qui me regardaient tous. J'ai aussitôt regretté d'avoir dit une chose pareille. C'était trop compliqué, trop loin, trop différent tout simplement.

— Oubliez ça, ai-je dit pour conclure.

Un grand changement s'était produit en notre absence : la base de Danau Bira avait été abandonnée car les familles vivant dans la jungle n'étaient plus assez nombreuses. Nous devions donc partager notre temps entre le village des Fayou et la capitale Jayapura, où nous avions loué une maison. Il y avait désormais une *highschool* à Jayapura, la Hillcrest International School, où nous suivions les cours avec une quarantaine d'autres enfants blancs ayant également grandi en Irian Jaya. Cela signifiait que nous passions de plus en plus de temps à la ville et que nous ne vivions avec nos parents, chez les Fayou, que pendant les vacances. Jayapura est devenue pour moi une sorte de monde intermédiaire entre l'univers quasi préhistorique de la jungle et un début de civilisation.

Un jour, peu avant la fin des vacances, j'ai pris conscience du fait que ce sentiment d'être « entre deux » m'habitait constamment et qu'il était devenu mon problème.

Maman, Christian et Judith étaient déjà repartis en ville, tandis que je profitais avec papa de mes derniers jours de vacances auprès des Fayou. Papa m'a proposé de remonter le fleuve avec lui. J'en avais évidemment envie et nous nous sommes mis en route vers le territoire des Sefoidi. Nous avons descendu la colline, traversé le marais et atteint le bateau où Tuare nous attendait déjà. Je me suis assise avec lui à la proue ; nous étions chargés de repérer les éventuels dangers, comme les troncs d'arbres flottants ou un banc de sable sous-marin.

Quelle merveille de se promener ainsi sur le fleuve, le visage au soleil, au milieu de la nature et de son doux parfum. Comme maman n'était pas là, Tuare m'a donné un morceau de canne à sucre, dont nous avons arraché l'écorce avec les dents avant d'en aspirer le jus savoureux. Nous mâchions bruyamment, le jus nous coulait sur les bras et nous avons bientôt été collants de la tête aux pieds. Mais il nous suffisait de sauter dans l'eau pour nous laver. Le moteur ronflait, les épais arbres de la jungle se penchaient sur le fleuve rafraîchissant. J'ai soudain été envahie d'un sentiment de calme merveilleux – sentiment de plus en plus rare. Ces derniers temps, j'étais devenue très agitée intérieurement. La jungle restait pour moi un lieu magique, ma toute première patrie, et pourtant j'avais le sentiment de la perdre peu à peu. Je voulais la retenir de toutes mes forces mais, le temps passant, elle m'échappait de plus en plus.

Je ne savais plus très bien qui j'étais ni où était ma place. Le séjour en Occident m'avait influencée plus que je ne voulais l'admettre. Je me sentais déchirée entre le désir de rester une enfant de la jungle et la possibilité de plus en plus tangible de devenir une jeune femme moderne.

Tuare m'a soudain arrachée à mes pensées. Il a secoué mon bras et m'a montré sur la berge un arbre gigantesque. En regardant de plus près, j'ai aperçu des milliers de petits points noirs suspendus aux branches.

— Tu te souviens ? Elles étaient bonnes, hein ? m'a rappelé Tuare.

— Oh ! oui, ai-je dit, m'adressant presque plus à moi qu'à lui.

Tout à coup, les points noirs se sont mis à bouger et en un éclair le ciel s'est rempli de chauves-souris. J'ai levé les yeux dans leur direction en me demandant pourquoi je me posais tant de questions. C'était bien là mon pays, mon chez-moi, ma famille. Que pouvait-il m'arriver de mal ici ? Tout était comme cela avait toujours été, et rien n'allait changer…

Quelques jours plus tard, j'ai dû retourner à Jayapura, les vacances étaient terminées.

Lors des retrouvailles suivantes avec les Fayou, j'ai éprouvé à nouveau cet étrange sentiment. Tous mes amis étaient là pour m'accueillir, j'en étais très heureuse. Mais eux aussi sentaient que quelque chose clochait. Comme je ne savais pas quoi faire, j'ai décidé d'ignorer ce sentiment pourtant de plus en plus intense. Je me suis concentrée sur ma vie dans la jungle, continuant à l'aménager comme si de rien n'était, comme si le bonheur de l'enfance était resté intact.

3

Le bébé sans nom

Je souffrais de sentir que mon appartenance à la tribu n'était plus aussi évidente, mais cela a eu un effet bénéfique dont je profite encore aujourd'hui : cela m'a aidée à avoir un regard plus précis, plus « scientifique », sur la culture et les coutumes des Fayou, avec lesquelles nous avions grandi de façon si naturelle.

Un jour, je suis partie à la pêche avec Fusai, la femme de Nakire.

Lorsque nous sommes rentrées au village, Tuare m'attendait pour me raconter qu'une femme était venue chez nous parce que son bébé était très malade. Maman n'était pas là, donc on avait besoin de moi. J'ai pris le bébé dans les bras, une petite fille de quelques mois seulement. Elle avait une forte fièvre. Que faire ? J'ai fait ce qui tombait sous le sens : comme le bébé était raide de crasse, je lui ai donné un bain.

Après avoir fait chauffer de l'eau, j'en ai rempli une bassine. Mais quand j'ai voulu soulever le bébé, le père a poussé un cri. Il avait peur, ne comprenant pas mes intentions. Je me suis rappelé alors que les Fayou ne lavaient pas leurs bébés parce que le fleuve était trop froid.

— Je ne vais rien faire à ton bébé, ai-je essayé de lui expliquer. Au contraire, la saleté n'est pas bonne pour la petite !

Mais il n'était pas d'accord.

— C'est dangereux, a-t-il répliqué d'un ton agressif en désignant l'eau.

— Non, mets ta main pour sentir.

Il a plongé timidement sa main dans l'eau et s'est montré surpris en sentant la chaleur. Après de longues tergiversations, il m'a enfin permis de donner un bain à son enfant. La mère, elle, était d'accord depuis le début.

Tous m'entouraient et observaient avec curiosité cette nouvelle façon de faire. J'ai posé le bébé malade dans l'eau ; il s'est calmé aussitôt et semblait apprécier la chaleur. J'entendais derrière moi des « Ouh ! » et des « Ah ! » : mon public était enthousiaste.

Après avoir lavé le bébé, je l'ai enveloppé dans une serviette sèche et l'ai rendu à sa mère en lui demandant s'il avait déjà un nom.

— Non, m'a-t-elle dit, elle n'a pas encore de dents…

Le lendemain matin, la mère est revenue chez nous pour me montrer que son bébé n'avait plus de fièvre et buvait à nouveau. Cette nouvelle a illuminé ma journée. Le soir, je me suis couchée avec un réel sentiment de contentement.

Mais, le matin suivant, j'ai entendu des chants funèbres. J'ai aussitôt deviné ce qui s'était passé : le bébé était mort pendant la nuit. Je suis restée dans mon lit à pleurer, accablée par ma responsabilité. Pourquoi n'en avais-je pas fait plus ? Avais-je commis une erreur ? Je me sentais tellement impuissante. Plus jeune, j'acceptais la mort comme quelque chose de naturel. Pourquoi en étais-je maintenant si affectée ?

Avec le recul, je crois que j'étais déjà influencée par le principe occidental de la « faisabilité ». J'étais en colère parce que je n'avais rien pu *faire* pour infléchir le destin.

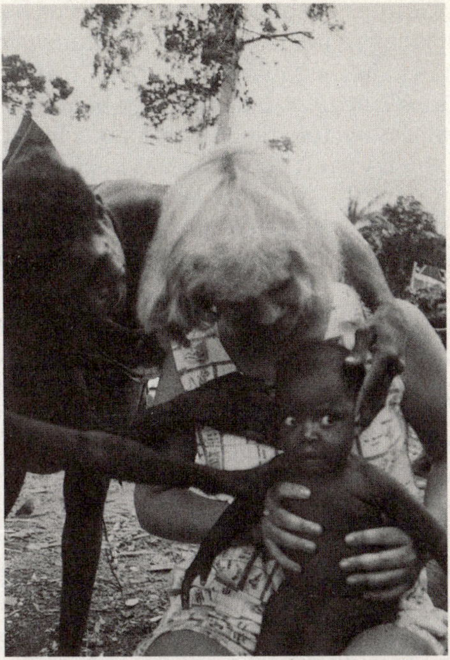

J'ai toujours aimé m'occuper
de la progéniture de mes amis fayou
(ici avec le dernier enfant du chef Kologwoi)

J'ai fini par sortir. Papa était déjà dehors et la mère tenait dans les bras son bébé mort, elle le berçait avec un chant d'adieu. La plainte a continué toute la journée et toute la nuit. Je me suis endormie au son des voix qui célébraient devant notre maison le rituel funèbre, et le lendemain je me suis réveillée avec la même musique.

Le deuil a duré trois jours, puis la mère est allée dans la jungle avec son mari. Je les ai suivis avec Ohri. Nous sommes arrivés dans une clairière où le père avait déjà construit une cabane mortuaire. Depuis peu, les Fayou avaient cessé de laisser pourrir les cadavres dans leurs huttes, car toutes les bactéries et les insectes qu'ils attiraient menaçaient la vie des jeunes enfants et des vieux.

Désormais, ils installaient un haut tréteau dans la jungle. Ils enfonçaient quatre longs bâtons dans le sol et posaient dessus une plate-forme pour le cadavre. J'ai remarqué qu'il y avait deux longues flèches fichées dans le sol, qui dépassaient le cadavre et la plate-forme, et j'en ai demandé la signification à Ohri.

« Les flèches aident les esprits à trouver le mort », m'a-t-il expliqué.

J'ai regardé la mère poser son enfant sur le plancher, ainsi que la seule chose qui lui appartenait : la serviette dans laquelle je l'avais enveloppé. Des larmes coulaient sur mes joues. Ohri a serré bien fort ma main et m'a dit tout bas : « Ne sois pas triste, petite sœur, je ne t'abandonnerai jamais. »

J'ai pressé sa main, tellement heureuse qu'il soit avec moi.

Comme papa s'étonnait que ce deuil ait duré si peu de temps, les Fayou lui ont expliqué qu'ils ne connaissaient pas encore bien cette enfant : « Nous ne sommes jamais allés chasser avec elle, n'avons jamais partagé notre repas ou parlé avec elle. Elle n'avait même pas encore de dents. »

La durée du deuil dépend donc, chez les Fayou, de l'âge du défunt. Plus il est âgé, plus le deuil dure longtemps, parfois plusieurs semaines pour les ancêtres et les chefs. Ils suspendent dans leurs huttes les os restés après la décomposition, de la même manière que nous mettons des photos, et ils les emmènent avec eux à chaque déménagement. Souvent, quand j'entrais dans une hutte, on me présentait fièrement les crânes en me disant : « C'est mon oncle, voilà mon grand-père et voici ma sœur… »

Ce qui peut sembler macabre aux yeux des Occidentaux était un moyen pour les Fayou de maintenir vivant le souvenir de leurs proches.

4

La Belle et la Bête

La vue que nous avions depuis la colline était une source perpétuelle de joie et de surprise. Depuis là-haut, nous avions l'impression d'embrasser à la fois toute la jungle et tout le ciel. Nous avions droit, presque quotidiennement, à un fantastique coucher de soleil. Parfois, je voyais aussi le brouillard monter depuis la forêt. C'était inquiétant, mystérieux et impressionnant. Le brouillard semblait plus fort que les millions d'arbres géants, il les enterrait jusqu'à ce que seules leurs cimes soient encore visibles.

Un matin, je me suis réveillée de bonne heure avec le sentiment qu'il y avait quelque chose de particulier dans l'air. Je me suis extirpée de mon lit et je suis descendue. Tout le monde dormait encore. J'ai voulu préparer ma tasse de café matinale, mais j'ai eu une frayeur monumentale en regardant par la fenêtre : je ne voyais pas le sol, tout était blanc !

La casserole m'est tombée des mains et j'ai couru jusqu'à la porte. Le spectacle était grandiose : au-dessus de moi le ciel bleu, à l'horizon le soleil levant, dont les rayons dorés m'effleuraient. Mais le plus sidérant, c'était que la terre, sous mes pieds, était invisible. Un épais brouillard recouvrait toute la jungle et avait enveloppé notre colline. C'est à peine si je voyais mes orteils. Avec précaution, j'ai fait un premier pas, puis un deuxième.

J'avançais sur un nuage, comme j'en avais toujours rêvé, je me sentais invincible, magnifique. Je suis restée là jusqu'à ce que le soleil chasse la brume. Ce souvenir ne m'a jamais quittée.

Puis je suis retournée dans la maison, je me suis enfin fait un café et je suis ressortie m'asseoir sur les marches. « C'est ici, c'est l'endroit où je serai toujours heureuse. » Et aussitôt j'ai été submergée de tristesse. C'était étrange : pourquoi la nature avait-elle accompli ici et maintenant mon souhait de toujours – marcher sur un nuage –, alors que j'avais de plus en plus le sentiment de ne plus être à ma place ici ?

J'ai pensé alors à notre séjour en Allemagne, à ma grand-mère. Comme le café allemand était bon en comparaison du café instantané que je tenais à la main. Et ces petits pains allemands, ils me manquaient tant ! Je songeais à la fraîcheur du climat et à nos promenades autour du lac.

Puis j'ai aussitôt eu mauvaise conscience. J'étais là à regretter la patrie de mes parents, alors que la nature venait de m'offrir une expérience que je n'oublierais jamais, celle que j'attendais depuis si longtemps, et qui n'était possible qu'ici, dans cet endroit magique. Non, je n'avais pas le droit d'éprouver de la nostalgie par rapport à un pays qui m'était étranger. Ma patrie était ici. Ma place était là.

La nature, à laquelle j'étais si étroitement liée dans la jungle, voulait-elle me rappeler quelque chose ? M'avait-elle révélé ses miracles afin de m'attacher à elle pour toujours ? Il fallait donc que je reste. Car un ami reste toujours un ami, on est solidaires et on ne s'abandonne jamais. C'était la règle de la nature, telle que les Fayou me l'avaient apprise, une règle de survie.

Peu après cet événement bouleversant, je me suis réveillée brusquement au milieu de la nuit. Quelque chose n'allait pas. J'ai prêté l'oreille, mais rien ne me parvenait. Un silence absolu régnait dans la forêt, un signe de danger. Je suis restée dans mon lit, troublée bien qu'encore ensommeillée.

Puis j'ai entendu un léger bruissement. Un bruissement semblable à celui des vagues dans la mer. Le bruit s'est amplifié et j'ai pris peur. Il se rapprochait, devenait de plus en plus fort, puis... soudain tout s'est mis à vibrer, le sol, la maison, mon lit. J'ai tiré ma couverture sur la tête, certaine que la maison allait s'écrouler. Cela a duré quelques secondes qui m'ont paru une éternité. Puis le calme est revenu lentement.

J'ai vite compris ce que j'avais perçu. J'avais déjà vécu plusieurs tremblements de terre, mais jamais d'aussi puissants. La jungle s'était transformée cette nuit-là en un océan déchaîné. C'était très étrange.

À nouveau j'ai eu le sentiment que la jungle ne voulait pas me laisser partir. D'abord la douceur du brouillard, et maintenant cette violence primitive. La nature prenait soin que je ne l'oublie pas, elle voulait s'assurer que je ne me contentais pas de la voir mais qu'aussi je la ressentais profondément.

Le lendemain matin, j'ai demandé à papa s'il avait aussi senti le tremblement de terre.

— Quel tremblement de terre ? s'est-il étonné. Non, j'ai dormi.

Pour moi, cela avait été le tremblement de terre du siècle, et lui dormait. C'était donc clair : le message s'adressait à moi.

5

Bisa et Beisa

Un soir, nous avons appris quelle était l'origine des Fayou. Kloru, le père de Tuare et de Bebe, et aussi l'un des meilleurs conteurs que je connaisse, nous a raconté pour la première fois le mythe de leur origine.

« Il était une fois un grand village où tous les gens n'avaient qu'une langue », a commencé Kloru. Le feu du soir éclairait nos visages ; nous étions tous assis à attendre la viande de sanglier qui grillait sous nos yeux.

Kloru parlait dans une langue que je ne comprenais pas très bien. J'ai questionné papa, qui était assis à côté de moi. Il m'a expliqué avec enthousiasme que Kloru employait un très vieux dialecte parlé par ses ancêtres. Papa avait d'ailleurs installé un magnétophone pour enregistrer cette légende et s'assurer qu'il n'en perdrait pas une miette. Mais comme désormais il maîtrisait très bien la langue fayou, il a pu me traduire simultanément l'histoire de Kloru.

« Ces hommes vivaient en paix. Mais un jour, un grand feu arriva du ciel et il y eut soudain plein de langues différentes. Chaque langue était parlée par un homme et une femme seulement, ils ne pouvaient pas communiquer avec les autres.

« Ils furent dispersés sur toute la terre. Parmi eux se trouvaient un homme et une femme nommés Bisa et Beisa. Ils parlaient la langue des Fayou.

« Ils marchèrent durant des jours pour trouver un nouveau foyer. Un jour, ils arrivèrent dans la forêt vierge et il se mit à pleuvoir. Durant des jours et des nuits, la pluie ne cessa pas. L'eau montait de plus en plus.

« Bisa et Beisa se fabriquèrent une pirogue dans laquelle ils firent monter un grand nombre d'animaux qui voulaient aussi échapper à l'eau. Ils s'assirent dos à dos dans leur pirogue et pagayèrent. "Pluie, arrête, tonnerre, arrête, nous avons peur !" criaient inlassablement Bisa et Beisa.

« Mais la pluie continuait. L'eau monta jusqu'à ce que tous les arbres soient engloutis. Tout mourait sous les flots. Bisa, Beisa et les animaux qu'ils avaient emmenés étaient les seuls à être encore en vie.

« Après des jours et des jours, alors qu'ils avaient déjà perdu tout espoir, ils heurtèrent soudain la terre. Ils descendirent du bateau avec leurs animaux et se trouvèrent sur une petite colline. Devant eux se dressait une grotte qui menait au centre de la terre. Soulagés, ils y entrèrent en rampant et trouvèrent le refuge tant espéré.

« Peu après, la pluie cessa et l'eau disparut. Les animaux se dispersèrent dans la jungle, mais Bisa et Beisa restèrent dans la grotte et se construisirent un foyer, ils eurent des enfants, qui eurent à leur tour des enfants, jusqu'à former une grande tribu. Ils s'appelèrent les Fayou.

« Bisa et Beisa sont toujours vivants, mais pas sous une forme humaine. Ils se sont immortalisés en devenant des pierres. Connaissez-vous les grandes pierres, en bas, près de la grotte ? Ils sont assis dos à dos et, quand nous avons des problèmes, nous

allons les voir, nous nous asseyons à leur côté et leur racontons nos soucis. »

« Comme c'est beau, me disais-je, à la fois si étranger et si familier ! Tous les hommes sont les mêmes... »

J'ai regardé en direction de la sombre forêt vierge, dont je ne distinguais plus que les contours, et j'ai essayé d'imaginer ce qu'avaient vécu Bisa et Beisa en flottant tout seuls sur l'eau froide, dans leur pirogue.

« Ils ont dû se sentir perdus », me suis-je dit en me rapprochant d'Ohri.

6

Marche arrière

À l'occasion du récit de Kloru, nous avons également découvert quelque chose de surprenant : Tuare, le fils de Kloru, était aussi étonné que nous par cette histoire qu'il n'avait jamais entendue ! Il connaissait bien les statues en pierre de Bisa et Beisa, mais il n'aurait jamais pu prendre connaissance de cette légende si papa ne l'avait pas demandée.

Je pense toujours à ce phénomène quand j'essaie de comprendre comment la population des Fayou, autrefois si florissante, a soudain régressé au lieu de s'étendre.

On sait qu'un peuple est menacé de disparition quand la connaissance n'est pas transmise de génération en génération. Je n'arrive pas à imaginer qu'aucun Fayou ne nous ait parlé des Blancs qui étaient venus jusqu'à eux dans les années 1940. Le souvenir de ces Hollandais s'est déjà évanoui pour la génération d'aujourd'hui.

On ne peut pourtant pas dire qu'ils n'avaient pas le temps de se raconter des histoires. Les hommes passaient des heures ensemble, assis autour du feu, à se rapporter des récits de chasse ou de guerre, ou parfois à ne rien dire. C'est ainsi que le savoir particulier acquis par un homme au cours de sa vie se perd. La génération suivante doit recommencer à zéro. Peu à peu, le désir de connaissance disparaît et il ne reste que ce qui sert à survivre.

Quand à cela s'ajoute le fait qu'une tribu vit comme dans une bulle de verre, coupée des autres cultures, sans sollicitation de l'extérieur, la tendance à régresser s'accentue. Les seules tribus étrangères que fréquentaient les Fayou étaient leurs voisins, les Kirikiri et les Dou, mais, à cause de l'état de guerre permanent, elles ne se mélangeaient pas. Aucun élément nouveau ne pénétrait dans leur isolement, ils n'avaient aucune idée pour améliorer leurs conditions de vie. Et plus grave encore, personne ne se mêlait de leurs affaires.

On me demande régulièrement si nous n'aurions pas mieux fait de laisser ces « heureux sauvages » en paix dans leur paradis, pour ne pas les exposer à de mauvaises influences. Mais peut-on parler d'éden quand il s'agit d'un endroit où les gens s'entre-tuent parce qu'ils sont prisonniers de traditions autodestructrices, un endroit où les enfants vivent dans une terreur perpétuelle ? Le paradis n'était-il pas sur le point de se transformer en enfer ?

Une fois que nous avions compris tout cela, aurions-nous dû abandonner les Fayou à leur destin ? Notre « intervention » chez les Fayou consistait en une douce incitation à modifier eux-mêmes les choses, de l'intérieur, afin de redevenir un peuple plus sociable. On ne pourra de toute façon pas empêcher les influences extérieures. Elles finissent toujours par arriver dans les coins les plus reculés, dans la vallée la plus perdue. La façon dont les Fayou seront préparés à les accueillir sera bien plus déterminante.

7

Il n'est pas bon pour l'homme d'être seul

Au tout début de notre installation chez les Fayou, nous nous étions demandé s'ils connaissaient des chansons. Nous ne les avions pas encore entendus chanter.

La réponse est venue assez vite. Un jour, alors que nous venions de rentrer de Danau Bira et qu'on nous avait à nouveau volé nos affaires, nous avons perçu un chant sur l'autre berge du fleuve. C'était Nakire qui fredonnait un air un peu monotone mais très joli.

« Oohhhh, clamait-il, les Fayou sont comme les oiseaux, ohhhh, ils picorent et prennent toujours au même arbre, ohhh, comme ils sont mauvais, ohhh, pauvre Klausu, pauvre Doriso, ils sont si tristes et réclament leurs affaires, oohhh… »

Papa était ravi, et nous avons peu à peu compris que les Fayou pouvaient improviser une mélodie dans n'importe quelle situation. Elle était composée de trois tons seulement, avec lesquels ils exprimaient la joie, le chagrin et toutes les autres émotions qu'ils ressentaient dans ces moments-là. Ce n'était pas un chant extrêmement raffiné, mais j'ai appris très tôt à aimer ces chants.

Peut-être était-ce en partie grâce à cela que les Fayou n'avaient ni dépressions ni maladies psychiques. Ils laissaient immédiatement libre cours à toutes leurs émotions, et il y avait même des moments prévus durant lesquels ils laissaient tout tomber pour exprimer leurs sentiments, par exemple lors de la plainte funèbre. Lorsque ce temps-là était révolu, on tirait un trait et les gens continuaient à vivre comme si rien ne s'était passé.

Quand quelqu'un avait fait une mauvaise expérience, il restait parfois des semaines couché dans sa hutte, sans dire un mot, ou en chantant pendant des heures. Durant cette période, quelqu'un se chargeait de le nourrir. Un beau jour il se relevait, et le choc ou le traumatisme avait disparu. La personne s'était en quelque sorte purifiée, son visage rayonnait et elle reprenait ses tâches au sein de la société.

Le chant était ainsi un exutoire quand ils étaient submergés par leurs passions, aussi bien heureuses que malheureuses.

Après notre retour d'Allemagne, lorsque nous avons commencé à faire la navette entre le village des Fayou et la capitale, il arrivait souvent que notre famille soit répartie entre ces deux lieux. Papa avait du mal à s'habituer à être séparé de maman, elle lui manquait terriblement et il me semblait presque perdu dans ces moments-là.

Ainsi, un soir, il était assis sur notre nouvelle colline. Maman était restée à Jayapura parce que Christian avait une crise de paludisme et qu'elle n'avait pas voulu le laisser tout seul. Les Fayou s'étaient déjà repliés dans leurs huttes et je lisais dans la maison, à la lumière de ma lampe de poche.

Soudain, j'ai entendu d'étranges gémissements. J'ai regardé dehors et j'ai vu mon papa, tout seul devant la maison, qui chantait son malheur à la façon des Fayou, dans les trois tons classiques :

« Oohh Doriso, où es-tu, oohh Doriso, je suis tout seul, ooohhh, le chef Kologwoi a une femme magnifique, et Nakire aussi, seul moi je suis tout seul, ohhh, mon cœur est si triste », clamait-il en direction de la forêt.

J'ai eu du mal à me retenir de rire. Mon papa était vraiment drôle, parfois ! À peine avait-il commencé la seconde strophe que les Fayou sont sortis de leurs huttes. Ils ont accouru, ont pris papa dans leurs bras et essayé de le consoler. Puis ils ont entonné tous ensemble un nouveau chant élégiaque :

« Ooohh Doriso, viens vite, ooohh Doriso, ton mari a besoin de toi, oohh Doriso, il est si triste, ooohh Doriso, viens vite », entendait-on dans la nuit. C'était une mélodie magnifique, que je n'oublierai jamais.

Le lendemain matin, Ohri est venu me voir pour me montrer quelque chose. Je l'ai suivi jusqu'à la lisière du village où il m'a désigné une nouvelle hutte.

« Ma nouvelle maison ! » s'est-il écrié avec une grande fierté.

Je l'ai admirée et, comme il était d'usage chez les Fayou, je lui ai assuré que je n'avais jamais vu une aussi belle hutte. Son visage rayonnait.

Sa hutte était très simple, mais elle avait été construite avec soin et amour. Ohri avait tressé le toit en feuilles de palmier et cloué des planches sur les murs. Un simple escalier menait à l'entrée. Ce qui me touchait, c'était qu'Ohri avait décoré sa maison, une habitude rare chez les Fayou. Le sol était recouvert de bambous plats, et au milieu il y avait un endroit pour faire du feu. On a peut-être du mal à le croire quand on vit en Occident, mais les nuits peuvent être très froides dans la jungle. L'âtre servait donc à se chauffer, à faire la cuisine et à éloigner les moustiques. J'ai souri intérieurement en comprenant qu'Ohri songeait à se marier.

« Ohri fera sûrement un bon mari », pensais-je, légèrement envieuse. J'étais fière d'Ohri. Il avait surmonté et réussi tant de choses dans sa vie et il était pour moi, comme pour beaucoup d'autres, un soutien essentiel. Quand je ne me sentais pas bien, c'était toujours Ohri qui accourait s'asseoir à côté de moi pour me tenir la main. Sa simple présence me rendait la paix intérieure à laquelle j'aspirais tant. Il était une partie importante de mon existence, il contribuait beaucoup au fait que je m'accroche à cette vie dans la jungle. En cet instant, j'ai compris combien il était capital pour moi de pouvoir le considérer comme mon frère et mon ami.

Nous sommes retournés ensemble dans notre maison, où m'attendait déjà une tasse de café. J'ai demandé à Ohri s'il en voulait une aussi, mais il a froncé le nez comme le font tous les Fayou, en disant « *hau* ».

Sans dire un mot, nous nous sommes assis sur un tronc d'arbre, devant notre maison, et avons contemplé une fois de plus le paysage fantastique qui s'offrait à nous. À ce moment-là, je me sentais vraiment bien. Je ne pensais pas à l'avenir ou à ce que j'allais devenir. Avec Ohri, j'avais retrouvé ma paix intérieure. C'est à lui que j'ai consacré alors mes pensées en lui souhaitant bonne chance dans ses projets.

8

Adultère et relations conjugales

Comme tous les délits, l'adultère était puni de mort chez les Fayou, il n'y a pas si longtemps encore. Mais les temps avaient fini par changer, ici aussi. Nous étions surpris de voir que les Fayou arrivaient peu à peu à résoudre leurs problèmes autrement. Comme toujours, papa avait choisi de ne pas intervenir dans le règlement de la tribu. Elle devait elle-même prendre ses décisions.

Un jour, alors que j'étais en bordure du village, j'ai vu un homme et une femme assis par terre au milieu de la clairière, les mains attachées. Ils avaient eu une « liaison », alors qu'ils vivaient chacun avec un autre partenaire, c'est-à-dire qu'ils étaient mariés au sens où l'entendaient les Fayou.

J'étais très curieuse de voir ce qui allait se passer. Le chef Kologwoi a d'abord tenu un discours en rappelant que tous les deux avaient fait quelque chose de mal. Il a parlé, parlé durant un temps qui m'a paru une éternité. Mais une fois son discours terminé, ce n'était pas pour autant fini. Nakire s'est levé et a tenu à son tour un monologue tout aussi long, en répétant ce que venait de dire Kologwoi. Le soleil montait et a fini par arriver haut, il était brûlant. Différents membres de la tribu ont fait leur discours les uns après les autres, chacun confirmant ce qui avait déjà été dit et condamnant l'adultère. En fin d'après-midi, le moment était enfin venu pour le chef Kologwoi d'annoncer la peine. J'avais faim et soif. J'étais toujours sidérée de voir que les Fayou pouvaient tenir un temps infini sans boire. L'homme et la femme qui étaient enchaînés par terre me faisaient de la peine. Ils gardaient tout le temps les yeux baissés, l'air honteux.

Le chef Kologwoi s'est levé, sa décision était prise. La peine consistait pour tous les deux à accorder des dédommagements. Chacun devait donner des cadeaux au conjoint de l'autre, jusqu'à ce qu'il soit satisfait. Ainsi le coupable a-t-il apporté au mari de sa maîtresse des couteaux, des flèches et un sanglier, jusqu'à ce que celui-ci hoche la tête. La femme a apporté du sagou, des filets et des vêtements qu'elle a donnés à l'épouse de son amant.

La nuit était déjà tombée, mais j'étais toujours assise devant le feu, d'où j'observais tout. L'adultère était rare dans la jungle. J'ai demandé à papa s'il y avait de l'amour entre les époux.

— Je ne sais pas, a-t-il répondu sincèrement. À part chez Nakire et Fusai, je n'ai jamais rien vu de tel ici. Ils ne s'embrassent et ne s'étreignent jamais en public. Quand je demande aux hommes, pour une photo, de passer leur bras autour des épaules de leur femme, ils rient et se comportent comme des enfants timides.

Je songeais pour ma part à certaines situations auxquelles j'avais assisté, comme quand un homme tuait sa femme d'une flèche parce qu'il était en colère. Selon toute apparence, les Fayou se mariaient davantage pour la survie que par amour...

Quant à la sexualité, on la traitait avec la plus grande discrétion.

— Comment font-ils quand ils ont plusieurs femmes et qu'ils veulent coucher avec l'une d'elles ? ai-je encore demandé à papa.

— Dans ce cas-là aussi, ils vont dans la jungle avec elle, a-t-il répondu, mais en principe il n'y a plus de polygamie. Les hommes âgés, qui autrefois capturaient les jeunes filles pour en faire leur deuxième ou troisième épouse, ont décidé de les laisser aux jeunes hommes.

« Sage décision », me suis-je dit. Tout était lié : si on ne volait plus de femmes, on tuait moins, on se vengeait moins et on se battait moins.

Mais je n'arrivais pas à imaginer qu'il n'y ait pas d'amour entre maris et femmes. Durant mon bref séjour aux États-Unis, j'avais vu quelques films où il n'était question que d'amour, de sentiments et de sexe. Cela ne pouvait tout de même pas concerner que le monde occidental. Papa et maman étaient également heureux ensemble, ils avaient le même but dans la vie et aimaient ce qu'ils faisaient. Quelle confusion dans mon cerveau de jeune fille de quinze ans ! J'étais contente d'être trop jeune pour songer à me marier.

Le chef Kologwoi a examiné les cadeaux apportés et il a demandé aux victimes si elles s'estimaient dédommagées. Les deux parties étant satisfaites, l'histoire a été aussitôt pardonnée et oubliée.

L'adultère était une affaire sérieuse dans la culture fayou. Nous n'avons jamais vu aucune « liaison » durer ; on y mettait rapidement fin et elle ne reprenait jamais. Je crois qu'on est obligé d'établir des règles strictes quand on vit de manière aussi rapprochée. Pour survivre dans des conditions aussi dures, on a besoin les uns des autres, on doit se tenir les coudes, sinon on est perdu.

Un couple fayou

Le soir, dans mon lit, diverses pensées me traversaient l'esprit. Je songeais de plus en plus à l'avenir, notamment en amour. Non seulement je ne savais pas à quel monde j'appartenais, mais je n'arrivais pas à mettre de l'ordre dans mes sentiments.

J'étais désormais en classe de seconde à Jayapura et me préparais à faire des études supérieures. Pour cela, il me faudrait retourner en Europe. Or, la jungle, c'était chez moi, mon environnement familier. Mais m'était-il encore si familier que ça ? Dans la jungle aussi, la vie avait beaucoup changé, en bien, évidemment, comme l'avait montré l'histoire de cet adultère ; cependant, je ressentais une sorte de nostalgie de quelque chose que je ne parvenais pas à définir. D'un côté, j'aspirais à la vie tranquille qu'offrait la jungle, de l'autre, je rêvais à toutes les possibilités que je ne trouverais jamais ici. Comment recevoir une formation dans la jungle ? Comment trouver un mari ? Comment faire ma place dans une société dont en réalité je ne faisais pas partie ? Malgré tout, j'étais allemande, je demeurais la fille blanche de parents blancs. Extérieurement, j'étais blanche, mais qu'étais-je intérieurement ? Qui étais-je véritablement ?

9

Le jour où Ohri est mort

À chaque fois que les vacances approchaient et que s'annonçait le retour dans la jungle, mon cœur sautait de joie et mes sombres pensées d'avenir disparaissaient instantanément.

Cette fois-là, nous avions pris l'avion jusqu'à Kordesi et finissions dans notre bateau bleu le trajet jusqu'au territoire des Fayou. Christian et moi étions assis tout devant, à l'avant-poste. Depuis que nous étions adolescents et que maman ne s'en occupait plus, il nous arrivait régulièrement d'oublier de mettre de la crème solaire. Cette fois-là ne faisait pas exception ; je ne sentais encore rien en arrivant au village, mais en me réveillant le lendemain matin je pouvais à peine bouger. Christian et moi avions de sérieuses brûlures dans le dos. Ma peau était noire à certains endroits et tombait comme du papier. Maman nous a sermonnés, nos mines souffrantes n'éveillaient aucune pitié en elle.

Cependant, si nous avions su l'horreur qui nous attendait, nous n'aurions pas accordé la moindre pensée à ces coups de soleil. Je m'étonne aujourd'hui que ce souvenir n'ait pas été totalement effacé par ce qui allait suivre.

Quelques jours plus tard, maman a fait remarquer qu'Ohri ne nous avait pas encore rendu visite. Nous ne l'avions pas vu depuis notre arrivée.

— Je vais demander au village où il se trouve, ai-je dit.

« Il a sûrement “volé” une femme », pensais-je avec un petit sourire.

Plus tard, dans la journée, j'ai soudain entendu un appel ; c'était la voix d'Ohri. Je me suis précipitée en direction du village. Maman m'avait devancée, ayant immédiatement perçu que quelque chose n'allait pas. J'ai vu maman qui courait et j'ai aperçu Ohri, tout pâle et extrêmement amaigri. Il avançait vers nous d'un pas difficile et tremblant. Puis il s'est effondré.

J'ai eu l'impression de vivre un cauchemar. Je n'étais plus dans l'action, mais j'observais la scène comme de loin, dans le brouillard. Je suis restée au bord de la place du village et maman a posé la tête d'Ohri sur ses genoux et lui a caressé doucement la joue.

Je ne percevais plus rien de ce qui m'entourait, ni la forêt, ni les gens, ni même Christian qui était au bord de la colline et papa qui a couru rejoindre maman. Je ne voyais plus qu'Ohri, allongé dans l'herbe, sans force.

Maman s'est penchée vers lui. Il lui a dit quelque chose, elle a murmuré à son oreille et il a souri faiblement. Puis un tremblement a traversé son corps et il a cessé de bouger. Il était mort.

J'ai rarement vu maman pleurer, mais là, au milieu de la jungle, avec Ohri dans les bras, elle sanglotait. Je suis tombée par terre, j'avais l'impression que le temps s'était arrêté, que les oiseaux, le vent, les arbres restaient immobiles. J'étais assise et je gémissais, j'avais perdu mon frère, qui avait toujours survécu malgré toutes les difficultés. Le sol se dérobait sous mes pieds. Je commençais à sombrer.

Ohri était mort de la tuberculose, une maladie du monde occidental, introduite dans la jungle par un homme de la tribu des Dani. Ohri avait voulu nous voir une dernière fois. C'est ce qu'il avait murmuré à l'oreille de maman avant de mourir. Ce fut un jour noir pour nous, un jour dont j'aimerais ne pas me souvenir. Ohri, qui avait pourtant promis de rester toujours auprès de moi, n'était plus. Tout semblait soudain vide de sens. Tout ce à quoi j'avais cru, tout ce à quoi je m'accrochais avait disparu.

Ce soir-là, j'ai regardé inlassablement les flammes dans lesquelles on faisait brûler la hutte d'Ohri, celle qu'il avait construite avec tant d'amour, et qui contenait tout ce qui lui appartenait. J'ai assisté, les larmes aux yeux, à la disparition d'une partie de ma vie dans ce feu qui avalait et emportait tout, emportant aussi une partie de mon cœur. Ohri, qui avait lutté aussi longtemps, qui était si courageux et si fort, qui aspirait tellement à vivre. Pourquoi fallait-il justement que ce soit lui qui meure ?

J'ai eu la migraine pendant plusieurs jours, puis des cauchemars. Je voyais Ohri brûler dans sa hutte, les flammes l'encercler. Dans ces rêves, j'essayais désespérément de le sauver du feu, je le regardais crier et appeler à l'aide, mais je n'arrivais pas à l'atteindre et sans cesse je le revoyais flamber.

Le même cauchemar revenait sans arrêt, et sans arrêt je cherchais à le sauver – en vain. Ohri qui croyait en la vie, Ohri qui voulait se marier et fonder une famille, qui avait apporté paix et soutien dans ma vie, Ohri ne reviendrait jamais.

C'était un mercredi après-midi, peu de temps après. Allongée sur mon lit, je tentais de dormir, car, la nuit précédente, j'avais encore eu des cauchemars. Il faisait une chaleur insupportable et j'ai senti ma gorge se serrer. Je n'avais plus d'air.

« Non, non, non ! » entendais-je crier à l'intérieur de ma tête. Mais je ne pouvais pas remuer les lèvres, ma bouche était trop sèche.

Je voulais sortir Ohri des flammes, mais cette fois je les voyais avancer vers moi. Leur chaleur s'est abattue sur mon corps et j'ai senti mes mains qui commençaient à brûler. J'ai été prise d'une peur violente et je me suis mise à hurler. Je me débattais comme une bête sauvage, essayant d'éteindre les flammes. Tout mon corps souffrait, mais je continuais à me battre avec acharnement.

Soudain, je me suis rendu compte que deux bras frais m'enlaçaient et me tenaient fermement. J'ai entendu de loin la voix de maman :

— Sabine, maman est là, accroche-toi à moi. C'est bientôt fini...

Elle m'a parlé sans cesse, pour m'apaiser, jusqu'à ce que mes cris se transforment en sanglots irrépressibles. Nous sommes restées longtemps ainsi toutes les deux, jusqu'à la nuit.

— Je ne peux plus rester ici, ai-je murmuré à maman.

— Je sais, a-t-elle répondu tristement.

Tandis qu'elle continuait à écarter tendrement les cheveux mouillés de mon visage, j'ai entendu la voix de papa à côté de moi. Je ne m'étais même pas rendu compte qu'il nous avait rejointes.

— Oncle Edgar a proposé de t'inscrire dans un pensionnat en Suisse. Est-ce que tu acceptes ? a-t-il demandé.

J'ai hoché la tête en silence.

Non seulement mon entourage, mais aussi mon rapport à la vie et à la mort s'étaient radicalement transformés. Je n'étais pas encore en mesure de le comprendre ; la seule chose qui m'agitait à ce moment-là, c'était le désir de partir le plus loin possible de ces cauchemars. Je voulais m'envoler loin des flammes, loin de la douleur, loin de ce monde, très loin.

Même si la perspective d'une vie complètement nouvelle me faisait peur, je m'y étais résolue et je me sentais prête à voyager toute seule jusqu'à l'autre bout du monde.

J'ai contemplé une dernière fois l'immensité infinie de la jungle, les arbres imposants qui formaient une onde verte jusqu'à l'horizon. J'ai écouté le chant des oiseaux, le grésillement des insectes, et j'ai inspiré encore une fois, profondément, le parfum merveilleux de la jungle. Puis, après avoir jeté un dernier regard derrière moi, j'ai descendu la colline.

Les chants d'adieu de ma tribu résonnaient dans mon dos. Les Fayou regardaient la petite fille qu'ils avaient accueillie dans la jungle bien des années plus tôt et qui aujourd'hui les quittait. Ils pleuraient, se désolaient et me chantaient de rester, ils m'aimaient tellement. Tuare se tenait devant, et j'entends encore sa voix familière s'élever en un chant d'adieu : « Ohhh, ma sœur, oohh, pourquoi pars-tu ? »

J'ai continué ma route, le visage sillonné de larmes, et j'ai quitté la jungle d'Irian Jaya à la fin de l'année 1989.

Ma sœur était déjà en Angleterre depuis l'année précédente, pour commencer des études d'art. Et Christian allait aussi laisser la jungle l'année suivante pour aller étudier à l'université d'Hawaii. Notre vie commune dans la jungle prenait ainsi fin. Notre famille avait vécu toutes sortes de choses, nous avions joué ensemble, nous nous étions raconté des histoires, disputés et toujours aimés. Et voilà maintenant que cette idylle était brisée par notre entrée dans l'âge adulte, par l'écoulement irrésistible du temps. Un chapitre de mon existence se terminait.

10

Ma nouvelle tribu

Je rêvais à nouveau. Des flammes dansaient autour de moi, essayant de m'engloutir. J'entendais les cris d'Ohri, je voulais le sauver mais je n'y arrivais pas. Un visage endolori, une main qui se tendait vers moi pour trouver de l'aide, puis tout s'est effondré et je n'ai plus vu que de la cendre par terre.

Il faisait de plus en plus glacial, tout était enveloppé dans l'obscurité. Je cherchais la chaleur, la lumière. La panique et le désespoir régnaient, je ne pouvais plus respirer, j'étouffais... Il faisait si froid, si froid...

Je me suis réveillée en sursaut sans savoir tout de suite où j'étais. J'ai regardé autour de moi, il faisait encore tout noir. Puis le souvenir m'est revenu : l'avion pour l'Allemagne, la gare déroutante de Hambourg et le train dans lequel je me trouvais actuellement, qui m'emmenait dans un pensionnat suisse. J'étais en route vers ma nouvelle vie !

En frissonnant, je me suis enveloppée un peu plus dans mon manteau. Le paysage défilait dehors, le jour s'est levé peu à peu et j'avais de la chance : ma première journée en tant qu'Européenne serait une journée ensoleillée.

J'ai atteint ma destination quelques heures plus tard. Des amis de papa et maman étaient venus me chercher à la gare de Zurich pour me conduire jusqu'à Montreux, où se trouvait l'internat. Nous sommes bientôt arrivés au lac de Genève ; mon excitation était croissante. J'avais lu et relu les prospectus de l'école, en avais étudié les photos dans le détail. C'était à la fois un pensionnat de jeunes filles et une *finishing school* : je devais y passer mon bac mais apprendre aussi les usages du monde. « Devenir une vraie dame », ainsi s'était exprimé mon oncle, voulant dire par là qu'il était temps pour moi de me défaire de mes manières de sauvageonne.

Le lac de Genève s'étendait devant nous dans toute sa splendeur, bordé de montagnes. Les maisons étaient disséminées sur les berges et les collines. Le soleil brillait et je me suis sentie un peu mieux, pour la première fois depuis mon arrivée.

Je me suis bientôt trouvée en face du pensionnat, un petit château gris qui donnait sur le lac. « Château Beau Cèdre », indiquait un panneau au-dessus du portail – mon nouveau foyer. Une vieille porte d'allure moyenâgeuse s'est ouverte en grinçant et nous avons été accueillis par une jeune femme qui parlait français. Je ne comprenais pas un mot et me suis contentée de répondre par un sourire.

On nous a menés dans le couloir d'entrée, d'où partait un large escalier. Je me sentais comme dans un rêve. Tout était si élégant et luxueux, je n'avais jamais rien vu de tel. Le sol était recouvert de tapis moelleux, les murs garnis de peintures à l'huile et les meubles tapissés d'étoffes précieuses. Je n'osais pas m'asseoir, j'observais mon nouvel environnement.

Une fois toutes les formalités terminées, on m'a montré ma chambre. C'était une grande pièce avec quatre lits, dont deux étaient déjà occupés par une Allemande et par une Australienne, m'a-t-on dit. Elle était prolongée d'un balcon qui offrait une vue fantastique sur le lac de Genève. J'en suis restée bouche bée.

C'était comme dans un livre d'images. Mon deuil, la jungle, les Fayou, ma famille, tout a disparu en un éclair dans les abîmes de ma mémoire. Cela ressurgirait d'autant plus douloureusement plus tard, mais j'étais désormais arrivée dans un autre monde, un univers nouveau et passionnant. Tant de choses à voir et à explorer. J'avais le sentiment que la plus grande aventure de ma vie venait de commencer.

Ce soir-là, je suis restée assise sur mon lit, éprouvée par tout ce que j'avais vu dans la journée. J'avais la migraine mais ne m'en souciais pas. Je suis allée sur le balcon pour admirer le lac bleu et me suis dit malgré moi : « Que penserait Tuare s'il me voyait maintenant ? »

La pensée de Tuare m'a peinée, mais je ne me suis pas laissée aller à cette tristesse.

« Non, je vais tout oublier. Je ne veux plus y penser. Je suis maintenant ici, à ma véritable place. Après tout, j'ai une peau blanche, des cheveux blonds et des yeux verts. Ceci est mon univers, l'Europe est ma terre d'origine et voici ma nouvelle patrie ! » J'ai pris à cet instant la résolution de tout apprendre concernant ce nouveau monde. Je voulais devenir une Européenne, je voulais penser, me comporter comme une Européenne et en avoir l'apparence. L'Europe était désormais ma nouvelle tribu.

Je suis allée me coucher avec ces pensées et, pour la première fois depuis des semaines, j'ai dormi sans faire de cauchemars.

11

Château Beau Cèdre

Je me suis donc jetée à corps perdu dans la vie occidentale. Ayant grandi avec l'un des peuples les plus primitifs de la planète, je brûlais de mettre mon expérience de la vie à l'épreuve des riches de ce monde.

La première semaine, je suis allée faire des courses avec quelques filles. Les cours n'avaient pas encore repris et nous voulions un peu explorer Montreux. Je ne sais plus ce que je voulais acheter dans le supermarché, mais je me souviens que cela devait coûter dix francs suisses.

« Hum, me disais-je, c'est beaucoup trop cher ! » Je suis allée voir la caissière et lui en ai proposé cinq francs. Elle m'a regardée d'un air stupéfait. Les filles, qui s'étaient déjà rendu compte que j'étais différente, ont accouru et m'ont prise à part.

— Qu'est-ce que tu fais, Sabine ?

— C'est trop cher, je voudrais le faire baisser.

— Tu ne peux pas faire ça, tu dois payer ce qui est indiqué sur l'étiquette !

Je n'y comprenais rien. Il n'y avait pourtant rien de plus naturel que de marchander ! En Indonésie, on discutait les prix sans arrêt, c'était même important pour stabiliser le marché.

— Oui, mais qui décide combien coûte quelque chose ? ai-je demandé.

Les filles m'ont appris que c'était le marchand qui décidait. Quelle injustice ! Il pouvait donc déclarer un prix complètement fantaisiste et j'étais obligée de payer… Quand j'ai exposé mes arguments aux filles, elles n'ont pas su quoi répondre.

J'étais presque en colère en quittant le supermarché, j'avais le sentiment de m'être fait avoir. Même si pendant notre séjour en Allemagne j'avais déjà fait des courses, papa et maman avaient toujours payé et je ne m'étais jamais interrogée sur ce qui était différent. J'avais donc beaucoup de choses à rattraper dans de nombreux domaines.

Le lendemain, en me promenant au bord du lac avec deux filles, j'ai commencé à saluer amicalement tous les gens que nous croisions, comme je le faisais dans la jungle – pour de bonnes raisons. Certains me saluaient en retour, d'autres me regardaient d'un air sceptique. Une des filles a fini par me demander comment j'avais pu faire la connaissance de tous ces gens en aussi peu de temps. Je l'ai regardée d'un air étonné. Je ne connaissais personne en dehors du pensionnat !

— Alors pourquoi tu dis bonjour à tout le monde ?

— Ça se fait.

Elles se sont mises à rire :

— Mais ici, on ne salue que les gens qu'on connaît personnellement !

Je venais encore de découvrir quelque chose que je ne comprenais pas. Au passant suivant, je me suis mordu les lèvres et n'ai rien dit. Mais j'avais mauvaise conscience, je me sentais impolie et non civilisée. Quand on rencontrait quelqu'un dans la jungle, soit on se saluait, soit on s'entre-tuait. Les Fayou avaient longtemps fait ainsi, et on m'avait inculqué qu'il était toujours plus sûr de dire bonjour à tout le monde.

Je venais donc de surmonter mes premiers petits chocs culturels.

Lorsque j'ai regagné l'internat cet après-midi, mes camarades de chambre étaient déjà là : Leslie, une Australienne, et Susanne, une Allemande. Nous nous sommes aussitôt bien entendues et avons discuté très tard ce soir-là, étant toutes les trois assez bavardes. Leslie, Dieu merci, avait tout de suite remarqué que j'avais beaucoup à apprendre. Elle a décidé de prendre mon éducation en main et une profonde amitié s'est nouée entre nous au cours des mois qui ont suivi.

J'ai reçu quelques jours plus tard ma première lettre d'Indonésie. Le courrier était distribué tous les jours après le déjeuner ; nous nous postions toutes devant la salle à manger, attendant impatiemment qu'on appelle notre nom. Je me suis donc précipitée dans ma chambre, tout excitée, pour ouvrir la lettre de maman, le seul fil qui me reliait encore à la jungle…

« *Ô fille de l'aube, ô joie de mon cœur. Tu auras peine à croire ce qui m'est arrivé. Je m'installe dans le village, sous un soleil brûlant, et je t'écris à la sueur de mon front une lettre de cinq ou six pages. Le lendemain, nous allons à Jayapura et je constate avec horreur que j'ai oublié ma lettre dans la jungle ! Dans cette lettre, je te décrivais en détail comment un gros mille-pattes avait mordu papa à l'oreille. Et comment papa, depuis le lit, avait fait un bond jusqu'au plafond ! Ce saut lui aurait sûrement valu la médaille d'or pour les vingt prochains jeux Olympiques !*

« *Quand papa m'a demandé le lendemain ce que j'avais pensé quand il s'était fait mordre, j'ai été obligée, hélas, de lui répondre : "J'ai pensé que j'avais de la chance qu'il ne m'ait pas mordue moi !" Papa n'a pas pu s'empêcher de rire. Vous savez tous que je suis quelqu'un de franc. C'est pourquoi je te demande aussi, mon trésor, de me dire franchement comment tu vas. Tu me manques tellement. Je ne sais pas si je m'habituerai un jour à ne plus t'avoir tous les jours auprès de moi.* »

J'ai rejoint les filles en souriant. Ma mère avait réussi, avec un mille-pattes, à apporter un peu de jungle en Suisse... Mais Leslie me regardait d'un œil critique.

— Qu'est-ce qu'il y a ? lui ai-je demandé.

— Il faut absolument que tu te trouves une autre coupe de cheveux. Ta coiffure est terriblement démodée. Et tes vêtements ! Il faut qu'on fasse quelque chose.

Nous sommes donc parties dès l'après-midi chez le coiffeur, où j'ai failli me mettre à pleurer en me voyant avec les cheveux si courts. Mais Leslie m'a assuré que c'était la mode. Puis nous avons fait les magasins. Je portais bientôt les mêmes pantalons, chemises et chaussures que mon amie. Les responsables de l'internat ont rigolé en nous voyant, mais je me sentais enfin arrivée pour de bon. Je m'étais aussi acheté des bottes mi-hautes et pointues, comme celles des cow-boys – une acquisition dont j'étais particulièrement fière.

Tous les matins, je m'asseyais par terre et secouais mes bottes avant de les mettre, comme je l'avais fait durant des années dans la jungle. Susanne et Leslie m'observaient en hochant la tête.

— Sabine, qu'est-ce que tu fais ? ont-elles demandé prudemment.

Enfin, j'allais pouvoir leur apprendre quelque chose ! J'ai expliqué que certains insectes dangereux aimaient bien se cacher dans les chaussures et qu'on avait donc intérêt à les vider avant de les mettre.

— Mais il n'y a pas d'insectes très dangereux ici ! a ricané Susanne.

Je ne la croyais pas. Je ne pouvais pas imaginer ne plus en trouver dans mes chaussures. Quelques mois plus tard, alors que je secouais à nouveau mes chaussures, les filles sont revenues à la charge :

— Sabine, a commencé Leslie, depuis que tu es ici, est-ce que tu as trouvé un seul insecte dans tes chaussures ?

J'ai réfléchi. Et curieusement, non.

— Alors, essaie, demain, de les mettre sans les avoir vidées, a-t-elle suggéré.

Le lendemain matin, j'ai réfléchi un moment puis, pour la première fois dans mon souvenir, j'ai mis directement mes chaussures. C'était un étrange sentiment. J'ai fermé les yeux et enfoncé mon pied à l'intérieur, m'attendant à être piquée. Mais rien de tel n'est arrivé. J'ai rouvert les yeux, fière d'avoir également remporté ce test de courage.

« Ma Sabine chérie,

« La vie sans vous n'est pas pareille. Christian est désormais à Hawaii pour faire ses études. Après son départ, j'ai déambulé dans la maison vide en me demandant vraiment comment la vie allait continuer. Pendant vingt ans, vous avez été ma "mission" principale. Tout le reste ne venait pour moi qu'en deuxième position, même si ce reste exigeait de moi plus de temps et d'attention.

« Alors, un matin, j'ai eu une illumination. Les enfants fayou traînaient par là et s'ennuyaient, surtout les grands. Diro est devenu leur leader. J'avais déjà l'impression, depuis un certain temps, qu'un groupe de garçons s'étaient isolés de leurs familles et qu'on ne pouvait plus rien leur dire. J'ai eu alors une idée : pourquoi n'ouvrirais-je pas une école fayou pour occuper les adolescents ?

« Lorsque je suis allée en ville la fois suivante, je me suis procuré des cahiers, des carnets à dessin, des

crayons de papier et de couleur – tout ce dont on a besoin à l'école. Dès mon retour, j'ai rassemblé tous les enfants, je leur ai donné un morceau de savon et leur ai demandé de venir chez nous le lendemain matin au lever du soleil. Je supposais qu'ils allaient arriver vers 9 heures. La plupart des enfants doivent en effet traverser le fleuve à la rame, puis le marécage à pied, et enfin gravir la colline. Cela prend au moins une heure, comme tu sais.

« Mais ta pauvre mère avait mal calculé ! À peine faisait-il jour que j'ai été réveillée par des voix d'enfants. "Oh non ! Klaus-Peter, je n'avais pas prévu ça", ai-je dit à ton père.

« "Eh oui, ma chérie, a-t-il répondu, tu as oublié de leur dire où le soleil devait être quand ils arriveraient ici !"

« C'était ma première "leçon" en matière d'école. Je n'avais plus qu'à me lever et me préparer pour la première heure de cours. Je les ai d'abord fait mettre en rang et j'ai demandé aux enfants de plus de onze ans d'avancer d'un pas. C'étaient les plus âgés, parmi lesquels Tuare, qui demande sans arrêt de tes nouvelles, Klausu Bosa, Diro, Bebe, Ataran Isori et Abusai. Ils ont dû s'asseoir ensemble dans l'herbe et je leur ai dit qu'ils étaient la claas tiga, la troisième classe. Ils devaient désormais arriver tous les matins à l'école en s'étant lavés ; ils pouvaient partir au lever du soleil, mais ne devaient pas arriver ici aussi tôt. Ces garçons d'habitude si turbulents sont restés calmement assis et ont écouté mes explications avec attention.

« Ensuite, j'ai réparti les autres enfants en deux groupes : les moyens, âgés de huit à onze ans, auxquels j'ai donné le nom de claas dua *(deuxième classe), et les tout-petits, que j'estime âgés de cinq à sept ans – la* claas satu *(première classe). Ils sont tous très fiers de leur nom, je les entends parler entre eux : "Je suis*

dans la claas satu*", ou "Je suis dans la* claas dua*", proclament-ils le visage rayonnant. Ils sont contents que quelque chose de complètement nouveau soit arrivé dans leur vie.*

« J'ai emmené la claas tiga *dans la véranda que papa a fait construire récemment. Il y avait treize garçons et deux filles, Doriso Bosa et Fusai. Tu ne reconnaîtrais pas Doriso Bosa ! C'est l'une des plus jolies filles de la tribu.*

« Pourquoi seulement deux filles ? Je ne sais pas exactement, mais comme tu sais il y a ici un énorme excédent de garçons et d'hommes, et en plus les grandes filles doivent aider leurs mères à battre le sagou.

« Papa avait déjà rassemblé quelques objets. Mes nouveaux élèves se sont assis et chacun a eu droit à un morceau de savon pour laver ses vêtements et un autre pour se baigner dans le fleuve, plus un tee-shirt, un short, un cahier à dessin et un crayon à papier. Voilà pour le début de notre première heure de classe. »

— Nous allons faire un tour à Vevey. Tu veux venir avec nous ? m'a demandé Leslie un jour.

J'étais évidemment partante. Alors que nous marchions, les filles se sont brusquement arrêtées devant un arrêt de bus.

— Qu'est-ce qui se passe ? ai-je interrogé d'un air effrayé. Je croyais qu'on allait à Vevey ?

— On y va en autobus, c'est trop loin pour y aller à pied.

J'ai regardé la route d'un air soucieux.

— Qu'est-ce qu'il y a, Sabine ?

— Leslie, je ne suis jamais montée dans un bus de ma vie. Qu'est-ce que je dois faire ? J'ai peur !

Leslie m'a expliqué en riant tout ce qu'il fallait savoir. Mais il allait s'écouler un certain temps avant que j'aie le courage de prendre le bus toute seule.

Plus généralement, la circulation routière était ce à quoi je m'habituais le plus difficilement. Je connaissais évidemment les voitures, mais il y en avait tellement ici, et elles roulaient à toute allure ! Les routes de Jayapura étaient pleines de nids-de-poule, si bien que les voitures y roulaient très lentement.

À chaque fois que nous devions traverser une rue en dehors d'un feu, je commençais à transpirer. Je n'arrivais pas à évaluer la vitesse et j'avais une peur panique de me faire renverser.

Un jour que nous marchions sur le trottoir et que sur la chaussée les voitures fonçaient des deux côtés, mes amies ont profité d'un trou pour traverser en courant. Mais je suis restée figée sur place.

« Sabine, tu viens ? » me criaient les filles. J'ai regardé la route et j'ai vu des voitures, rien que des voitures, et les filles qui me faisaient signe de loin.

Au bout de cinq minutes, j'étais toujours au même endroit. J'avais trop peur. Les filles se sont consultées et ont trouvé de multiples idées pour que je les rejoigne, en vain. J'ai fait un immense détour jusqu'à ce que je trouve un feu rouge. Les filles savaient dès lors qu'avec moi elles devaient planifier longtemps à l'avance la traversée des rues. Encore aujourd'hui, la circulation furieuse des villes me fait peur.

À certains égards, cependant, j'avais de l'avance sur mes amies.

Les filles appelaient « Madame Étiquette » celle qui nous enseignait les bonnes manières, c'est-à-dire comment s'habiller, comment mettre la table selon les occasions, qui saluer en premier, comment descendre les escaliers avec élégance ou comment sortir d'une voiture en jupe courte…

Au déjeuner, elle s'asseyait tous les jours à une table différente et surveillait nos manières. Devant mes pitoyables tentatives pour manger avec élégance, elle me disait : « Sabine, tu ne seras jamais une dame parfaite, mais espérons qu'avec ton charme tu arriveras à donner le change. »

Les repas n'étaient pas toujours à mon goût. Il y avait beaucoup de plats que je ne connaissais pas, et je piquais dedans avec ma fourchette, d'un air méfiant. Mais tous les vendredis on nous servait de la glace, le dessert préféré de la plupart d'entre nous, et le mien en particulier.

Je me suis vite rendu compte que les gens d'ici n'avaient pas un estomac solide. Je commençais donc, peu avant qu'on serve le repas, à raconter des histoires sur nos plats préférés dans la jungle, ou sur la coutume des Fayou qui consistait à conserver les cadavres dans les huttes. À la fin, je me retrouvais généralement avec plusieurs portions de glace dans mon assiette. Bientôt, plus personne ne voulait s'asseoir à ma table le vendredi. J'ai savouré ces surplus de glace aussi longtemps que possible, jusqu'au jour où l'on m'a interdit d'évoquer la jungle à table.

Mais « Madame Étiquette » en riait volontiers, elle avait beaucoup d'humour. C'était une femme mûre, elle avait largement vécu et éduqué des générations de jeunes filles. Pourtant, même pour elle, j'étais une pièce unique, m'a-t-elle raconté plus tard.

Lors de notre troisième ou quatrième cours avec elle, elle nous a distribué une feuille à lire. Comme j'avais une question, j'ai levé la main.

— Sabine, m'a-t-elle dit, tu n'as pas besoin de lever la main, tu peux t'adresser directement à moi. Une dame ne lève jamais la main.

— OK, ai-je répondu, et j'ai fait un nouvel essai : Madame Étiquette ?

Tout le monde s'est arrêté de lire dans un silence indigné.

— Qu'est-ce qu'il y a ? Pourquoi vous me regardez toutes ?

— Sabine, comment est-ce que je m'appelle ? a demandé sévèrement notre professeur.

— Madame Étiquette.

Cette fois-ci, tout le monde se tordait de rire sur sa chaise. Je regardais autour de moi, ahurie. Même Madame Étiquette avait du mal à garder son sérieux.

— Non, Sabine, ce n'est pas mon nom, m'a-t-elle corrigée.

Et j'ai compris alors que les filles ne la surnommaient ainsi que dans son dos. Mais personne n'avait imaginé que je ne connaissais pas cette vieille habitude de donner des surnoms aux professeurs...

Elle m'a appris son véritable nom, que je me suis dépêchée d'oublier. Pour moi, comme pour toutes les autres filles, elle était et resterait Madame Étiquette, seulement on ne le disait pas à voix haute. Ç'aurait été une erreur de conduite.

Maman, dans son école de la jungle, avait d'autres problèmes à résoudre :

« Ma chère Sabine,

« Le bâtiment de l'école est terminé et nous avons pu y emménager la semaine dernière. On nous a fabriqué quelques bancs et nous avons installé deux tables pliantes que nous avions rapportées de la côte. Papa a même placé une cuve à eau à côté de l'école et les enfants peuvent s'y laver avant les cours.

« J'ai été sévère dès le premier jour. Les enfants doivent comprendre que l'apprentissage ne va pas sans discipline. Tu connais bien la position de ta mère sur cette question...

« J'ai écrit sur chaque cahier le nom de l'élève. Ils ont le droit d'emporter leur crayon à papier avec eux pour le rapporter le lendemain. Il faut imaginer que ces enfants n'ont jamais eu ni crayon ni papier !

« J'ai donné des crayons de couleur aux enfants de la claas dua et leur ai fait dessiner des cercles, des

ovales et des carrés. Ils ont expérimenté joyeusement les crayons. Pour les grands garçons, j'ai apporté des billes et j'ai demandé à chacun de m'en donner cinq. Chacun des douze élèves a plongé sa main dans les billes et m'en a donné une pleine poignée. Ils ne savent compter que jusqu'à trois, après ils n'ont même plus de mot pour les chiffres et se servent d'une main, ou d'une main et d'un pied, et ainsi de suite. J'ai donc commencé à leur apprendre à compter jusqu'à cinq en indonésien, puis jusqu'à dix. J'ai écrit les chiffres dans chaque cahier et j'ai prié ensuite les garçons de s'exercer. Deux jours plus tard, ils avaient tous rempli leur cahier ! J'ai dû faire venir d'autres cahiers de la ville. Je m'étonne beaucoup de l'application dont ils font preuve.

« J'ai aussi remarqué qu'il y a de grandes différences d'intelligence. Abusai était tellement lent que j'ai voulu le faire passer en claas dua. Mais les autres garçons de la claas tiga sont venus me supplier de ne pas le faire. "Bon, d'accord, ai-je dit, mais vous l'aiderez à faire ses devoirs."

« Je les ai vus s'asseoir sous mon goyavier et faire des exercices avec Abusai. Le pauvre garçon n'avait pas le choix, ils ne l'ont pas laissé partir. Et figure-toi qu'il a vite rattrapé les autres. C'est toujours un élève lent, mais je le laisse dans la claas tiga. »

Je me souviens du jour où l'on nous a distribué nos premiers emplois du temps. C'était quelque chose de tout à fait nouveau pour moi. Je regardais fixement la feuille de papier : chaque jour était différent, on avait telle matière tantôt le matin, tantôt l'après-midi, et selon une combinaison qui changeait tous les jours !

C'était tellement plus simple dans la jungle, me disais-je. Les mêmes disciplines tous les jours, et j'avais toujours le droit de décider si je préférais commencer par les maths ou par l'anglais. Au lycée de Jayapura, il y avait certes différentes matières, mais les professeurs restaient toujours les mêmes et gardaient leurs brebis ensemble. Ici, il fallait que je me débrouille toute seule et cela me faisait peur. Comment allais-je y arriver ? Comment me souvenir de tant de choses à la fois ?

Un Européen aura sans doute du mal à comprendre qu'un emploi du temps ait pu me mettre dans une telle panique. Mais jusqu'à ce jour je n'avais jamais dû respecter un planning précis. La règle qui valait dans la jungle était la suivante : si je ne viens pas aujourd'hui, je viendrai demain...

Cette nuit-là, j'ai fait à nouveau des cauchemars ; j'ai rêvé que j'avais perdu mon emploi du temps et que je courais d'une salle à l'autre en demandant d'un air désespéré si j'étais dans la bonne.

Dans la réalité, il m'est arrivé une fois d'oublier une heure de cours, j'en ai transpiré à grosses gouttes. Je suis arrivée en retard et je me suis fait sermonner par le professeur. Après le cours, j'ai pris mon courage à deux mains pour essayer de lui expliquer mon problème. Cette enseignante est dès lors devenue une de mes préférées. Elle enseignait le français, et comme j'avais déjà appris plusieurs autres langues, ce n'était pas grand-chose pour moi d'en ajouter une. Le français était nettement plus facile que le fayou.

Plus tard, lorsque j'ai eu mon premier petit ami, qui ne parlait que français, mes dernières inhibitions sont tombées.

Leslie et Susanne s'employaient toujours assidûment à me « civiliser ». Il y avait à Montreux un bar avec quelques tables de billard. Ce nouveau jeu m'avait immédiatement conquise et, pour une débutante, j'étais même assez douée. Nous y allions souvent, mais quand je ne jouais pas au billard, je me sentais exclue : les autres discutaient de sujets dont je n'avais pas la moindre idée.

Qui pouvaient bien être les Beatles ? Qui était George Michael ou, comment s'appelait-il déjà, Elton George, non, Elton John ? Je n'étais pas plus au courant des films, ne connaissais aucun acteur à part Tom Cruise. Une amie qui nous avait rendu visite un jour en Indonésie m'avait montré des photos de lui en se pâmant d'amour. Cela m'avait laissée perplexe : comment pouvait-elle tomber amoureuse de lui sans le connaître personnellement ? Je n'avais jamais entendu dire que l'on pouvait être « fan » et aimer de loin, j'ai dû faire de véritables efforts pour arriver à le comprendre.

Le jour où j'ai eu ma première invitation au cinéma, en Suisse, j'ai été obligée de demander ce qu'était un cinéma ! Leslie m'a prise à part et m'a éclairée. Mais je commençais à avoir le sentiment que l'on me trouvait un peu limitée et j'ai donc pris le taureau par les cornes. Tous les lundis, j'allais dans un petit magasin proche de l'école et je m'achetais une pile de journaux. Au bout de quelques semaines, la vendeuse me connaissait bien et m'appelait par mon nom. Je crois que j'étais alors sa meilleure cliente.

Je rentrais dans ma chambre, lisais tout en détail, regardais les photos et essayais de retenir les noms et les visages. Chaque fois que je pensais enfin tous les connaître, il en surgissait de nouveaux. C'était épuisant. Ainsi, à peine avais-je réussi à maîtriser les stars du rock qu'on m'a demandé : « Quoi ! Tu ne sais pas qui est Boris Becker ? ! »

J'ai soupiré discrètement et je suis retournée acheter des magazines de sport. Ensuite est venue la politique, puis les comédies musicales, les chanteurs d'opéra, etc. Cette fameuse culture occidentale semblait sans fin, mais j'avais une volonté de fer et je n'ai pas renoncé.

Le miracle des techniques de communication m'intimidait davantage qu'il ne m'enthousiasmait. Un jour, lors de la distribution du courrier, on a appelé une fille qui avait reçu un fax. Un fax ? C'était quoi ? Je me suis tournée vers Leslie qui avait déjà pris son inspiration, sachant que j'allais encore la solliciter. Mais, cette fois-là, je n'arrivais pas à la croire. Non, ce n'était pas possible qu'on passe une feuille dans une machine et qu'elle ressorte identique à l'autre bout du monde ! Comment un papier pouvait-il traverser un câble ? J'ai eu la même réaction en voyant un téléphone portable pour la première fois. J'étais décontenancée, cela relevait pour moi de la magie.

J'ai pris définitivement conscience, à cette époque, de la différence entre ce monde et celui dans lequel j'avais grandi. Je doutais, je me sentais perdue et submergée. En recevant une nouvelle lettre de maman, j'ai été contente de retrouver un peu de « normalité » :

« Ma chère Sabine,

« Il y a tant de choses à raconter ! C'est vraiment chouette que l'hélicoptère vienne aujourd'hui et puisse tout de suite emporter cette lettre. Ici, au pays des Fayou, il n'est pas toujours si facile de communiquer…

« Je ne maîtrise toujours pas la langue aussi bien que ton père, ce qui provoque de véritables fous rires à l'école. Tant que je peux montrer les objets ou les dessiner au tableau, ça va. Mais comment trouver dans la langue fayou un mot pour la fidélité, la fiabilité et autres concepts du genre ? C'est très difficile avec toutes les notions abstraites.

« Les devoirs de mathématiques nous donnent moins de mal. L'exercice des billes fonctionne désormais très bien, je peux en demander trois, quatre ou six. Je passe sans arrêt d'un élève à l'autre et répète, répète.

« Quand un garçon a du mal, je l'envoie dans la véranda avec un autre élève pour qu'ils s'entraînent ensemble. Soudain, ça marche. Ils peuvent maintenant dire aux adultes : "Aujourd'hui, j'ai vu quatre

sangliers !" Ou alors ils rentrent chez eux tout excités et racontent : "Apho (papa), notre sanglier a eu cinq petits." Ils prennent la main de leur père et lui montrent ses cinq doigts. Les pères sont fiers de voir que leurs fils et leurs filles savent des choses qu'aucun adulte ne connaît.

« J'ai aussi commencé à apprendre l'alphabet aux grands garçons de la claas tiga. Je suis toujours stupéfaite qu'ils n'aient mis qu'une semaine à apprendre les lettres de A à J. Je remarque aussi que les garçons qui ont d'emblée eu du mal à compter n'ont aucun problème avec l'alphabet. Quand ils ont su l'alphabet, j'ai commencé avec les syllabes. Il ne leur a pas fallu longtemps pour savoir lire et écrire leur nom...

« L'enthousiasme est énorme. Je suis fière de mes élèves. Papa a suggéré que nous ouvrions aussi une classe pour les adultes, mais je préfère rester avec les enfants. Je les connais pour la plupart depuis qu'ils sont tout petits, presque comme mes propres enfants, qui maintenant vadrouillent à travers le monde. J'espère vraiment, ma chérie, que tu vas bien et que tu apprends plein de choses pour la vie... »

— Sabine, tu sais ce que c'est qu'une capote anglaise ? m'a demandé un soir mon éducatrice Leslie.

— Un manteau pour la pluie ? ai-je répondu, somnolente.

Leslie a éclaté de rire.

— Non, pas du tout ! On utilise une capote, ou un préservatif, pour avoir des rapports sexuels protégés.

— Des rapports sexuels protégés ? Est-ce que ça peut être dangereux ?

Mon intérêt s'était réveillé.

— Viens, je vais te montrer, a dit Leslie en allant chercher une banane. Elle a ouvert un petit emballage carré et en a sorti un long caoutchouc transparent. Je la regardais en écarquillant les yeux. Elle m'a expliqué à quoi ça servait et j'ai pris la banane habillée dans la main.

— Mais elle est beaucoup plus grosse qu'un... tu sais ce que je veux dire. Ça doit tout le temps glisser.

— Sabine, combien d'hommes nus as-tu vus dans ta vie ?

J'étais fière de pouvoir répliquer :

— Oh, plein ! Mais ils ne mettraient jamais une chose pareille.

— Bon, eh bien, je crois qu'une nouvelle surprise t'attend !...

Leslie riait et moi aussi, la pauvre banane était tellement drôle.

Leslie m'a décrit ce soir-là d'autres choses concernant les hommes et le sexe. Je suis restée longtemps éveillée dans mon lit, n'arrivant pas à croire ce que je venais d'entendre. Maman n'avait jamais abordé ces sujets. Elle m'avait seulement expliqué comment naissent les enfants.

« Est-ce que les Fayou aussi font ça ? » me demandais-je.

Maintenant que j'étais éclairée sur la question, j'ai voulu améliorer ma confiance en moi. Il fallait toujours que je surmonte de grosses appréhensions pour aller où que ce soit toute seule. J'ai donc décidé de tester mon indépendance pour surmonter ma peur.

J'ai choisi un bar élégant qui n'était pas loin de l'internat. Il ouvrait en fin d'après-midi et était généralement presque désert à cette heure-là. J'ai pris une profonde inspiration avant d'entrer dans le bar. On était en pleins préparatifs pour la soirée ; le barman était en train de poser de nouvelles bouteilles sur l'étagère. Il m'a souri et je me suis assise pour commander un jus d'orange. Mon cœur battait tellement fort que le barman devait l'entendre. J'avais envie de me lever, de fuir, mais je me suis forcée à rester assise. Cet homme souriant n'entendait peut-être pas mon cœur, mais il avait sûrement senti mon manque d'assurance. Il m'a apporté une coupelle de cacahouètes et a parlé longtemps avec moi. Je me suis bientôt sentie plus détendue et ça allait déjà mieux la fois suivante. J'ai fréquenté ce bar pendant plusieurs semaines, jusqu'à ce que ma peur disparaisse.

Je sais aujourd'hui que la gentillesse des gens que j'ai rencontrés m'a longtemps empêchée de sombrer.

« Ma Sabine adorée,

« Il y a tellement de choses qui ont changé dans notre maison, cela n'a plus rien à voir avec notre cabane au bord du fleuve. J'ai maintenant une vraie cuisinière à bois où je peux faire cuire du pain. Papa a installé des cellules solaires sur le toit, de sorte que nous avons de la lumière électrique. (Mais nous l'utilisons à peine parce que cela attire les insectes dans la maison…)

« Je pense beaucoup au passé. Comme tu nous manques à tous ! Les Fayou demandent sans arrêt de tes nouvelles et veulent savoir quand tu vas revenir. Récemment, Fusai a apporté un grand morceau de sagou et m'a raconté que tu en raffolais, de préférence avec des vers vivants à l'intérieur, a-t-elle souligné. Ton père continue à passer toutes ses soirées avec les Fayou autour du feu, à parler avec eux. Parfois, ils racontent toutes les bêtises que tu faisais petite. Je m'en rends compte quand tout le monde éclate de rire…

« Ton père a encore redit récemment à quel point vous lui manquiez tous et que ce n'était plus aussi bien qu'autrefois, lorsque vous étiez encore là. Ah ! Sabine, j'espère que tu n'oublieras pas l'époque de la jungle et que tu sauras toujours combien tu es importante dans notre vie. "Le piment de notre existence", c'est ainsi que j'aime te qualifier. Je n'arrive pas à imaginer la vie sans toi.

« Ne nous oublie pas, s'il te plaît, car nous t'aimons tous beaucoup. »

En lisant cette lettre, j'ai ressenti à nouveau l'étrange douleur qui se manifestait de plus en plus souvent depuis quelque temps. La jungle revenait dans mes rêveries dès que j'étais dans mon lit, le soir. Mais je refoulais ces pensées et ces sentiments qui ne semblaient destinés qu'à me faire monter les larmes aux yeux. Non ! J'étais désormais ici et voulais devenir comme toutes les autres. N'était-ce pas mon but ? N'étais-je pas une Européenne, une Blanche ?

J'ai rangé la lettre quelque part en essayant de ne plus y penser.

Quelques semaines plus tard, j'ai eu mon premier petit ami. C'était un mannequin, un bel homme qui avait beaucoup d'allure. Je l'avais rencontré en jouant au billard et j'étais immédiatement tombée amoureuse, car c'était l'homme le plus charmant que j'avais jamais vu.

Dès notre deuxième rendez-vous, il m'a demandé si je voulais coucher avec lui. J'étais un peu perplexe – était-ce normal ici ? J'ai eu le courage de lui dire que c'était trop tôt pour moi. Nous nous sommes vus très souvent les semaines suivantes, avons fait des randonnées en montagne et beaucoup discuté. J'étais tellement amoureuse que j'ai téléphoné à ma grand-mère pour lui dire que je voulais me marier avec cet homme.

Il m'a confié son rêve : devenir acteur. Mais il essayait surtout de me persuader de coucher avec lui. Il m'aimait et voulait me le prouver. Quant à moi, fraîchement sortie de la jungle, j'étais extrêmement naïve. Il a donc fini par obtenir ce qu'il voulait.

De retour à l'internat, j'étais toute fière de pouvoir raconter à Leslie que j'avais perdu ma virginité, mais elle a eu une réaction inattendue : elle était en colère et trouvait dommage que je n'aie pas attendu de trouver le bon.

« Mais c'est ce que j'ai fait ! » ai-je répliqué, perplexe. Quelques jours plus tard, une camarade de classe m'a révélé que mon ami était marié et avait un enfant. J'étais tellement choquée que je n'en croyais pas un mot. Non ! Impossible ! Cet homme ne mentait pas, il n'avait pas commis un adultère. Il aurait risqué la peine de mort !

J'ai couru dans la maison et je me suis enfermée dans la douche – le seul endroit où on avait un peu d'intimité – pour pleurer. Je sanglotais tellement que je ne pouvais plus tenir debout. Je me suis assise au fond de la douche et j'ai mis un gant de toilette dans ma bouche pour étouffer mes cris. « Qu'est-ce que j'ai fait, me disais-je sans cesse, mais qu'est-ce que j'ai fait ? »

Étais-je moi aussi condamnée à mort ? C'était pourtant mon mari puisqu'il avait couché avec moi. C'était en tout cas ainsi dans le monde où j'avais grandi. Je n'y entendais plus rien. J'étais assise dans la douche, sous un jet d'eau chaude, et je me sentais complètement perdue. Pour la première fois de ma courte vie, j'ai été prise d'une véritable panique. Je ne savais pas de quoi j'avais peur, mais peut-être pressentais-je que le monde moderne « parfait » que nous nous plaisions à évoquer pendant les jours de pluie, dans la jungle, n'existait que dans nos rêves. Que le monde dans lequel je me trouvais était complètement différent et que j'y étais très étrangère et le resterais toujours. Je me sentais prisonnière, et je comprendrai beaucoup plus tard à quel point effectivement c'était le cas. Prisonnière entre deux cultures, deux mondes, prisonnière des griffes d'une imagination trop grande.

J'ai revu cet homme huit ans plus tard. Alors que je montais les escaliers de la gare pour aller chez le médecin, à Vevey, je suis tombée sur lui. Il m'a raconté autour d'un café qu'il avait divorcé et qu'il voulait toujours devenir acteur. Puis il m'a présenté ses excuses, ce qui m'a surprise.

« Cela fait longtemps que je t'ai pardonné, ai-je répondu. Tu m'as permis de comprendre pas mal de choses. »

Je ne l'ai plus jamais croisé par la suite.

Le temps était passé très vite, une nouvelle année scolaire commençait. Leslie et Susanne avaient quitté l'école, j'étais triste de perdre mes amies et « conseillères ». En contrepartie sont arrivées à l'internat trois nouvelles élèves, avec lesquelles j'ai passé une nouvelle année passionnante : une Japonaise, une Anglaise et une Danoise.

À première vue, je me sentais un peu plus à l'aise dans mon nouvel environnement, mais les apparences étaient trompeuses : la vie au Château Beau Cèdre était une vie protégée, une sorte de cage dorée.

Nous étions traitées comme des adultes, ce dont je sais gré au directeur et à sa femme. Pendant les week-ends, nous avions le droit de nous défouler et celles qui étaient majeures, comme moi, pouvaient même partir. Mais nous vivions quand même dans un monde sous contrôle, selon un emploi du temps rigoureux, et nous savions toujours ce que nous avions à faire.

La deuxième année s'est donc écoulée tranquillement, et je refoulais de plus en plus le souvenir de la maison. Je vivais dans une espèce d'état de transe. Seules les lettres de ma mère me faisaient ressentir une profonde douleur. Je les mettais de côté, pensais à autre chose et m'estimais trop occupée pour m'y confronter.

Un après-midi, cependant, j'ai reçu une très courte lettre de papa :

« Ma fille chérie,

« Nous passons presque toutes les soirées assis devant la maison, autour du feu. La vue est magnifique. Les Fayou parlent de toi. Ils se rappellent que

tu t'étais assise là un jour et que tu avais mangé du crocodile et du sanglier avec eux. Ils aimeraient tellement te revoir. Tuare demande toujours quand tu reviendras enfin auprès de ton frère fayou. Je leur ai expliqué que tu étais très loin. Quand le soleil se couche ici, leur ai-je dit, il se lève chez Sabine, et quand elle mange son sagou, vous êtes tous en train de dormir. »

En lisant cette lettre, j'ai ressenti un profond mal du pays. Je suis allée dans ma chambre pour pleurer. La façade de la jeune femme moderne que j'avais soigneusement bâtie commençait à s'effriter, et l'enfant de la jungle se manifestait clairement. Pour la première fois depuis mon arrivée, j'ai eu une pensée bien nette : « Je dois rentrer bientôt, très bientôt. »

Je n'en avais plus pour longtemps avant de terminer ma scolarité.

Mais la vie est ainsi faite que tout s'est passé autrement. Je n'aime pas évoquer le souvenir de la période qui a suivi. Car autant j'avais vécu protégée à l'internat, autant j'ai été ensuite brutalement jetée dans le monde réel, sans la moindre expérience ni le moindre secours, ne pouvant compter que sur moi-même. Il n'y avait plus personne pour tout m'expliquer calmement, pour me prendre par la main, me faire traverser les rues, ou pour me dire quel danger m'attendait au coin. Je me sentais désemparée et très seule. Ce fut le plus sombre chapitre de mon existence.

12

Toute seule

« Chère Sabine,

« Merci pour les magnifiques photos. Que puis-je dire ? Je les regarde tous les jours. Bébé Sophia – j'ai peine à le croire ! J'ai mis quelques photos sur les murs. Ma préférée est celle où on la voit dans son berceau, l'air tout jaune. Je brûle d'impatience de la voir.

« Nous avons aussi montré les photos de Sophia aux Fayou. Il n'y avait plus moyen de les calmer quand ils ont su que c'était ton bébé. Fusai a demandé si un homme t'avait volée ! Oui, ai-je dit, volé au sens propre du terme. Et il ne nous a même pas demandé notre avis. Elle a trouvé ça inouï ! Nakire s'est aussitôt exclamé : "Je suis donc grand-père ! – Comment ça ? a demandé ton père. C'est moi le grand-père, pas toi." Mais Nakire a insisté : "Je suis aussi grand-père. Sabine est aussi ma fille." Ils se sont mis d'accord là-dessus. Nakire rayonnait de joie.

« Mais il faudrait que tu viennes bientôt, a-t-il ajouté, il aimerait bien voir sa petite-fille. »

Peu après avoir quitté l'internat, je suis tombée enceinte. J'avais rencontré un jeune homme, et Leslie avait oublié de me prévenir qu'un préservatif pouvait se déchirer.

Je suis allée en Allemagne pour accoucher et je me suis retrouvée là avec Sophia, ne sachant absolument pas quoi faire. J'ai donc fini par retourner en Suisse pour épouser le père de l'enfant. Je suis retombée enceinte l'année d'après et j'ai accouché d'un garçon. Puis nous avons divorcé et les choses se sont enchaînées. J'avais le sentiment de sombrer, je ne pouvais plus respirer, j'étais attirée vers quelque chose de menaçant sans pouvoir en sortir. Le mal du pays me harcelait sans répit et mes cauchemars étaient revenus.

Ma seule source de lumière était mes enfants. Je les aimais plus que tout, et ils étaient pourtant la raison qui m'empêchait de retourner dans la jungle. Je ne voulais pas les laisser en Suisse et ne pouvais pas les emmener non plus. Je suis donc restée, j'ai fait des études et j'ai commencé à travailler.

Extérieurement, j'essayais de donner une image parfaite, mais en moi il n'y avait qu'angoisse, désespoir et le sentiment de ne pas être à la hauteur, de ne pas bien faire. Je ne parlais plus de mon enfance ni de mes racines.

Je traversais la vie comme dans un rêve, en essayant de m'adapter, ce qui ne faisait qu'empirer les choses. Je sombrais de plus en plus bas, tout semblait aller de travers dans ma vie. Je ne savais plus qui étaient mes ennemis et mes amis, il n'y avait plus ni noir ni blanc, mais seulement du gris.

Les années passaient tant bien que mal, et j'avais de plus en plus l'impression de naviguer toute seule en pleine mer, sans voiles ni rames. Puis une violente tempête se déclenchait. Une obscurité malfaisante s'abattait sur moi, la foudre, les éclairs, et des vagues monumentales déferlaient sur moi, sans cesse. J'avais perdu le contrôle, je m'agrippais au bord du bateau, certaine que c'était la fin. J'appelais à l'aide, mais personne ne m'entendait. Car la peur m'avait rendue muette. Et à chaque fois que j'émergeais, j'étais submergée par une nouvelle vague.

J'avais tout perdu : mon foyer, ma famille, mes rêves, ma joie de vivre, tout avait disparu. Je luttais toute seule dans un monde que je ne connaissais pas encore, je ne me familiarisais avec aucune règle ou usage. Mes parents étaient dans la jungle, mon frère et ma sœur très loin, aux États-Unis. J'avais la sensation que l'on m'avait violemment arrachée à ma famille – et pourtant un coup de téléphone aurait suffi pour que je revoie mes parents. Pourquoi ne le faisais-je pas ? Je ne sais pas. Sans doute étais-je trop anéantie par ce choc, qui s'est avéré plus tard être un grave choc culturel. Je ne pouvais pas avoir de pensées claires et je n'avais pas la force d'entrer en action. Je ne savais pas moi-même ce qui m'arrivait.

Enfin, déjà au fond de l'abîme, j'ai perdu mon travail. Je n'avais vraiment plus rien. Pas même de quoi manger.

Ce soir-là, je suis rentrée tard chez moi, dans mon appartement sombre et froid, et tout s'est effondré. Je me suis mise à pleurer en tombant par terre, inerte, l'esprit complètement brouillé. Je n'avais qu'une envie : faire taire cette douleur insupportable, arrêter de vivre. J'ai fait alors quelque chose dont le souvenir m'ébranle encore aujourd'hui.

J'ai rampé jusqu'à la salle de bains, j'ai pris un rasoir et j'ai sorti la lame. Je sentais le métal froid entre les doigts, c'était agréable, comme un contact libérateur. J'ai enlevé mon pull et ne pensais plus qu'à une chose : éliminer cette douleur d'une façon ou d'une autre. Dans une espèce de transe, j'ai posé la lame contre ma peau blanche et j'ai senti une brève piqûre, puis j'ai vu une, deux, trois, des dizaines de gouttes de sang couler le long de mon bras.

Puis j'ai éprouvé comme un soulagement. Cette douleur physique me détournait de ma souffrance intérieure et c'était apaisant. J'étais comme dans un rêve et j'ai continué à m'entailler le poignet, puis l'autre. Les entailles étaient de plus en plus profondes et j'avais le sentiment de tout sauver ainsi : mes enfants, ma famille, ma vie.

Mais en me regardant dans le miroir, j'ai eu peur. Un fantôme me faisait face, pâle comme un linge, le visage barbouillé de rimmel noir, le regard fixe, effaré. La réalité me frappait en plein visage. J'ai laissé tomber la lame et j'ai regardé mes bras, le sol, mes vêtements – tout était couvert de sang. Je me suis mise à hurler, je me suis enfoncé un poing dans la bouche pour le mordre, mais je ne pouvais plus m'arrêter de crier.

Je suis restée assise sur le carreau froid jusqu'à ce que mes cris se transforment en un gémissement. Une étrange fatigue m'a envahie peu à peu. Je n'avais plus qu'une envie : me coucher et fermer les yeux.

Peu après, en ouvrant les yeux, je me suis aperçue que je saignais toujours. Tout était rouge, je trouvais presque cela beau. Mon sang, ma vie, je voyais la douleur s'envoler, ma vie s'écouler hors de moi.

Alors, comme si j'avais voulu prendre congé du monde, j'ai dit une prière, pour la première fois depuis longtemps. C'était la prière qui m'avait accompagnée toute mon enfance : « Celui qui se place à l'abri auprès du Dieu Très-Haut et se met sous la protection du Tout-Puissant, celui-là doit dire au Seigneur : Tu es la forteresse où je trouve refuge, Tu es mon Dieu, j'ai confiance en Toi. [...] Aucun mal ne t'atteindra, aucun malheur n'approchera de chez toi. Car le Seigneur donnera l'ordre à Ses anges de te garder où que tu ailles. »

« Mon Dieu, qu'est-ce que j'ai fait ? » implorait une voix dans ma tête. C'était comme si je me réveillais tout à coup. J'ai pris deux serviettes et les ai enroulées autour de mes poignets. Ça cognait et ne cessait de saigner. J'ai appuyé très fort, jusqu'à ce que je sente le saignement diminuer. Je me suis assise contre le mur et j'ai fermé les yeux, les serviettes ensanglantées nouées sur mes blessures.

Je me suis remémoré toute ma vie. Tout ce que j'avais vu et vécu se déroulait sous mes yeux comme un film : le Népal, les montagnes, les étoiles, la jungle, les Fayou, Tuare, la « rivière du dimanche », les guerres, la haine, l'amour, la mort d'Ohri, mes parents et enfin mes enfants. Je voyais la joie et la douleur, je pensais aux Fayou et à ma vie ici, mais surtout à mes parents qui m'avaient transmis l'importance de l'amour, et à mes enfants que j'aimais par-dessus tout.

Je me suis soudain trouvée face à moi-même, surprise. N'avais-je pas appris à survivre dans une jungle ? N'avais-je pas réussi à surmonter en quelques années, comme si j'avais voyagé dans le temps, le passage de l'âge de pierre à l'époque moderne ? Qu'était devenue ma force ? Où étaient passés mon esprit de survie, ma joie de vivre et ma volonté ? Où était mon véritable moi ?

Ne pouvais-je pas apprendre à être également heureuse dans cette civilisation ? L'un dans l'autre, ce monde n'était après tout qu'une... autre sorte de jungle.

« Dieu, je t'en prie, aide-moi, ai-je murmuré, je ne peux plus continuer. » J'ai renversé ma tête en arrière et je me suis endormie.

Cette nuit-là, j'ai rêvé d'Ohri. Mais il n'y avait ni hutte en flammes ni jeune homme implorant de l'aide. J'étais à nouveau dans la jungle, assise sur le tronc d'arbre qui est devant notre maison, et j'admirais la beauté de la jungle. Ohri surgissait soudain, grand et fort, avec un sourire chaleureux. Il s'asseyait à côté de moi, prenait ma main et me disait juste cette phrase : « Je ne t'ai jamais abandonnée. »

En me réveillant le lendemain matin, j'ai ressenti une paix intérieure comme je n'en avais pas connue depuis longtemps. Je me suis levée, j'ai tout nettoyé, j'ai enlevé le sang séché, mis un pansement sur mes poignets, je me suis changée et couchée. J'ai recommencé à pleurer, mais ce n'étaient plus des larmes de désespoir, c'étaient des larmes de soulagement. J'avais pris une décision : j'étais résolue à me battre. J'apprendrais aussi à survivre ici, comme dans la jungle. Je serais forte à nouveau et rentrerais un jour dans mon pays. Je savais que le chemin qui m'attendait n'était pas facile, mais je voulais être de nouveau heureuse, je voulais me lever le matin en me réjouissant de l'existence.

Ainsi ai-je commencé à lutter pour mon bonheur, avec l'objectif de prendre en toute conscience les décisions qui guideraient ma vie sur la bonne voie.

Je continue encore à lutter aujourd'hui, mais j'ai retrouvé le courage et la force. J'ai construit une nouvelle vie et j'ai appris que le bonheur ne vient pas de l'extérieur, mais de l'intérieur. J'ai entrepris un voyage intérieur qui doit me montrer mon véritable moi, le sens de ma vie et l'endroit où je serai enfin à ma place. Qu'il s'agisse de la jungle ou du monde occidental, je retrouverai mon bonheur et ma joie.

13

Un nouveau début

Quelques années se sont écoulées depuis le jour où j'ai décidé de changer. Après un certain temps passé en Suisse, puis un séjour au Japon, je me suis installée en Allemagne il y a deux ans. J'ai beaucoup voyagé ici et là et j'ai changé ma vie à maintes reprises.

Récemment, j'ai dû affronter l'administration pour faire faire ma carte d'identité. Une femme m'a tendu les papiers que je devais signer. Puis, alors que j'avais tout signé, elle continuait à me regarder en attendant quelque chose. Comme je ne réagissais pas, elle m'a dit que je devais lui rendre mon ancienne carte pour qu'elle puisse me donner la nouvelle.

« Oh non ! me suis-je dit, encore ! »

Je lui ai expliqué ce que j'avais déjà dit des centaines de fois aux différentes administrations, à savoir que je n'avais jamais eu de carte d'identité puisque je n'étais pas née en Allemagne et que je n'y avais pas grandi non plus. Elle a paru sidérée, mais j'ai fini par l'obtenir, à l'âge de trente et un ans.

En arrivant en Allemagne, pour la première fois je me suis intégrée dans une société où je n'étais pas une étrangère. J'ai acheté une voiture, loué un appartement et j'ai commencé à me débattre avec la bureaucratie. Assurance responsabilité civile, assurance vie, retraite, bail, numéro fiscal, télévision câblée... Se déclarer ici, se désinscrire là-bas, montrer tel certificat, tel document... Cela semblait sans fin. Tout était pour moi une nouvelle expérience. Je vis maintenant dans une petite ville proche de Buxtehude et j'aspire à devenir heureuse dans ce nouvel endroit.

Aujourd'hui, je considère comme un cadeau le fait d'avoir grandi dans la culture des Fayou. Les Fayou demandent à mon père : « Comment va Sabine ? Est-ce que son cœur est heureux ? » Ils ne demandent pas comment est ma maison ou combien je possède de sangliers. Ce dont ils se soucient n'a rien à voir avec mon statut social.

Tant que j'arrive à entendre ce que la jungle a à me dire, je vais bien. Elle me conseille de me réjouir des choses simples de la vie quotidienne, car la vie est dictée par les faits et non par la consommation. Elle me dit que le bonheur ne réside pas dans ce que je possède, mais dans ma capacité à me satisfaire de ce que j'ai.

Je dois m'efforcer tous les jours de vivre cette vérité, mais la jungle m'a donné un sixième sens pour cela, et je lui en suis très reconnaissante.

Cependant, je n'ai retrouvé une certaine joie de vivre que depuis que j'ai commencé à raconter mon histoire et à faire remonter tous ces souvenirs. Au cours de ces derniers mois, j'ai revécu mon enfance. J'ai ri, j'ai pleuré, j'ai vu le soleil se lever sous mes yeux, j'ai traversé le fleuve en pirogue et admiré la beauté de la nature. J'ai regardé toutes les vieilles photos et les films, j'ai lu mes journaux intimes et parlé du passé avec ma famille.

Et maintenant que je suis arrivée à la fin de ce livre, j'ai réalisé une chose : je ferai toujours partie de la jungle, et la jungle sera toujours une partie de moi. J'appartiens à deux mondes et à deux cultures. Je suis une citoyenne allemande et néanmoins une enfant de la jungle.

« Chère Sabine,

« La lettre que t'écrit ton papa aujourd'hui est placée sous le signe d'un profond chagrin. Le chef Baou, qui nous avait jadis autorisés à vivre chez les Fayou, est mort.

« Ayant récemment appris par la radio qu'il était mourant, j'ai accouru auprès de lui mais quand je suis arrivé au village il était déjà mort. J'étais très triste et j'ai pleuré. Nakire est alors venu me voir et m'a raconté la chose suivante :

« Quelques jours avant sa mort, le chef Baou a été pris d'une peur panique. Il savait que son heure était venue. Très angoissé, il a appelé un proche auprès de lui et lui a confessé pendant trois jours tout ce qu'il avait fait : chaque homme, femme et enfant qu'il avait tués. Comme tu sais, Sabine, c'était un des guerriers les plus dangereux et les plus brutaux.

« La paix et la sérénité sont soudain entrées dans le cœur de Baou. Quand les autres Fayou qui s'étaient réunis autour de sa hutte ont commencé à pleurer, il leur a dit : "Pourquoi pleurez-vous ? Vous devez au contraire être contents pour moi, car je vais enfin rencontrer Afou guti, le Grand Père."

« "Attends, chef Baou, Klausu arrive", a dit Nakire, sachant que je venais d'atterrir à Kordesi.

« Le chef Baou lui a répondu : "Pourquoi devrais-je attendre Klausu, je le connais déjà. J'ai hâte de voir enfin Afou guti."

« Ainsi a-t-il pris congé de chacun, a posé sa tête et est mort. On m'a dit que son visage dégageait une grande tranquillité. Car enfin, peu avant sa mort, il avait trouvé la paix à laquelle il avait aspiré toute sa vie.

« Sabine, je prie pour que toi aussi tu trouves un jour la paix et la joie que tu souhaites. Je pense à toi et t'embrasse bien fort,

Ton papa. »

Épilogue

C'était notre première rencontre familiale depuis dix ans. Judith et Christian étaient venus à Hambourg depuis les États-Unis, où ils vivent tous les deux avec leur conjoint. Papa s'était brièvement absenté de la jungle et maman était déjà là depuis quelque temps.

Nous nous sommes assis autour d'un café pour parler de mon projet de livre. Dehors, on entendait mes enfants et le fils de Judith qui papotaient gaiement dans un mélange chaotique d'allemand, d'anglais et de français.

Maman a dit dans un soupir :

— Cela me rappelle tellement de souvenirs d'entendre vos enfants. Quand vous étiez petits, personne ne vous comprenait, à moins de parler à la fois anglais, allemand et indonésien.

— Pourquoi quand on était petits ? s'est amusé Christian. On parle encore comme ça quand on est ensemble. Et papa est le pire de nous tous !

— Je me souviens de la première lettre de papa que j'ai reçue quand j'étais en Angleterre, a dit en riant ma sœur, tout en prenant une part de gâteau au chocolat – elle était enceinte et presque à terme. J'en ai ri pendant plusieurs jours, la lettre était écrite en quatre langues différentes. Je trouve ça admirable que tu projettes d'écrire un livre entier en allemand, Sabine. Je crois que j'en serais incapable.

— Mais nous savons tous que quand Sabine se met quelque chose en tête, elle va jusqu'au bout, quels que soient les obstacles, a ajouté papa avec un sourire.

— Est-ce que tu as l'intention de raconter dans ton livre la fois où tu m'as mis un serpent mort autour du cou ?

— Oh oui ! Et le jour où j'ai dû couper toute ta belle chevelure, s'est rappelé maman en riant.

— Mais le mieux, maman, c'est encore la fois où tu as versé un seau d'eau sur la tête d'un guerrier fayou ! ai-je pouffé de rire.

— Et en plus tu lui as ensuite offert mon unique serviette de bain ! s'est exclamé papa.

— Est-ce que vous vous souvenez du jour où j'ai fait à papa la plus belle peur de sa vie ? a raconté maman. Tous les Fayou étaient descendus en bas de la colline et il n'y avait plus personne au village, mais papa ne le savait pas. Quand je l'ai entendu remonter vers notre maison, je me suis complètement déshabillée, et quand il est arrivé j'étais dehors, en train de manger tranquillement du sagou. Si papa avait eu un dentier, toutes ses dents seraient tombées d'indignation ! Je ne pouvais plus m'arrêter de rire...

— Ah ! et vous vous souvenez de la fois...

Nous sommes restés longtemps assis à évoquer toutes les choses belles et tristes, drôles et tragiques que nous avions vécues. Parfois nous avons ri aux larmes, et parfois nous avons gardé le silence en pensant à nos amis fayou décédés.

La vie dans la jungle nous a tous beaucoup marqués. Nous en sommes encore reconnaissants et nous nous estimons chanceux d'avoir eu une enfance si originale et merveilleuse. Mais notre gratitude va surtout aux Fayou qui ont partagé leur vie avec nous et nous ont accueillis comme des membres de leur tribu, malgré notre couleur de peau et notre culture.

On continue aujourd'hui encore à s'engager pour les Fayou, mais c'est l'organisation de mes parents, YPPM, qui a repris en charge l'essentiel du travail de développement, notamment l'école fondée par ma mère, où la jeune génération apprend à lire, à écrire, à compter et s'initie à l'indonésien. D'après la loi, tous les habitants de l'île doivent maîtriser la langue nationale.

Les Fayou sont devenus une peuplade pacifique, méconnaissable eu égard à ce qu'elle était autrefois. La population croît, la mortalité infantile a considérablement diminué et l'espérance de vie est remontée à cinquante ans. Cette transformation, les Fayou l'ont accomplie grâce à leur volonté de fer et à leur courage.

Mais le plus important pour nous, c'est qu'ils sont désormais mieux équipés pour protéger leur tribu et leur pays des influences néfastes. Nous avons essayé de leur apprendre que leur pays a une grande valeur, qu'ils ont des droits, comme tous les humains, et qu'ils ne doivent pas croire tous ceux qui leur promettent quelque chose.

Le gouvernement de la Papouasie occidentale s'engage beaucoup pour nous soutenir. Une délégation a même récemment rendu visite aux Fayou sur leur territoire – c'était un grand honneur pour nous tous.

Malgré tous ces changements, ou justement grâce à eux, mes parents se battent sans relâche pour que la culture originelle et singulière des Fayou soit conservée : c'est-à-dire pour qu'ils puissent continuer à fabriquer eux-mêmes arcs et flèches, haches et filets, pour qu'ils gardent leurs huttes et transmettent à la jeune génération l'art de survivre dans la jungle. Sinon, personne ne pourrait plus le faire.

Les Fayou forment un peuple singulier, particulier, qui peut être fier de son héritage et du fait qu'il est devenu, malgré toutes les résistances, une civilisation florissante.

Annexe

Qu'est-ce que la Papouasie-Occidentale ?

Le pays dont il est question a une histoire longue et mouvementée. Connu auparavant sous les noms d'Irian occidental, Irian Barat, Nouvelle-Guinée occidentale et Irian Jaya, il est aujourd'hui appelé Papouasie-Occidentale et occupe la moitié ouest de l'île de la Nouvelle-Guinée – la deuxième île du monde après le Groenland. À l'est, la Papouasie-Occidentale est délimitée par l'État de Papouasie-Nouvelle-Guinée (indépendant depuis 1975), et au sud par la frontière maritime avec l'Australie. D'une superficie de 400 000 km^2, la Papouasie-Occidentale est la plus à l'est des provinces indonésiennes.

Il n'est pas excessif de considérer la Papouasie-Occidentale comme un monde en soi, auquel s'appliquent toute une série de superlatifs. L'île est traversée par la plus haute montagne située à l'est de l'Himalaya et à l'ouest des Andes, la pyramide Carstensz, en indonésien Puncak Jaya (dont le glacier culmine à 5 039 m), et par la chaîne imposante du Wisnumurti et les monts Sudirman. Le reste de l'île est occupé par une forêt pluviale tropicale, de hautes vallées fertiles et des marécages côtiers qui abritent une faune et une flore époustouflantes. Avec tous ses contrastes, l'île abrite la deuxième forêt tropicale du monde par sa taille, et depuis environ 45 000 avant Jésus-

Christ un millier de tribus papoues et mélanésiennes. C'est là que vivent les plus anciennes sociétés indépendantes de la planète.

La plus grande ville de la Papouasie-Occidentale – la capitale Jayapura – se trouve sur la côte nord, près de la frontière avec la Papouasie-Nouvelle-Guinée. Le littoral de la Papouasie était déjà occupé au VIIe *siècle par des marchands de Sriwijaya. Des navigateurs européens y laissèrent leurs traces à partir du* XVIe *siècle : les noms de lieux comme Bougainville, cap d'Urville ou le détroit de Torres témoignent de ce passé.*

En 1511, les navigateurs portugais Antonio d'Abreu et Francisco Serrano aperçurent l'île de Nouvelle-Guinée mais n'y débarquèrent pas. Le Portugais Jorge de Menezes atteignit la côte nord en 1526 et ouvrit ainsi la voie à d'autres explorateurs européens. Il baptisa le pays « île des hommes aux cheveux crépus ». En 1545, l'Espagnol Iñigo Ortiz prit possession de l'île et lui donna le nom de Nueva Guinea. Le nom de Nouvelle-Guinée apparut pour la première fois sur une carte en 1569. La Compagnie hollandaise des Indes orientales essaya en vain à partir de 1660 d'occuper ce pays riche en matières premières et hissa enfin, en 1678, le drapeau néerlandais sur la côte ouest, à Keyts. James Cook en personne prouva en 1770 que la Nouvelle-Guinée était une île indépendante de l'Australie et, durant son tour du monde par la côte sud, il accosta dans la baie qui porte aujourd'hui son nom. Mais des indigènes hostiles l'obligèrent à rebrousser chemin rapidement.

Un grand nombre de pays, dont la Grande-Bretagne, essayèrent au fil des siècles d'occuper et de conquérir la Nouvelle-Guinée. Mais c'est seulement en 1828 que les Pays-Bas parvinrent à placer la Nouvelle-Guinée occidentale sous leur domination. Par la suite, l'Australie, l'Angleterre et l'Allemagne entreprirent diverses explorations et conquêtes dans le pays, avec plus ou moins de succès. En 1855, les premiers missionnaires allemands s'installèrent dans la baie de Doreri, sur l'île de Mansinam, et en 1922 les soins médicaux et le système scolaire étaient presque entièrement aux mains des sociétés missionnaires. Mais on entendait régulièrement parler de cannibalisme ; le révérend écossais James Chalmers et son coéquipier en furent victimes en 1901.

Pendant la Deuxième Guerre mondiale, les Japonais attaquèrent Rabaul et occupèrent la Nouvelle-Guinée jusqu'en 1945. L'île fut finalement revendiquée par l'Indonésie à partir de 1949, mais l'État insulaire ne parvint à annexer la Nouvelle-Guinée occidentale qu'en 1963.

La flore et la faune de la Papouasie comptent parmi les plus diversifiées de la planète. Peu de pays possèdent de telles ressources d'espèces encore inconnues. En ce qui concerne la faune, l'île dispose en outre d'une frontière géographique remarquable, qui date de l'ère glaciaire : durant cette période, la plate-forme de la Sonde – Java, Sumatra, Kalimantan et Bali – était encore rattachée au gigantesque continent asiatique. La Papouasie-Occidentale, le territoire d'Aru et le continent australien sont situés en revanche sur la plate-forme de Sahul et étaient donc séparés de cette énorme masse de terre. Cette séparation géographique précoce explique pourquoi la Papouasie-Occidentale dispose d'une telle variété d'espèces d'origine australienne.

Mais la plupart de ces espèces sont endémiques (c'est-à-dire qu'elles n'existent qu'à un endroit du monde). On recense en Papouasie plus de 700 espèces d'oiseaux différentes, dont 38 espèces endémiques. Parmi elles, figure le casoar, qui, comme l'émeu et le kiwi, appartient à une espèce d'autruche qui ne vole pas. Ils constituent une source d'alimentation importante pour les indigènes et servent aussi à fabriquer des couteaux en os, des bijoux, des pointes de flèches et de lances et autres outils sculptés.

Plus de 200 espèces de serpents, dont beaucoup sont venimeuses, de crocodiles et de varans font aussi partie des espèces animales courantes, auxquelles s'ajoutent papillons, insectes, poissons et araignées rares.

Petit casoar

La végétation de la Papouasie-Occidentale varie en fonction du climat et de l'altitude. La zone la plus luxuriante est la forêt pluviale sempervirente, où poussent des orchidées rares, des fougères et des lianes grimpantes. Chaque expédition botanique permet de découvrir de nouvelles espèces végétales ; on en connaît actuellement plus de 12 000. Les plantes utiles traditionnelles sont les bananiers, les cocotiers, l'ananas, la patate douce et la courge, dont on fait aussi de la vaisselle, des instruments de musique et le fameux étui pénien.

Plus de 250 peuples primitifs différents vivent par ailleurs dans les forêts pluviales de la Papouasie-Occidentale, parlant presque autant de langues différentes.

La tribu des Dani est la plus connue de toutes ; puis viennent les Asmat, les Marind-anim, les Yah'ray, les Mandobo, les Afyat, les Ekri, les Moi, les Amungme et les Fayou, qui ont conservé leur mode de vie et leurs tradi-

tions pratiquement intacts depuis l'âge de pierre. Il n'y a pas eu d'influences extérieures qui auraient pu provoquer des changements : la nature de la jungle a maintenu ces tribus dans un isolement complet au fil des siècles. Même pour entrer en contact avec leurs voisins immédiats, les Fayou devaient endurer une marche éprouvante. La majorité des Fayou vivent encore aujourd'hui comme ils vivaient il y a mille ans ; ils ne connaissent ni le fer ni les autres métaux, chassent avec un arc et des flèches et se nourrissent de serpents, oiseaux, crocodiles et grenouilles. Leur principal apport en protéines provient des larves du charançon rhynchophorus ; leur aliment de base est le sagou et parfois la patate douce. En revanche, ils considèrent les sangliers quasiment comme des membres de leur famille et ne les abattent qu'à l'occasion de certaines fêtes ou pour les premières menstruations d'une jeune fille.

Mais ce qui met en danger la survie des différentes tribus, bien plus que les problèmes d'alimentation, les maladies et les aléas de la nature, ce sont les longues guerres et querelles de voisinage qui emprisonnent les hommes dans un engrenage de violence meurtrière.

Remerciements

Je tiens à remercier en premier lieu mon associée Britta Marks, car c'est elle qui m'a convaincue d'écrire ce livre ; elle m'a aussi soutenue dans cette entreprise et m'a permis de redevenir fière de mon enfance.

Je remercie mon agent Lionel von dem Knesebeck pour avoir posé les bases qui ont permis à ce livre d'exister.

Je remercie les éditions Droemer Knaur, en particulier Hans-Peter Übleis, qui a cru d'emblée au succès du livre, et mon éditrice Carolin Graehl, qui a employé toute sa délicatesse à rendre ma grammaire anglo-allemande lisible.

Je voudrais également remercier Birgit Matthies et Ariungerel Batdelger (Agi), qui se sont occupées avec amour de mes enfants durant tout le temps dont j'ai eu besoin pour écrire.

Un grand merci à ma famille, Klaus-Peter, Doris et Christian Kuegler, ainsi qu'à ma tante Ellen, pour m'avoir aidée à réveiller le souvenir des petits détails de mon enfance. Je remercie aussi tout particulièrement ma sœur Judith Webster-Kuegler, qui a fait le voyage des États-Unis, alors qu'elle était enceinte, pour participer à l'achèvement du livre.

Enfin – quoique en premier lieu –, je tiens à remercier tous les lecteurs et toutes les lectrices. J'espère que ce livre enrichira quelque peu leur vie et leur donnera un aperçu d'un autre monde.

Table des matières

Première partie

Deuxième partie

Troisième partie

8538

Composition Nord Compo
Achevé d'imprimer en France (Malesherbes)
par Maury-Imprimeur le 11 décembre 2007.
Dépôt légal décembre 2007. EAN 9782290003220

Éditions J'ai lu
87, quai Panhard-et-Levassor, 75013 Paris
Diffusion France et étranger : Flammarion